영상부호화 프로그래밍

권순각 지음

도서출판 GS인터비전

머리말

유무선 통신망의 발달과 교육 및 흥미 등을 위한 콘텐츠의 수요로 동영상 신호에 대한 다양한 콘텐츠, 신속한 송수신 서비스, 편리한 재생 등과 관련된 기술이 발달해 오고 있습니다. 정지영상 및 동영상은 다른 멀티미디어 데이터에 비하여 디지털 신호의 정보량이 방대함으로 데이터량을 줄이기 위한 압축부호화 기술이 우선적으로 개발되어져 왔습니다. 특히, 국제 표준화 기구인 JPEG, MPEG, ITU-T 등에서 국제 표준안을 완성하고, 계속해서 다양한 응용분야를 위한 표준안을 개발하고 있는 중입니다.

이 책에서는 국제 영상 표준안에서 사용되고 있는 영상 압축 부호화의 핵심적인 부분에 대해 다룹니다. 영상 압축 부호화는 영상내의 중복되는 정보를 줄이는 것이 관건이므로 영상의 공간방향 중복성을 제거하기 위한 이산여현변환, 동영상에서 시간방향 중복성을 제거하기 위한 움직임추정 및 움직임보상 부호화, 발생되는 심볼의 통계적 중복성을 제거하기 위한 가변길이 부호화, 부호화에서 발생되는 데이터를 줄이기 위한 양자화 등의 이론을 살펴봅니다.

또한, 이론의 이해를 돕기 위하여 이론 내용에 덧붙여 윈도우 프로그래밍으로 실습이 가능하도록 구성하였습니다. C, C++ 윈도우 프로그래밍 언어를 사용하여 직접적으로 구현하는 실습이 가능하기 때문에, 영상 부호화 이론에 대한 이해에 많은 도움이 되리라 생각됩니다.

끝으로 이 책이 출판되기까지 도움을 준 동의대학교 멀티미디어처리 연구실의 Ya-Lin Wu, 방선애와 도서출판 GS인터비전의 사장님 이하 모든 직원들에게 감사의 말씀을 드립니다.

저자 권 순 각

차 례

머 리 말

차　　례

1장　환경만들기 ---- 1
1.1　프로젝트 환경 만들기 ---- 3
1.2　동영상입력, 저장, 표시하기 ---- 4
1.3　비트맵 출력 - 속도 개선 ---- 12

2장 이산여현변환 ---- 17
2.1　이산여현변환을 이용한 영상부호화방식 ---- 19
2.2　이산여현변환 이론 ---- 20
2.2.1　이산여현변환 원리 ---- 20
2.2.2　1차원 이산여현변환 ---- 21
2.2.3　2차원 이산여현변환 ---- 22
2.3　이산여현변환 구현하기 ---- 24
2.3.1　이산여현변환 메뉴 만들기 ---- 24
2.3.2　메뉴 연결 함수 추가 ---- 27
2.3.3　멤버변수 추가 ---- 29
2.3.4　멤버함수 추가 ---- 29
2.3.5　라이브러리 포함시키기 ---- 34
2.3.6　실행 결과 ---- 35

3장. 양자화 39
3.1 양자화 원리 41
3.1.1 스칼라 양자화 41
3.1.2 JPEG 양자화 42
3.1.3 MPEG 양자화 43
3.1.4 Zonal 양자화 43
3.2 양자화 구현하기 44
3.2.1 JPEG 부호화 방식의 양자화 구현하기 45
3.2.2 MPEG 부호화 방식의 양자화 구현하기 61
3.2.3 Zonal 양자화 구현하기 72

4장 정지영상 부호화 87
4.1 JPEG 정지 영상부호화 이론 89
4.1.1 지그재그 주사 89
4.1.2 가변길이 부호화 90
4.2 JPEG 부호화 구현하기 97
4.2.1 JPEG 부호화 메뉴 만들기 97
4.2.2 메뉴 연결함수 추가 98
4.2.3 멤버함수 추가 101
4.2.4 새로운 다이얼로그 추가 102
4.2.5 새로운 클래스 만들기 106
4.2.6 멤버변수 추가 108
4.2.7 다양한 멤버함수 추가 108
4.2.8 실행 결과 116

5장 동영상의 화면내 부호화 121
5.1 화면내 부호화 이론 123

5.2 동영상 화면내 부호화 구현하기 129
5.2.1 화면내 부호화 메뉴 만들기 129
5.2.2 메뉴 연결함수 추가 129
5.2.3 멤버함수 추가 132
5.2.4 멤버변수 추가 134
5.2.5 멤버변수 초기화 135
5.2.6 초기화 함수 수정하기 137
5.2.7 다양한 멤버함수 추가 138
5.2.8 새로운 멤버변수 추가 142
5.2.9 메뉴 연결함수 수정하기 143
5.2.10 실행 결과 143

6장 차영상 부호화 149
6.1 차영상 구하기 151
6.2 차영상 구하기 구현하기 151
6.2.1 차영상 메뉴 만들기 151
6.2.2 메뉴 연결함수 추가 152
6.2.3 멤버함수 추가 155
6.2.4 실행 결과 156
6.3 차영상 부호화 구현하기 157
6.3.1 차영상 부호화 메뉴 만들기 157
6.3.2 메뉴 연결함수 추가 157
6.3.3 멤버함수 추가 160
6.3.4 멤버변수 추가하고, 메뉴 연결함수 수정하기 162
6.3.5 다양한 멤버함수 추가 163
6.3.6 메뉴 연결 함수 수정하기 169
6.3.7 실행 결과 169

7장 움직임추정 차영상 173
7.1 움직임추정 175
7.2 움직임추정 차영상 구하기-전역탐색 178
7.2.1 움직임 추정차 구하기 메뉴 만들기 178
7.2.2 메뉴 연결함수 추가 180
7.2.3 멤버함수 추가 181
7.2.4 움직임 추정을 위한 다이얼로그 만들기 184
7.2.5 움직임벡터를 저장하기 위한 멤버변수 추가 185
7.2.6 움직임 비교 척도 함수 추가 186
7.2.7 실행 결과 187
7.3 움직임벡터 표시하기 190
7.3.1 OnDraw 함수 수정하기 190
7.3.2 실행결과 191
7.4 움직임추정 차영상 구하기-3단계 탐색 193
7.4.1 3단계탐색 메뉴 만들기 193
7.4.2 메뉴 연결함수 추가 194
7.4.3 멤버함수 추가 196
7.4.4 실행결과 199

8장 움직임추정 차영상 부호화 201
8.1 움직임추정 차영상 부호화 구현하기 203
8.1.1 움직임추정 허프만부호 메뉴 만들기 203
8.1.2 메뉴 연결함수 추가 204
8.1.3 멤버함수 추가 206
8.2 모드결정 209
8.2.1 멤버변수 추가 211
8.2.2 멤버함수 추가 212
8.2.3 멤버함수 수정하기 215

8.2.4 OnDraw 함수 수정하기 ---------- 217
8.3 실행결과 ---------- 218

9장 부호소단위 움직임추정 차영상 부호화 ---------- 221
9.1 부화소단위 움직임추정 차영상 구하기 ---------- 223
9.1.1 정수화소 탐색 메뉴 만들기 ---------- 223
9.1.2 부화소 탐색 메뉴 만들기 ---------- 224
9.1.3 메뉴 연결함수 추가 ---------- 225
9.1.4 멤버변수 추가 ---------- 227
9.1.5 멤버함수 추가 ---------- 228
9.1.6 실행결과 ---------- 232
9.2 부화소단위 움직임추정 차영상 부호화 구현하기 ---------- 234
9.2.1 정수화소 탐색 허프만 부호 메뉴 만들기 ---------- 234
9.2.2 부화소 탐색 허프만 부호 메뉴 만들기 ---------- 234
9.2.3 메뉴 연결함수 추가 ---------- 235
9.2.4 멤버함수 추가 ---------- 238
9.2.5 모드결정 함수 수정하기 ---------- 240
9.2.6 실행결과 ---------- 241

10장 역방향 움직임 추정 차영상 부호화 ---------- 245
10.1 정수 화소 역방향 움직임추정 차영상 부호화 ---------- 247
10.1.1 Serialize 함수 수정하기 ---------- 247
10.1.2 움직임추정 다이얼로그 수정하기 ---------- 248
10.1.3 움직임추정 멤버함수 수정하기 ---------- 250
10.1.4 멤버변수 및 멤버함수 추가하기 ---------- 252
10.1.5 다양한 멤버함수 수정하기 ---------- 253
10.1.6 실행결과 ---------- 257

10.2 부화소 역방향 움직임추정 차영상 부호화 264
10.2.1 부화소 움직임추정을 위한 멤버함수 수정하기 264
10.2.2 역방향 부화소 움직임추정 함수 추가 267
10.2.3 실행결과 268

11장 양방향 움직임 추정 차영상 부호화 273
11.1 정수화소 양방향 움직임추정 차영상 부호화 275
11.1.1 멤버함수 수정하기 275
11.1.2 양방향 움직임추정 함수 추가 279
11.1.3 양방향 움직임벡터 표시 위해 함수 수정하기 280
11.1.4 실행결과 281
11.2 부화소 양방향 움직임추정 차영상 부호화 287
11.2.1 다양한 멤버함수 수정하기 287
11.2.2 양방향 부화소 움직임추정 함수 추가 290
11.2.3 실행결과 291

12장 컬러 영상 부호화 295
12.1 컬러 영상을 위한 멤버변수 추가 297
12.2 영상입력 함수 수정하기 297
12.3 멤버함수 추가 298
12.4 이산여현변환을 위한 멤버변수 추가 304
12.5 멤버함수 수정하기 304
12.6 화면 출력함수 수정하기 306
12.7 실행 결과 308

13장 프로젝트 구현 309
13.1 네트워크 연결 H.264 부호화기 311
13.1.1 서버측 Server 함수 구현 312

13.1.2 서버측 send_packet 함수 구현 ---------- 314
13.1.3 서버측 send_packet_end 함수 구현 ---------- 316
13.1.4 서버측 오류처리 함수 구현 ---------- 318
13.1.5 서버측 WndProc 함수 구현 ---------- 319
13.1.6 서버측 공개소스 수정 ---------- 328
13.1.7 서버측 전역변수 선언 ---------- 334
13.2 네트워크 연결 H.264 복호화기 ---------- 335
13.2.1 클라이언트측 Client 함수 구현 ---------- 335
13.2.2 클라이언트측 recv_packet 함수 구현 ---------- 339
13.2.3 클라이언트측 공개소스 수정 ---------- 341

환경 만들기

Chapter 1

이 장에서는 영상부호화 프로그램을 구현하기 위한 윈도우 프로그램 프로젝트의 개발환경, 영상입력, 저장, 표시에 대하여 살펴본다.

1.1 프로젝트 환경 만들기

영상부호화 프로그램을 비주얼 C++ 개발환경에서 개발하게 된다.

Step 1. File | New를 선택하고 그림 1-1과 같은 New 다이얼로그 박스에서 MFC 응용마법사(exe) 프로젝트를 선택하고, 저장되어야 할 폴더를 지정한다. 프로젝트 이름은, MultimediaCoding으로 입력한다. 그리고 OK 버튼을 클릭한다.

프로젝트를 만들기 위한 여섯 개 단계 중에서 다음과 같이 두개 단계를 설정한다.

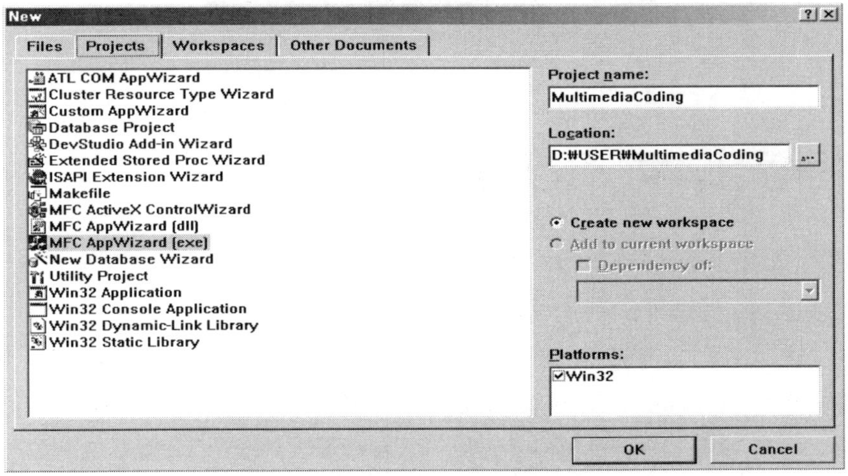

그림 1-1. New 다이얼로그 박스

Step 2. 그림 1-2와 같은 응용마법사 단계1 다이얼로그 박스에서 Multiple documents 형태를 유지한다. 그리고 나머지 단계는 기본 값으로 유지하기 위하여 Finish 버튼을 클릭하여 응용마법사를 종료한다.

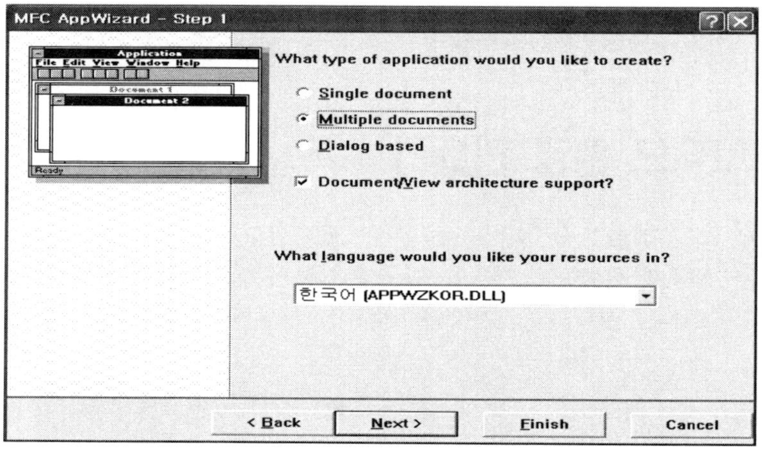

그림 1-2. 응용마법사 단계1 다이얼로그 박스

1.2 동영상입력, 지장, 표시하기

정지영상 또는 동영상신호를 입력받고, 처리하기 위하여, 동영상신호 파일을 열고, 데이터를 입력받고, 화면을 표시하는 기능을 구현한다.

Step 1. 입, 출력할 때 영상 데이터를 저장하는 변수 선언 : Workspace창에 있는 DOC 클래스에서 마우스를 오른쪽 클릭하면 그림 1-3과 같은 문맥 메뉴가 뜨는데, 여기서 Add Member Variable를 선택하면 그림 1-4와 같은 Add Member Variable 다이얼로그 박스가 나온다. 이 다이얼로그 박스에서 멤버변수를 추가하면 된다.

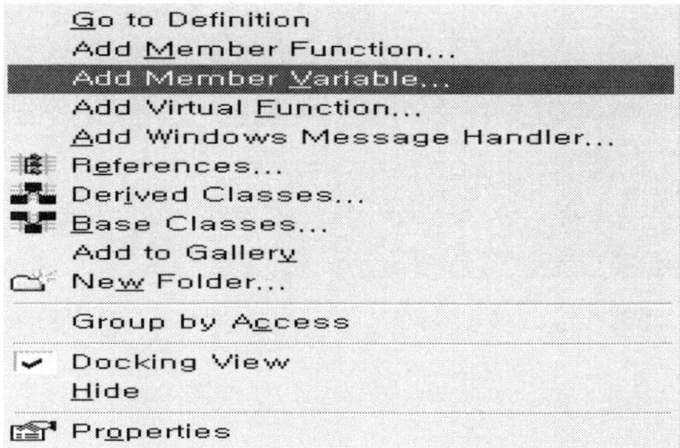

그림 1-3. 마우스를 오른쪽 클릭해서 문맥메뉴 띄우기

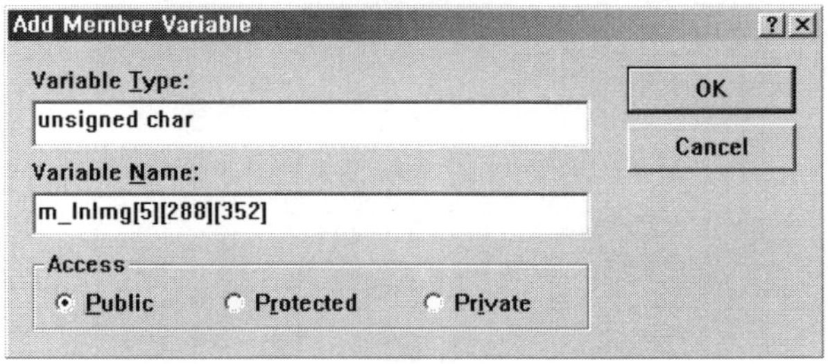

그림 1-4. Add Member Variable 다이얼로그 박스

영상을 입력받기 위한 변수 m_InImg를 추가한다. 마찬가지로 m_OutImg 멤버변수를 추가한다. m_OutImg 변수를 통해서 영상을 출력할 수 있다. 변수구조를 보면 동영상의 한 화면의 크기가 수평 352화소, 수직 288화소이다. 최대 5장을 입력할 수 있다.

동영상의 포맷은 YUV 4:2:0 규격이며, Y신호(휘도)의 크기가 352 (수평방향) X 288 (수직방향)이고 UV신호(색도)의 크기가 총 352X144이다. 그림 1-5는 Y신호, U신호,V신호로 구성된 영상화면을 나타낸다. 그림 1-6과 같은 메모리에서 저장한다.

그림 1-5. Y신호, U신호,V신호로 구성된 영상화면

그림 1-6. 메모리에서 저장 형태

휘도신호만 처리할 경우에는 색도신호를 버려야 한다.

Step 2. 동영상입력, 저장: 영상이 DOC 클래스에 있는 Serialize함수를 통해서 입력, 저장한다. 그림 1-7과 같은 Serialize함수에서 마우스를 왼쪽 더블 클릭해서 Serialize함수를 연다. TODO 주석문 뒤에서 리스트1-1에 따라서 코드를 입력하면 된다.

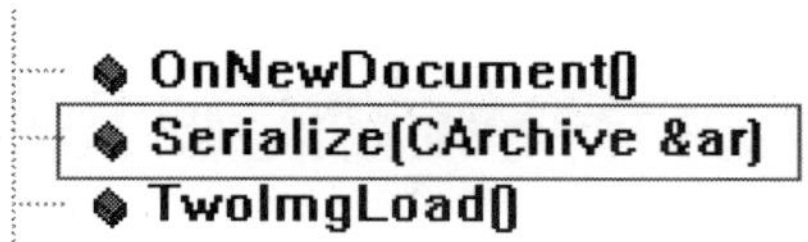

그림 1-7. Serialize 함수

리스트 1-1

```
void CMultimediaCodingDoc::Serialize(CArchive& ar)
{
   if (ar.IsStoring())
   {
      // TODO: add storing code here
      ar.Write(m_OutImg[0], 352*288);
   }
  else
  {
          // TODO: add loading code here
          CFile *infile = ar.GetFile();
      ar.Read(m_InImg[0], 352*288);
          //동영상 한 화면의 크기가 수평 352화소, 수직 288화소인 경우
      unsigned char temp[1000][1000];
      ar.Read(temp, 352*144);
          //YUV 4:2:0 규격일 때, 동영상 한 화면의 색차신호 크기인
          //수평 352화소, 수직 144화소를 버림
      ar.Read(m_InImg[1], 352*288);
   }
}
```

Step 3. 화면상 입, 출력시킬 영상 개수를 입력받는 변수를 DOC에 선언 : 이 부분은 위에 나온 Step1과 같은 과정을 따라서 하게 된다. Add Member Variable 다이얼로그 박스에서 그림1-8, 그림1-9와 같이 설정하면 된다.

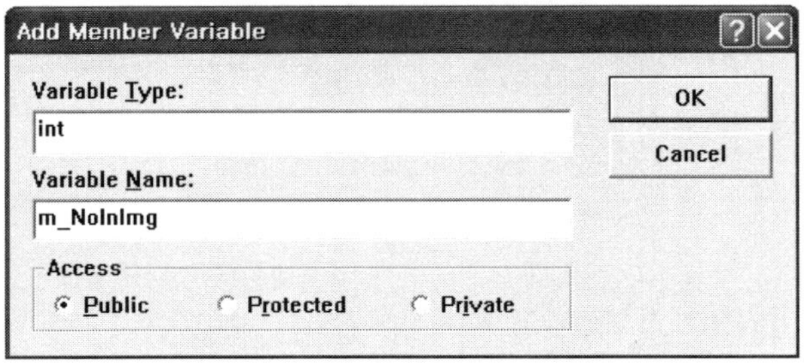

그림 1-8. 입력한 영상개수에 관련 변수 선언

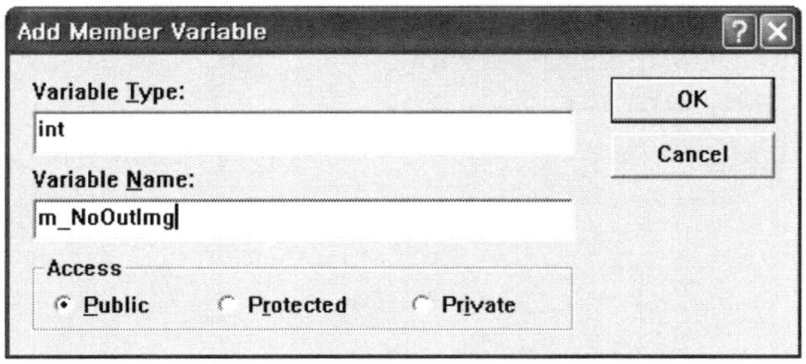

그림 1-9. 출력한 영상개수에 관련 변수 선언

Step 4. 동영상 표시: VIEW에 OnDraw함수를 통하여 동영상을 표시할 수 있다. 그림 1-10과 같은 OnDraw함수에서 마우스를 왼쪽 더블 클릭해서 OnDraw함수를 연다. TODO 주석문 뒤에서 리스트1-2에 따라서 코드를 입력하면 된다.

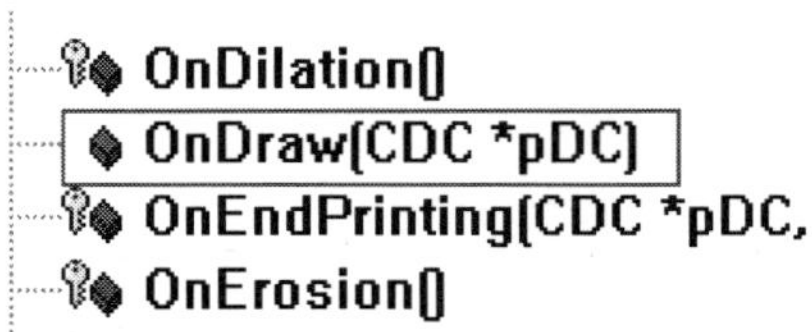

그림1-10. OnDraw함수

리스트 1-2

```
void CMultimediaCodingView::OnDraw(CDC* pDC)
{
  CMultimediaCodingDoc* pDoc = GetDocument();
  ASSERT_VALID(pDoc);
  unsigned char Inval;
  int i, j, index;
  pDoc->m_NoInImg = 2;
  for(index=0; index<pDoc->m_NoInImg; index++){
    for(i=0; i<288; i++)
       for(j=0; j<352; j++)
       {
          Inval = pDoc->m_InImg[index][i][j];
          pDC->SetPixel(j+index*360, i, RGB(Inval, Inval, Inval));
       }
  }
  for(index=0; index<pDoc->m_NoOutImg; index++){
    for(i=0; i<288; i++)
       for(j=0; j<352; j++)
       {
          Inval = pDoc->m_OutImg[index][i][j];
          pDC->SetPixel(j+index*360, i+300, RGB(Inval, Inval, Inval));
       }
  }
}
```

SetPixel(x,y,RGB(r,g,b))함수는 화면의 특정 위치에 원하는 색의 점을 찍으며 원래의 점의 색을 반환하는 것이다. x는 수평방향의 좌표이고, y는 수직방향의 좌표이고, RGB는 색깔이다.

Step 5. 실행 결과 : 컴파일하고 실행하면 그림 1-11과 같이 bus, flower, foreman, waterfall 동영상의 2장의 화면이 나온다.

(a) bus 동영상

(b) flower 동영상

(c) foreman 동영상

(d) waterfall 동영상

그림 1-11. 실행결과

1.3 비트맵 출력 - 속도 개선

SetPixel 함수의 특징은 한 점씩, 한 점씩으로 데이터를 처리하기 때문에 영상화면이 표시되는데 시간이 많이 걸린다. 영상출력의 속도를 개선하기 위하여 BMP(비트맵) 출력방식을 사용한다. 비트맵 출력방식을 사용하기 위하여 먼저 비트맵 파일 형식에 대하여 살펴본다. BITMAPINFOHEADER구조체는 장치에 의존하지 않는 비트맵에 관련된 정보를 저장한다. 표 1-1에서 BITMAPINFOHEADER의 구조를 나타낸다.

표 1-1. BITMAPINFOHEADER구조체

BITMAPINFOHEADER		
속성 이름	바이트	내용
biSize	4	File Header Size (구조체의 크기)
biWidth	4	이미지의 가로 크기
biHeight	4	이미지의 세로 크기
biPlanes	2	비트 플레인 (항상 1)
biBitCount	2	화소당 비트 수(1, 4, 8, 16, 24, 32)
biCompression	4	압축 유형 (압축이 안된 상태면 0)
biSizeImage	4	이미지의 크기
biXPelsPerMeter	4	이미지의 가로 해상도(Pixels per Meter)
biYPelsPerMeter	4	이미지의 세로 해상도 (Pixels per Meter)
biClrUsed	4	실제 사용되는 색상의 수
biClrImportant	4	중요한 색상의 수 (0이면 전체)

Step 1. View 클래스에 pbmi 멤버변수 추가하기: VIEW 클래스에서 오른쪽 마우스를 클릭하면 그림 1-3과 같은 문맥 메뉴가 뜨는데, Add Member Variable를 선택한다. 그러면 그림 1-12과 같은 Add Member Variable 다이얼로그 박스가 나오는데. 이 다이얼로그 박스에서 멤버변수를 추가하게 된다.

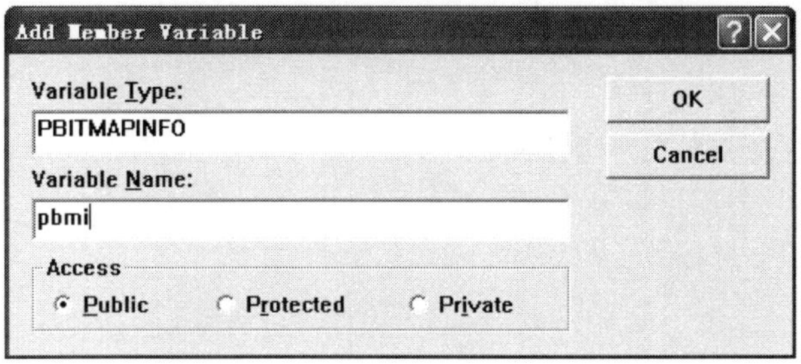

그림 1-12. pbmi 멤버변수 선언

Step 2. 비트맵 출력방식을 쓰기 위하여 리스트 1-3과 같은 View 클래스의 생성자에서 BITMAPINFOHEADER 구조체에 있는 변수들에 대해서 초기화 시킨다.

리스트 1-3

```
CMultimediaCodingView::CMultimediaCodingView()
{
    // TODO: add construction code here
    //Y 신호만 출력하는 경우 비트맵 인포 헤더 설정
    pbmi=(PBITMAPINFO)malloc(sizeof(BITMAPINFOHEADER) +
            256*sizeof(RGBQUAD));
    pbmi->bmiHeader.biSize = (LONG)sizeof(BITMAPINFOHEADER);
    pbmi->bmiHeader.biPlanes = 1;
    pbmi->bmiHeader.biCompression = 0;
    pbmi->bmiHeader.biSizeImage = 0;
    pbmi->bmiHeader.biXPelsPerMeter = 0;
    pbmi->bmiHeader.biYPelsPerMeter = 0;
    pbmi->bmiHeader.biClrUsed = 256;
    pbmi->bmiHeader.biClrImportant = 0;
    pbmi->bmiHeader.biBitCount = 8;
    pbmi->bmiHeader.biWidth = 352;
    pbmi->bmiHeader.biHeight = 288;
```

```
    for(int i=0;i<256;i++){
        pbmi->bmiColors[i].rgbBlue = i;
        pbmi->bmiColors[i].rgbGreen = i;
        pbmi->bmiColors[i].rgbRed = i;
    }
}
```

Step 3. 리스트 1-4와 같은 VIEW 클래스의 OnDraw() 함수를 수정한다.

리스트 1-4

```
void CMultimediaCodingView::OnDraw(CDC* pDC)
{
    CMultimediaCodingDoc* pDoc = GetDocument();
    ASSERT_VALID(pDoc);
    // TODO: add draw code for native data here
    //BMP 출력하기 위하여 추가
    unsigned char Inval[288][352];
    int i, j, index;
    CClientDC dc(this);
    pDoc->m_NoInImg = 2;
    for(index=0; index<pDoc->m_NoInImg; index++){
      for(i=0; i<288; i++)
         for(j=0; j<352; j++)
         {
             Inval[288-i-1][j] = pDoc->m_InImg[index][i][j];
         }
      SetDIBitsToDevice(dc, index*360, 0, 352, 288, 0, 0, 0, 288,
                        Inval, pbmi, DIB_RGB_COLORS);
    }
```

```
        for(index=0; index<pDoc->m_NoOutImg; index++){
            for(i=0; i<288; i++)
                for(j=0; j<352; j++)
                {
                    Inval[288-i-1][j] = pDoc->m_OutImg[index][i][j];
                }
        SetDIBitsToDevice(dc, index*360, 300, 352, 288, 0, 0,
                        0, 288,Inval, pbmi, DIB_RGB_COLORS);
        }
}
```

SetDIBitsToDevice는 장치 독립 비트맵 영상데이터를 화면의 특정한 영역에 출력하기 위한 함수이다. 표1-2는 SetDIBitsToDevice 구조체이다.

표 1-2. SetDIBitsToDevice구조체

SetDIBitsToDevice	
속성 이름	내용
bdc	DC에 대한 핸들
XDest	출력할 영상 영역의 왼쪽 위 x좌표
YDest	출력할 영상 영역의 왼쪽 위 y좌표
dwWidth	영상의 가로폭(픽셀 단위)
dwHeight	영상의 높이(픽셀 단위)
XSrc	출력할 소스영상의 왼쪽-아래 x좌표
YSrc	출력할 소스영상의 왼쪽-아래 y좌표
uStartScan	배열에서 출력할 첫 번째 스캔 라인
cScanLines	출력할 스캔 라인의 수
*lpvBits	영상 데이터(장치 독립 비트맵의 비트배열)
*lpbmi	영상데이터의 비트맵 정보
fuColorUse	RGB 또는 팔레트 정보

다시 컴파일하고 실행하면 영상이 더 빠르게 화면에 표시됨을 알 수 있다.

이산여현변환

Chapter 2

2.1 이산여현변환을 이용한 영상부호화방식

컴퓨터의 보급 및 인터넷의 확산에 따라 디지털 통신망이 발달한다. 이러한 발달은 인터넷을 기반으로 VOD, 디지털 TV, 스트리밍 비디오, 영상회의 등의 응용분야를 가능하게 해준다. 위에 나온 응용분야에서는 전송될 매체의 대역폭이나 저장될 매체의 용량을 고려하면서 영상데이터를 전송하거나 저장해야 된다. 그래서 영상 데이터용량을 줄여야 한다. 영상신호 내에 시간적으로 중복된 데이터와 공간적으로 중복된 데이터를 제거하여 압축하는 기술을 통하여 영상데이터를 압축할 수 있다. 이러한 방식이 영상부호화방식이다.

압축 부호화방식의 종류는 여러가지 존재 하지만 현재 주로 혼합 부호화방식을 쓰고 있다. JPEG, MPEG, H.261, H.263 및 H.264 부호화방식이 대표적인 혼합 부호화방식이다. 일반적으로 혼합부호화방식은 이산여현변환, 양자화, 지그재그 스캔, 가변 길이 부호화의 과정을 수행한다. 그림 2-1은 JPEG, MPEG부호화기를 제시한다.

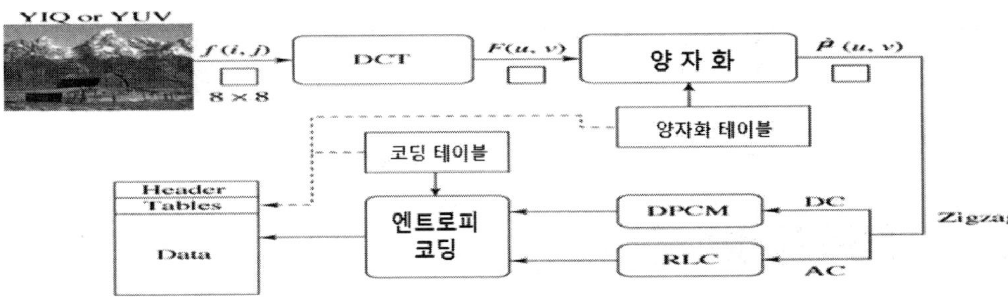

(a) JPEG 부호화기

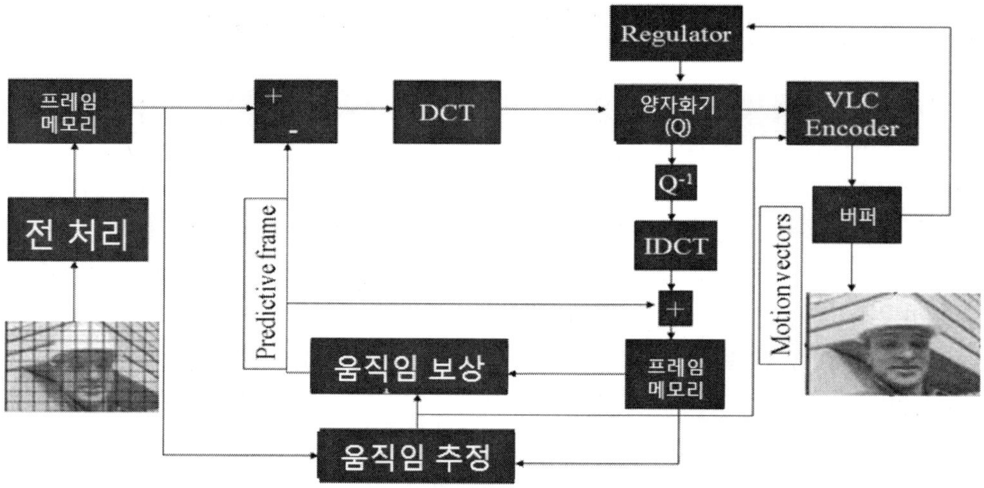

(b) MPEG 부호화기

그림 2-1. JPEG, MPEG 부호화기

그림과 같이 이산여현변환과정은 영상부호화과정에서 중요한 과정이다.

2.2 이산여현변환 이론

2.2.1 이산여현변환 원리

컴퓨터에서 색깔을 가지는 화면을 어떻게 저장하고 처리하는지 궁금할 것이다. 실제 생활에서 2차원의 이미지는 컴퓨터세계에서는 불과 2차원행렬로 배열된 화소값이다. 2차원 행렬에서 공간적으로 중복된 정보가 많은데 이 중복된 부분을 제거해야 된다.

만약에 같은 화소값을 모아서 나중에 중복된 부분을 제거하면 데이터량을 줄일 수 있다. 이러한 2차원행렬로 배열된 영상의 화소값들을 공간영역에서 주파수영역으로 변환하는 과정이 이산여현변환이다. 이 과정에서 영상을 저주파성분과 고주파성분으로 나눌 수 있다. 여기서 고주파성분 및 저주파성분의 개념을 설명해야 되겠다.

이웃한 화소값들의 차이가 거의 없으면 저주파 성분이 되고 이웃한 화소들의 밝기나 색차의 차이가 높으면 고주파성분이 된다. 이산여현변환을 통해서 영상의 대부분의 에너지는 저주파수 영역으로 모인다. JPEG, MPEG-X, H.26X 등의 부호화방식에서 화소들은 수평방향 8개와 수직방향 8개 배열된 8X8블록을 사용하여 변환한다.

2.2.2 1차원 이산여현변환

임의의 1차원 배열된 데이터들을 모두 여현(cosine) 함수의 합으로 표현할 수 있다. 이 특징을 이용해서 데이터 배열 x는 식(2-1)에 의해 여현 함수의 합으로 표현된다. 그림 2-2는 1차원 DCT 기본패턴이다.

$$X(k) = \frac{2}{N} c_k \sum_{n=0}^{N-1} x(n) \cos\left[\frac{(2n+1)k\pi}{2N}\right] \tag{2-1}$$

여기서 $k = 0,1,2 \cdots N-1$, c_k는 k가 0일 경우 $\sqrt{\frac{1}{N}}$, 0이 아닌 경우 $\sqrt{\frac{2}{N}}$ 이다. X는 변환된 DCT 계수이다. DCT된 1차원 배열 X를 통하여 DCT 적용전의 배열 x를 구하는 과정이 역 DCT과정이다. 다음 식(2-2)에 의해서 DCT전의 배열 x를 구할 수 있다.

$$x(n) = \sum_{k=0}^{N-1} c_k X(k) \cos\left[\frac{(2n+1)k\pi}{2N}\right] \tag{2-2}$$

여기서 $n = 0,1,2 \cdots N-1$, c_k는 k가 0일 경우 $\frac{1}{\sqrt{2}}$, 0이 아닌 경우1이다.

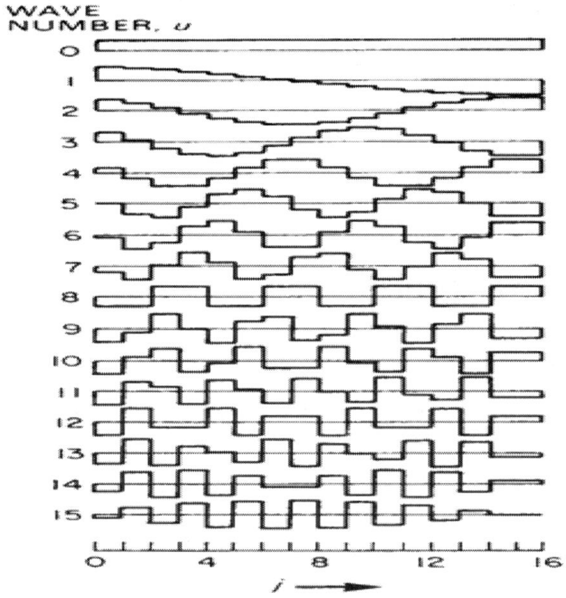

그림 2-2. 1차원 DCT 기본패턴

2.2.3 2차원 이산여현변환

식(2-3)에 의해서 수평방향 M, 수직방향 N 크기의 2차원 배열된 블록에 대한 이산여현변환을 하게 된다. 그림 2-3은 2차원 DCT 기본패턴이다.

$$X_{u,v} = \frac{4}{NM} c_u c_v \sum_{n=0}^{N-1} \sum_{m=0}^{M-1} x_{n,m} \cos\left[\frac{(2n+1)u\pi}{2N}\right]\left[\frac{(2m+1)v\pi}{2M}\right] \tag{2-3}$$

여기서 $u = 0,1,2,\cdots N-1, v = 0,1,2,\cdots M-1$, c_k는 k가 0일 경우 $\frac{1}{\sqrt{2}}$, 0이 아닌 경우 1이다.

식(2-4)에 의해서 역 이산여현변환하게 된다.

$$x_{n,m} = \sum_{u=0}^{N-1}\sum_{v=0}^{M-1} c_u c_v X_{u,v} \cos\left[\frac{(2n+1)u\pi}{2N}\right]\cos\left[\frac{(2m+1)v\pi}{2M}\right] \qquad (2\text{-}4)$$

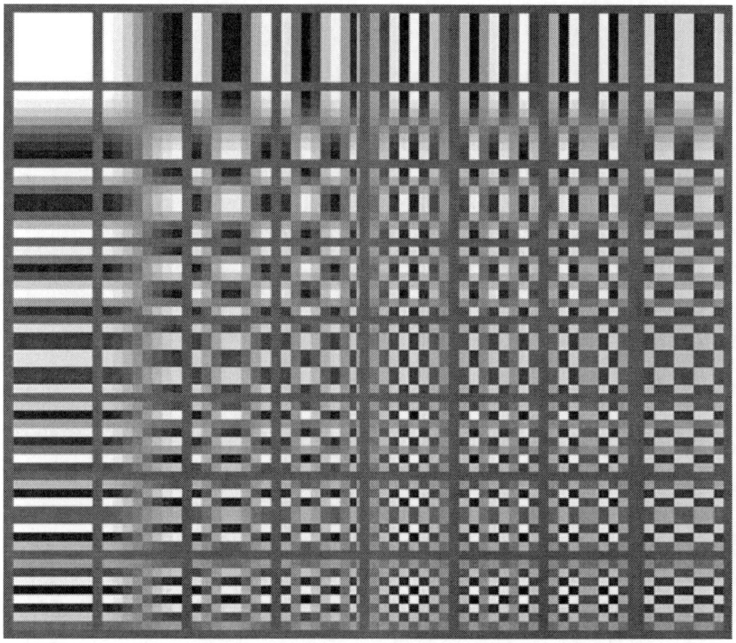

그림 2-3. 2차원 DCT 기본패턴

2.3 이산여현변환 구현하기

2.3.1 이산여현변환 메뉴 만들기

Step 1. WorkSpace창에서 리소스뷰의 트리구조에서 Menu항목을 펼치고 나서 IDR_MULTITYPE을 선택한다 (그림 2-4 참조). 이렇게 해서 그림 2-5와 같이 에디터 영역이 열리고 도움말메뉴 뒤에 있는 부분이 테두리로 둘러 싸여 나타나 있을 것이다.

그림 2-4. 리소스뷰

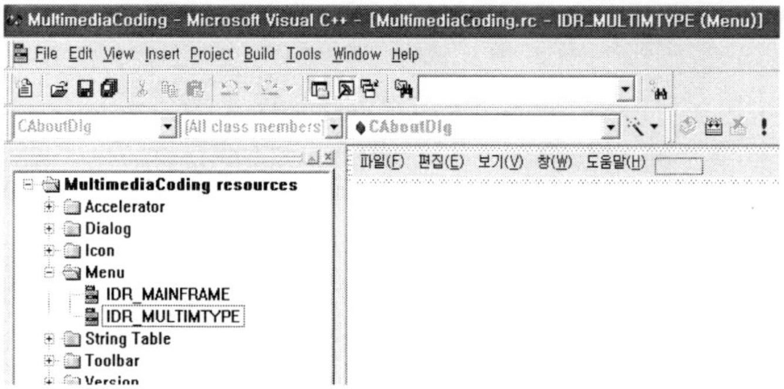

그림 2-5. 메뉴 에디터영역

Step 2. 테두리로 둘러싸인 부분은 도움말메뉴와 위치를 바꾼다(그림 2-6 참조).

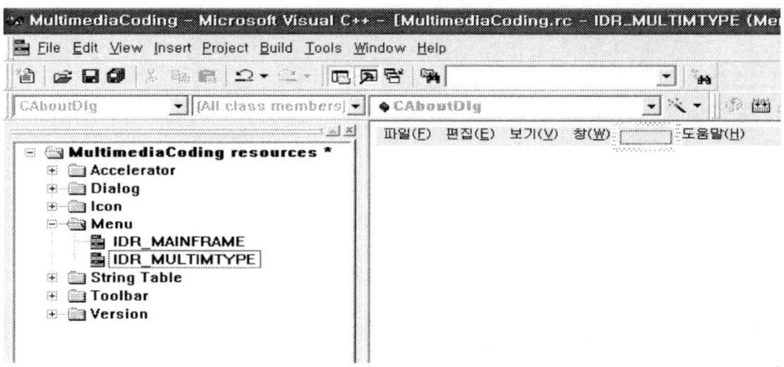

그림 2-6. 도움말 메뉴와 위치를 바꾼 경우

Step 3. 테두리로 둘러싸인 부분에 마우스의 오른쪽을 클릭하고 팝업 문맥 메뉴에서 Properties를 선택한다. 다음에 Menu Item Properties 다이얼로그 박스에 그림 2-7을 참조해서 설치하면 된다.

그림 2-7. Menu Item Properties 다이얼로그 박스

Step 4. 그림 2-8과 같이 테두리로 둘러싸인 부분이 멀티미디어부호 메뉴 하위 메뉴로 나온다. 이 부분을 오른쪽 클릭하고 팝업 문맥 메뉴에서 Properties를 선택한다. 그 다음 Menu Item Properties 다이얼로그 박스에 그림 2-9와 같이 ID는 IDM_DCT이고 Caption은 DCT로 입력한다.

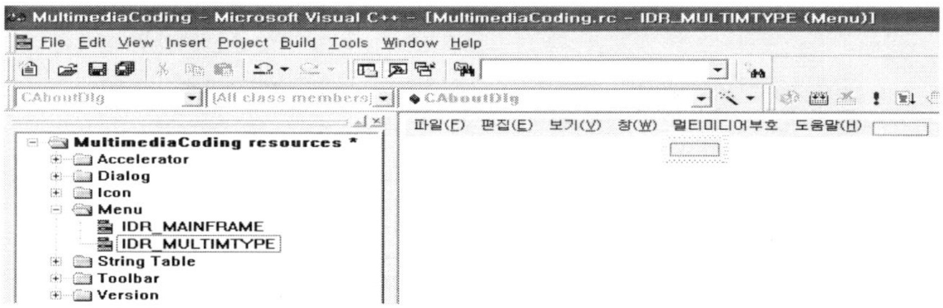

그림 2-8. 멀티미디어부호 메뉴의 하위메뉴

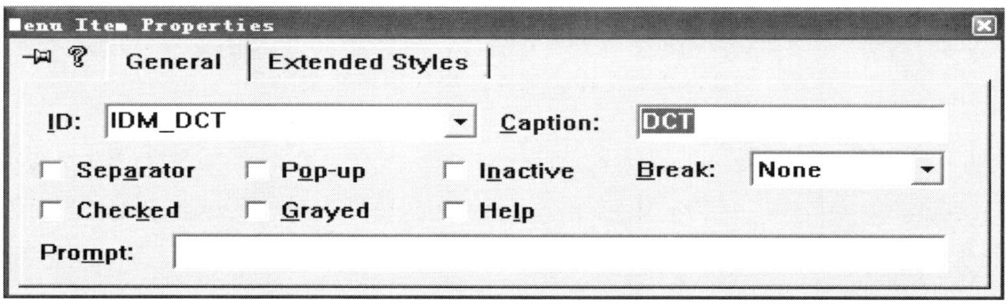

그림 2-9. DCT 메뉴를 설정

2.3.2 메뉴 연결 함수 추가

Step 1. DCT메뉴에서 마우스 오른쪽을 클릭하고 나서 팝업 문맥 메뉴에서 ClassWizard를 선택한다.

Step 2. 그림 2-10과 같이 MFC 클래스위저드가 열리면 Object ID리스트에서 IDM_DCT가 선택된 상태에서, 메시지 리스트에서 COMMAND를 선택한다.

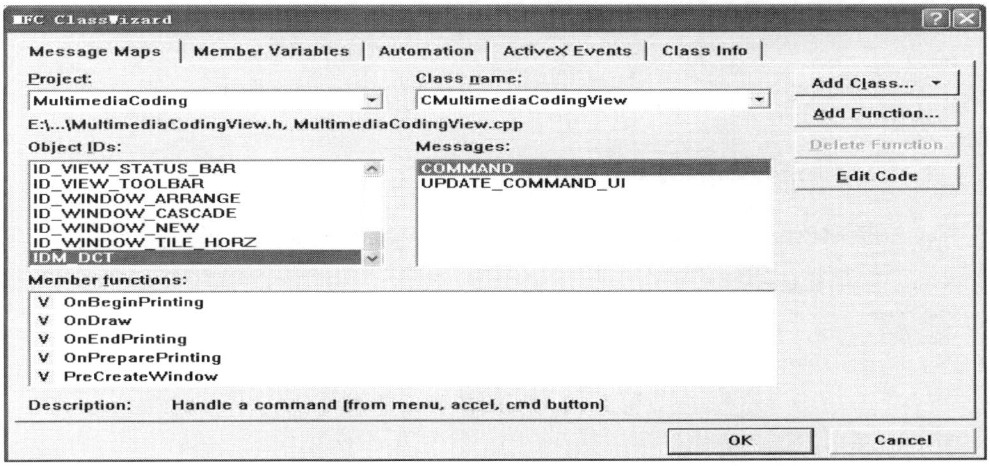

그림 2-10. MFC 클래스위저드

Step 3. COMMAND에서 마우스를 왼쪽 더블 클릭하면 그림 2-11과 같이 Add Member Function 다이얼로그 박스가 나온다. 다음, OK 버튼을 누른다.

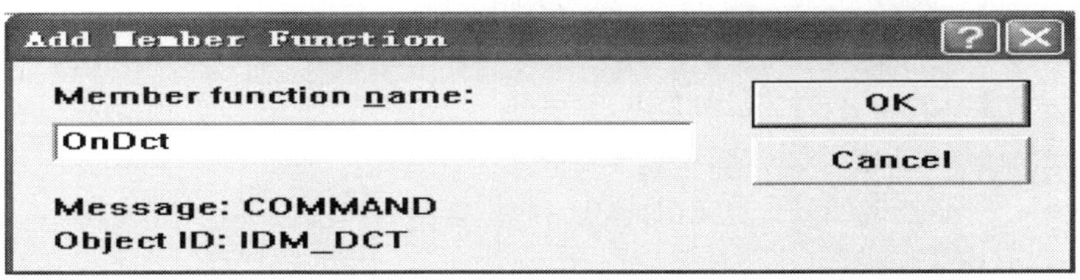

그림 2-11. Add Member Function 다이얼로그 박스

Step 4. 그림 2-12는 OnDct함수가 추가된 상태이다. Member Function 리스트에서 OnDct에서 마우스를 왼쪽 더블 클릭하면 해당 함수가 있는 소스 코드가 에디터 영역에서 열리면서 커서가 정확하게 위치한다. TODO 주석문 뒤에서 리스트 2-1에 따라서 코드를 입력하면 된다.

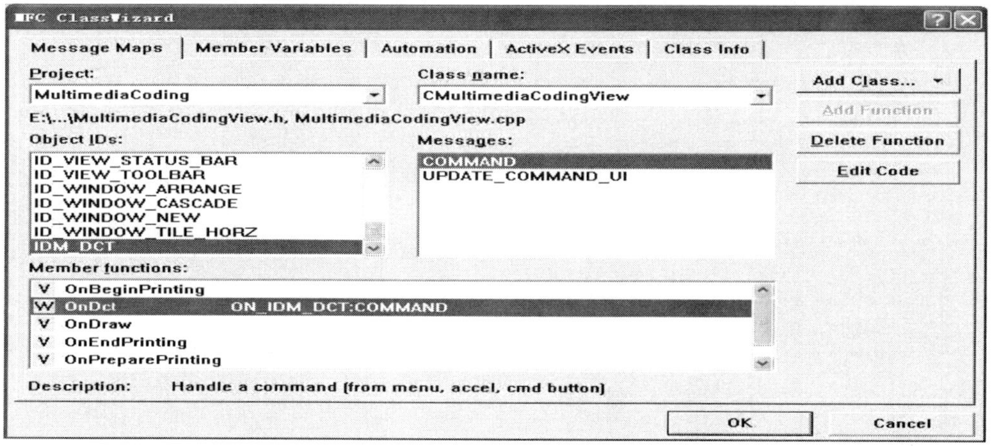

그림 2-12. OnDct를 추가된 상태

리스트 2-1

```
void CMultimediaCodingView::OnDct()
  {
    // TODO: Add your command handler code here
    //도큐멘터 클래스를 참조하기 위해
    CMultimediaCodingDoc* pDoc = GetDocument();
    ASSERT_VALID(pDoc);
    pDoc->m_NoInImg = 1;//입력화면 개수
    pDoc->m_NoOutImg = 2;//출력화면개수
    pDoc->m_DCT(288, 352);//DCT작업을 하는 함수 호출
    Invalidate(FALSE);
  }
```

2.3.3 멤버변수 추가

그림 2-13과 같은 Add Member Variable 다이얼로그 박스에서 멤버변수를 추가하게 된다.

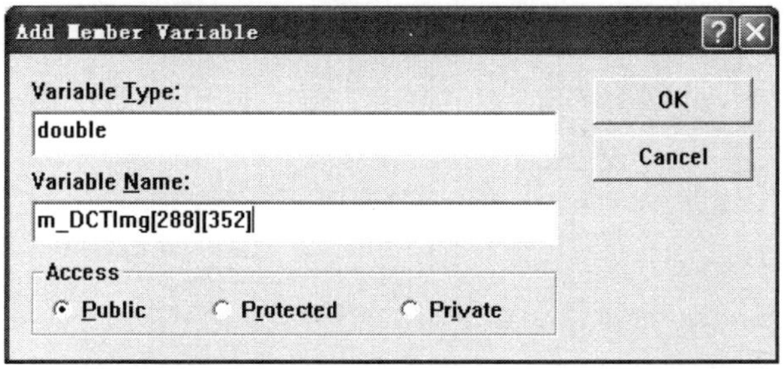

그림 2-13. Add Member Variable 다이얼로그 박스

2.3.4 멤버함수 추가

Step 1. m_DCT 멤버함수 추가: DOC 클래스에서 멤버함수를 추가하는 방법과 멤버변수를 추가하는 방법은 비슷하다. DOC 클래스에서 마우스의 오른쪽을 클릭하면 그림 1-3과 같은 문맥 메뉴가 뜨는데, 여기서 Add Member Function을 선택하면 그림 2-14와 같은 Add Member Function 다이얼로그 박스가 나온다. 이 다이얼로그 박스에서 멤버함수를 추가하게 된다. TODO 주석문 뒤에서 리스트 2-2에 따라서 코드를 입력하면 된다.

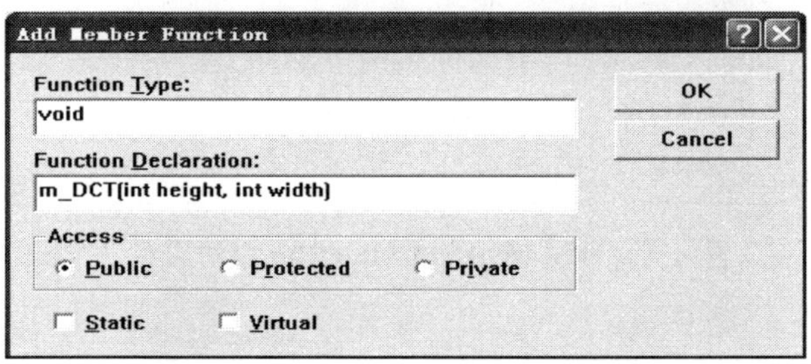

그림 2-14. Add Member Function 다이얼로그 박스

리스트 2-2

```
void CMultimediaCodingDoc::m_DCT(int height, int width)
{
  for(int u=0 ; u<height ; u+=8)
  {
    for(int v=0 ; v<width ; v+=8)
    {
      //8X8블록의 단위로 2차원 DCT작업
      m_DCT64(u, v);
      //8X8블록의 단위로 2차원 역 DCT작업
      m_IDCT64(u, v);
    }
  }
}
```

Step 2. m_DCT64 멤버함수 추가: 그림 2-15와 같은 Add Member Function 다이얼로그 박스가 나온다. 이 다이얼로그 박스에서 멤버함수를 추가하게 된다. TODO 주석문 뒤에서 리스트 2-3에 따라서 코드를 입력하면 된다.

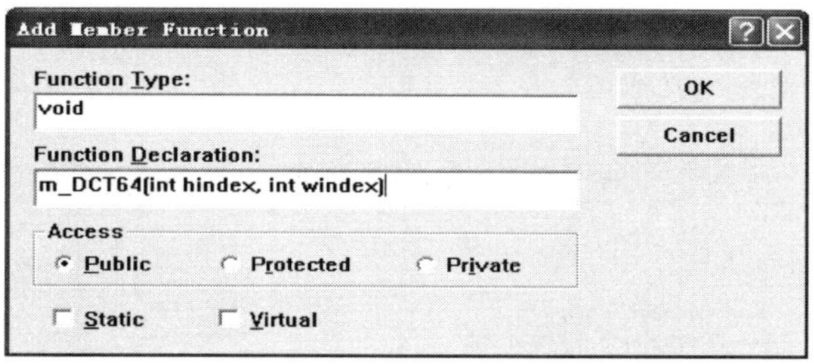

그림 2-15. Add Member Function 다이얼로그 박스

리스트 2-3

```
void CMultimediaCodingDoc::m_DCT64(int hindex, int windex)
{
  double K1, K2;
  int height = 8;
  int width = 8;
  int u, v, n, m;
  for(u=0 ; u<height ; u++)
  {
   for(v=0 ; v<width ; v++)
   {
    //DCT의 COS합
    double tempa = 0;
    for(n=0 ; n<height ; n++)
    {
     for(m=0 ; m<width ; m++)
     {
      tempa+= cos((2*n+1)*u*3.14159/(2*height)) * cos((2*m+1)*v*
              3.14159/(2*width))* m_InImg[0][n+hindex][m+windex];
    }
   }
  if (u ==0 ) K1=1/sqrt(2.);
   else K1 = 1;
  if (v ==0 ) K2=1/sqrt(2.);
   else K2 = 1;
  // DCT계수를 구함
   tempa *= K1 * K2 * 4 / (height*width);
   m_DCTImg[u+hindex][v+windex] = tempa;
  // DCT 계수값을 표시하기 위함
    if(tempa <0) tempa *= -1;
    tempa *= 10;
```

```
        if(tempa > 255) tempa = 255;
          m_OutImg[1][u+hindex][v+windex] = (unsigned char)tempa;
      }
    }
}
```

Step 3. m_IDCT64 멤버함수 추가: 그림 2-16과 같은 Add Member Function 다이얼로그 박스가 나온다. 이 다이얼로그 박스에서 멤버함수를 추가하게 된다. TODO 주석문 뒤에서 리스트 2-4에 따라서 코드를 입력하면 된다.

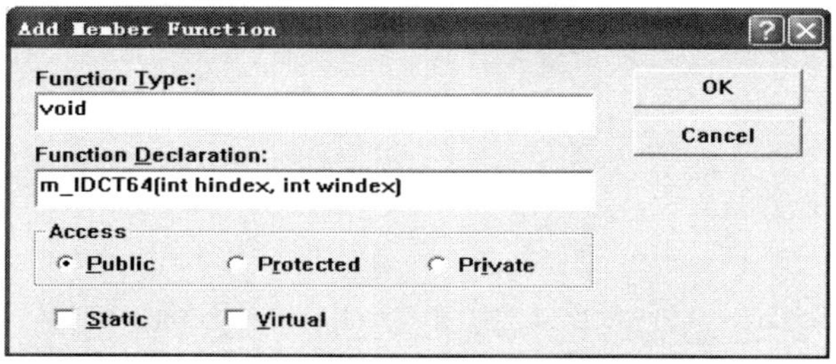

그림 2-16. Add Member Function 다이얼로그 박스

리스트 2-4

```
void CMultimediaCodingDoc::m_IDCT64(int hindex, int windex)
{
   double K1, K2;
   int height = 8;
   int width = 8;
   int u, v, n, m;
   for(n=0 ; n<height ; n++)
   {
```

```
        for(m=0 ; m<width ; m++)
        {
        //DCT의 함
          double tempa = 0;
          for(u=0 ; u<height ; u++)
          {
            for(v=0 ; v<width ; v++)
            {
              if (u ==0 ) K1=1/sqrt(2.);
              else K1 = 1;
                    if (v ==0 ) K2=1/sqrt(2.);
                     else K2 = 1;
                    tempa += K1 * K2 * cos((2*n+1)*u*3.14159/(2*height)) *
                      c o s ( ( 2 * m + 1 ) * v * 3 . 1 4 1 5 9 / ( 2 * w i d t h ) ) *
m_DCTImg[u+hindex][v+windex];
            }
          }
          if ( tempa > 255 ) tempa = 255;
          else if (tempa < 0) tempa = 0;
          m_OutImg[0][n+hindex][m+windex] = (unsigned char) tempa;
        }
    }
}
```

2.3.5 라이브러리 포함시키기

그림 2-17과 같이 MultimediaCodingDoc.cpp 파일에 <math.h>를 포함시키면 된다.

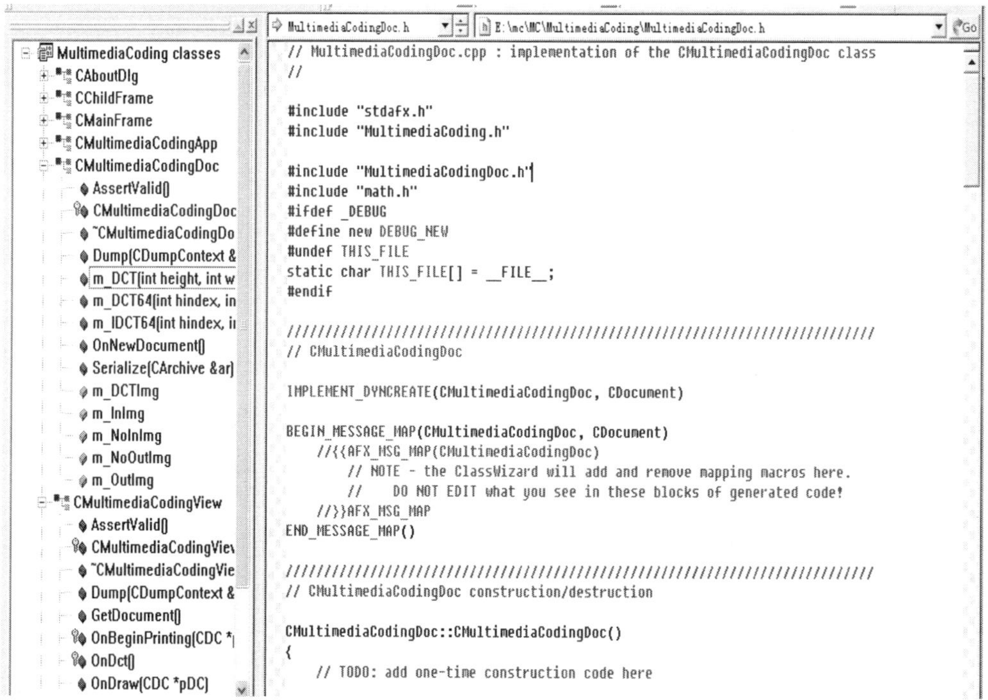

그림 2-17. MultimediaCodingDoc.cpp 파일

2.3.6 실행 결과

컴파일하고 실행하면 그림 2-18과 같이 동영상의 첫 번째 화면에 대하여 DCT변환과 역 DCT변환된 결과 화면이 표시된다.

(a) bus 동영상

(b) flower 동영상

(c) foreman 동영상

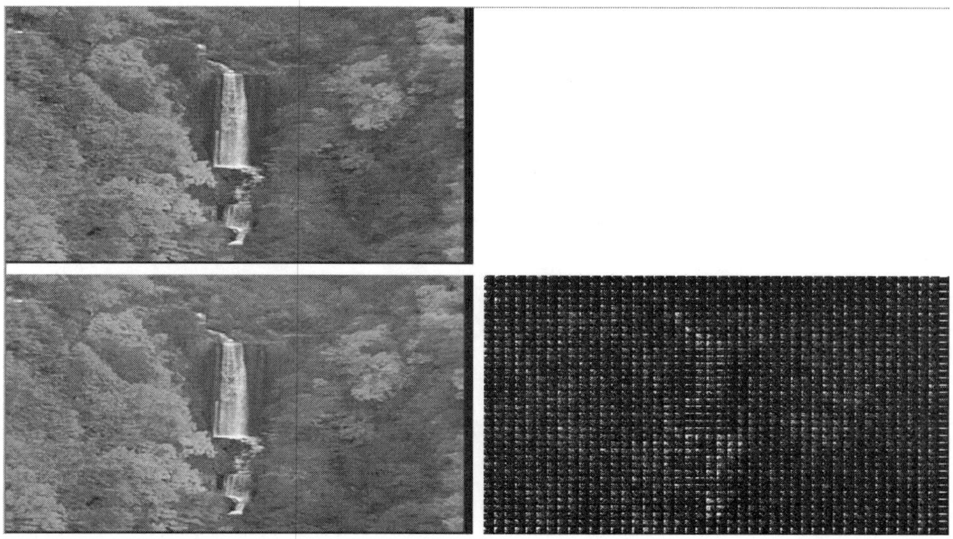

(d) waterfall 동영상

그림 2-18. 실행 결과

위에 나온 결과를 보면 3개 화면 중 제일 위에 나온 화면이 원 영상이고 아래쪽 왼쪽이 역 DCT된 결과이다. 오른쪽 화면은 DCT된 결과이다. 역 DCT된 결과 화면은 손실이 없이 제대로 복원이 된다.

양자화

Chapter 3

이 장에서는 양자화 원리를 설명하고 양자화 원리에 따라서 JPEG 양자화와 MPEG 양자화를 프로그램으로 구현한다. 또한, 이산여현변환 계수의 중요도에 따라 양자화를 달리하는 Zonal 양자화에 대해 설명하며 프로그램으로 구현한다.

3.1 양자화 원리

이산여현변환 단계를 마치고 직접 DCT계수들을 부호화하면 영상 데이터량은 아주 많아진다. 부호화된 영상을 손실이 없고 제대로 복원 하기위해서는 DCT계수들이 실수 값이기 때문에 무한한 범위의 값들을 표현하기 위해 엄청난 비트가 필요하게 된다. 무한한 개수의 값을 유한한 개수로 근사화하고 이 유한한 개수의 값에 대해서 부호화하면 더 적은 비트량을 얻을 수 있으므로 압축효과가 얻어질 수 있다. 이러한 근사화 과정을 수행하는 것이 양자화이다. 간단하게 말하면 일정한 값 근처에 있는 실수 값을 모두 이 일정한 값으로 표시하는 것이다. 양자화과정을 통하여 압축 효과는 얻어지지만 부호화된 영상을 원영상으로 완전하게 복원할 수 없으며, 손실이 발생하게 된다. 양자화기는 크게 스칼라 양자화기와 벡터 양자화기를 구분된다. 스칼라 양자화기는 JPEG, MPEG 부호화방식에도 사용되는 것으로 벡터 양자화기에 비하여 사용이 간단하다.

3.1.1 스칼라 양자화

스칼라 양자화 과정은 소수점을 가지는 수를 가장 가까운 정수로 반올림하는 것이다. 여기서 반올림된 정수는 원래의 정확한 소수를 알 수 없으므로 손실을 유발하게 된다. 양자화 기본적인 동작은 다음 식(3-1)(3-2)와 같다.

$$FQ = \left[\frac{X}{Qstep} \right] \quad (3\text{-}1)$$

$$Y = FQ \cdot Qstep \quad (3\text{-}2)$$

여기서 X는 입력 계수이고, $Qstep$는 양자화 계단 크기이다. 그리고 FQ는 부호화기에서의 순방향 양자화기를 통하여 양자화된 신호 값을 의미하며, Y는 역 양자화를 통하여 복호화된 신호이다.

실수값을 일정한 정수로 나누고 나온 몫은 양자화 값이 된다. 이과정이 양자화과정이다. 양자화된 값에 일정한 정수를 곱하여 원래 실수 값까지 복원할 수 없다. 그러나 원래 실수 값과 가까운 정수 값까지 복원할 수 있다. 그래서 손실이 발생한다. 그림 3-1은 스칼라 양자화 전후의 값을 비교한다.

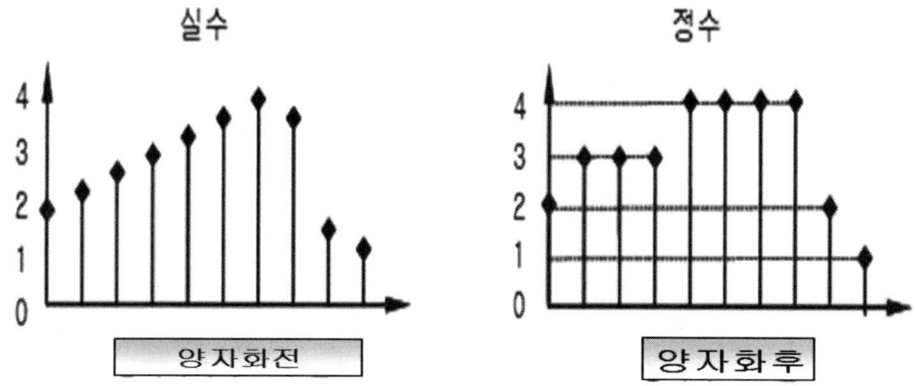

그림 3-1. 스칼라 양자화기

3.1.2 JPEG 양자화

기존 스칼라 양자화기의 양자화 계단 크기는 보통 30~52개를 제공한다. DCT계수는 정수 값의 1-52를 선택해서 나눌 수 있다. 하지만 여기서 문제가 발생한다. 8X8블록 단위로 전체 DCT계수들은 모두 같은 양자화 계단 크기로 나누면 되는 것인가? DCT 계수에 따라서 영상의 시각적 화질에 미치는 영향이 서로 다르다. DCT 계수의 왼쪽 윗부분은 저주파 성분으로서 화질에 중요한 영향을 미친다. 이를 고려하여 저주파 성분에는 상대적으로 양자화 계단크기를 작게하고, 반대로 고주파 성분에는 양자화 계단크기를 크게 한다. 다음은 흑백 신호를 이산여현변환한 DCT 계수의 8x8 블록에 대한 JPEG 양자화 계단크기 가중 행렬을 나타낸다.

16	11	10	16	24	40	51	61
12	12	14	19	26	58	60	55
14	13	16	24	40	57	69	56
14	17	22	29	51	87	80	62
18	22	37	56	68	109	103	77
24	35	55	64	81	104	113	92
49	64	78	87	103	121	120	101
72	92	95	98	112	100	103	99

3.1.3 MPEG 양자화

MPEG은 JPEG에 비하여 저주파와 고주파 성분간의 양자화 계단크기의 차이를 줄이고 있다. 다음은 흑백 신호를 이산여현변환한 DCT 계수의 8x8 블록에 대한 MPEG 양자화 계단크기 가중 행렬을 나타낸다.

8	16	19	22	26	27	29	34
16	16	22	24	27	29	34	37
19	22	26	27	29	34	34	38
22	22	26	27	29	34	37	40
22	26	27	29	32	35	40	48
26	27	29	32	35	40	48	58
26	27	29	34	38	46	56	69
27	29	35	38	46	56	69	83

3.1.4 Zonal 양자화

Zonal 양자화는 JPEG 및 MPEG 부호화와는 달리 DCT 계수의 주파수 구역별 Zone을 설정하고 양자화 계단크기를 달리 부여할 수 있다.

그림3-2는 Zonal 양자화의 예를 나타낸다. Zone1에는 Q1 계단크기로, Zone2에는 Q1+R 계단크기로, Zone3에는 Q1+2R 계단크기로, Zone4에는 Q1+3R 계단크기로, Zone4에는 Q1+4R 계단크기로 양자화를 수행한다. Q1 값의 범위는 1~52, R은 1~10을 사용할 수 있다.

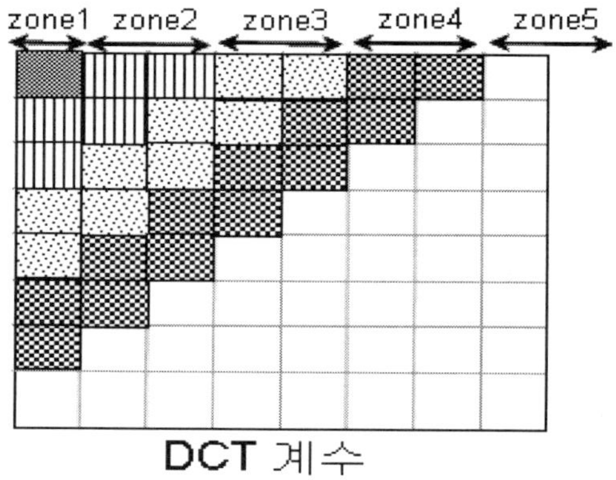

그림 3-2. Zone을 분할하는 경우

3.2 양자화 구현하기

JPEG과 MPEG 부호화방식은 스칼라 양자화 방법을 사용한다. DCT 영역의 계수마다 양자화 계단크기를 달리한다. 높은 주파수 영역은 상대적으로 시각적인 중요성이 낮으므로 낮은 주파수 영역보다 양자화 계단크기를 크게 한다. 결과적으로 부호화 비트율을 낮게 하면서 화질을 증대시킬 수 있다.

3.2.1 JPEG 부호화 방식의 양자화 구현하기

(1) 메뉴 바에 DCT+JPEG_Q 메뉴 만들기

먼저 메뉴 에디터 영역을 나오게 한다. DCT 메뉴 밑에 있는 테두리로 둘러싸인 부분을 마우스의 오른쪽을 클릭해서 팝업 문맥 메뉴를 띄우고 Properties를 선택한다. 다음에 Menu Item Properties 다이얼로그 박스에 그림 3-3을 참조하여 설정한다.

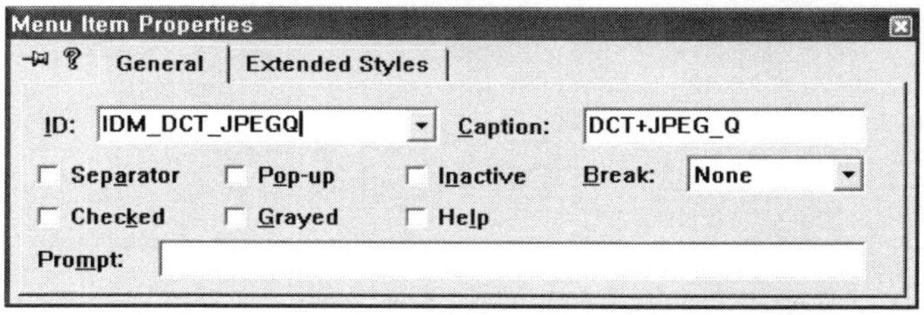

그림 3-3. Menu Item Properties 다이얼로그 박스

(2) OnDctJpegq 함수 추가

Step 1. DCT+JPEG_Q 메뉴에서 마우스의 오른쪽을 클릭하고 나서 팝업 문맥 메뉴를 띄우고 ClassWizard를 선택한다.

Step 2. 그림 3-4와 같이 MFC 클래스위저드가 열리면 Object ID리스트에서 IDM_DCT_JPEGQ가 선택된 상태에서, 메시지 리스트에서 COMMAND를 선택한다.

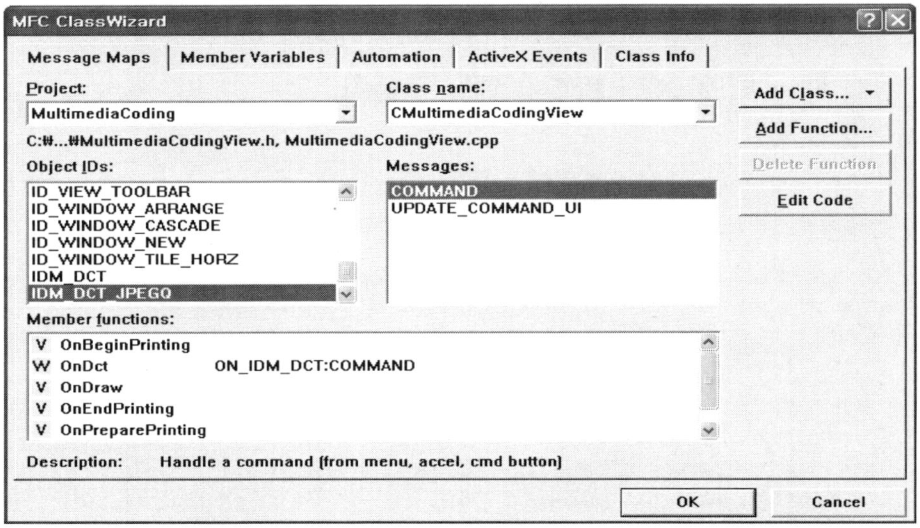

그림 3-4. MFC 클래스위저드

Step 3. COMMAND에서 마우스의 왼쪽을 더블 클릭하면 그림 3-5와 같이 Add Member Function 다이얼로그 박스가 나온다. 다음, OK 버튼을 누른다.

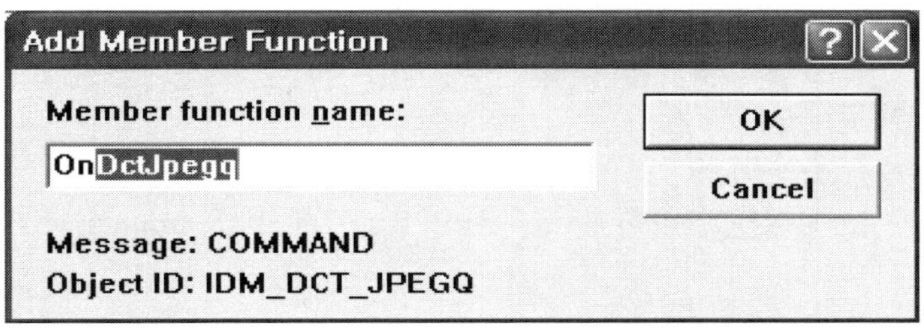

그림 3-5. Add Member Function 다이얼로그 박스

Step 4. 그림 3-6은 OnDctJpegq 함수를 추가한 상태이다. Member Function 리스트에서 OnDctJpegq에서 마우스를 왼쪽 더블 클릭하면 해당 함수가 있는 소스 코드가 에디터 영역에서 열리면서 커서가 정확하게 위치하게 된다. TODO 주석문 뒤에서 리스트 3-1에 따라서 코드를 입력하면 된다.

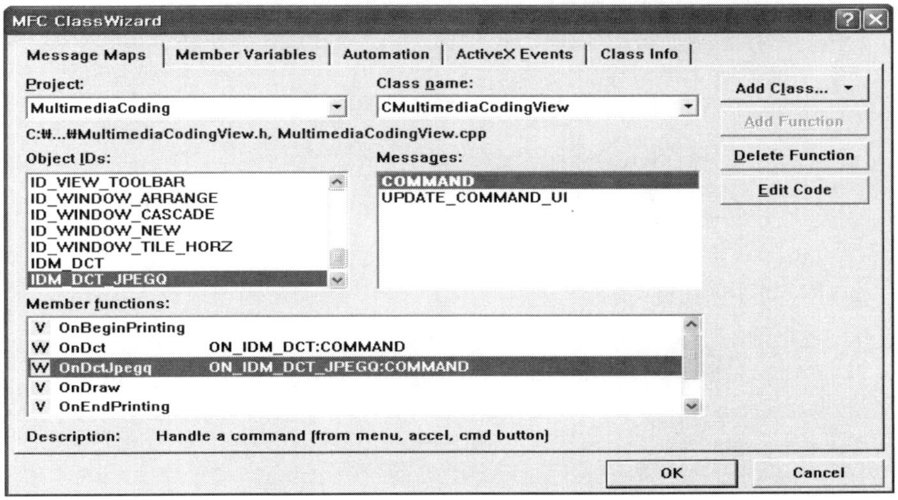

그림 3-6. OnDctJpegq를 추가된 상태

리스트 3-1

```
void CMultimediaCodingView::OnDctJpegq()
{
    CMultimediaCodingDoc* pDoc = GetDocument();
   //도큐멘터 클래스를 참조하기 위해
   ASSERT_VALID(pDoc);
   pDoc->m_NoInImg = 1;// 입력화면 개수
   pDoc->m_NoOutImg = 1;// 입력화면 개수
   pDoc->m_DCT_JPEG_Q(288, 352);// DCT,양자화를 작업한 함수 호출
   double mse=0, psnr;
   //원신호와 복원신호간 차신호의 제곱합에 대한 평균값을 계산
   for(int i=0; i<288; i++)
   {
     for(int j=0; j<352; j++)
     {
```

```
            unsigned char InVal = pDoc->m_InImg[0][i][j];
             unsigned char OutVal = pDoc->m_OutImg[0][i][j];
             mse += (double)(InVal-OutVal)*(InVal-OutVal);
            }
        }
        mse /= (288.*352.);
        //PSNR 계산
        psnr = 10*log10(255*255/mse);
        CString str;
        str.Format("원신호와 복원신호간 오차신호의 PSNR은 %f입니다.", psnr);
        AfxMessageBox(str);
        Invalidate(FALSE);
    }
```

MSE는 Mean squared error의 약자로서 동일한 위치에 있는 화소의 원 값과 복원된 값 사이의 차신호에 대한 제곱합의 평균이며, 식(3-3)과 같이 정의한다.

$$MSE = \frac{1}{mn}\sum_{i=0}^{m-1}\sum_{j=0}^{n-1} \| I(i,j) - K(i,j) \|^2 \qquad (3\text{-}3)$$

PSNR는 MSE를 dB로 표시한 것으로서 식(3-4)와 같이 계산한다.

$$PSNR = 10 \cdot \log_{10}\left(\frac{255^2}{MSE}\right) \qquad (3\text{-}4)$$

(3) 새로운 다이얼로그 추가하기

Step 1. 프로젝트 Workspace에서 리소스뷰를 선택하며 Dialog에서 오른쪽 마우스를 클릭한 다음, 팝업 문맥 메뉴에서 Insert Dialog를 선택한다.

Step 2. 그림 3-7과 같이 새로 생긴 다이얼로그에서 오른쪽 마우스를 클릭한 다음, 팝업문맥 메뉴에서 Properties를 선택한다.

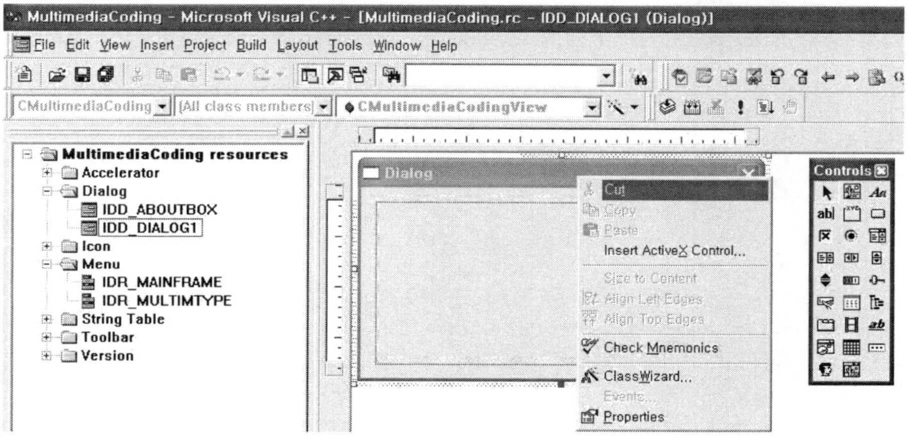

그림 3-7. 마우스를 오른쪽 클릭해서 문맥메뉴 띄우기

Step 3. 그림 3-8과 같이 ID에 IDD_QSIZE로 Caption은 양자화 계단크기 입력창으로 입력한다.

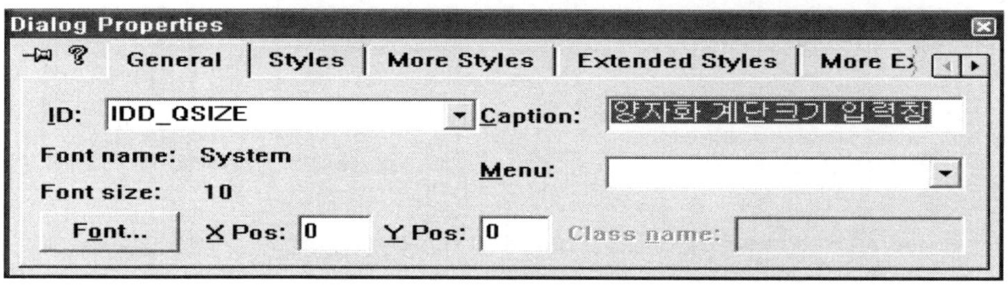

그림 3-8. Properties 다이얼로그 박스

Step 4. 그림 3-9를 참조해서 다이얼로그 윈도우에 컨트롤을 놓고 속성을 설정한다.

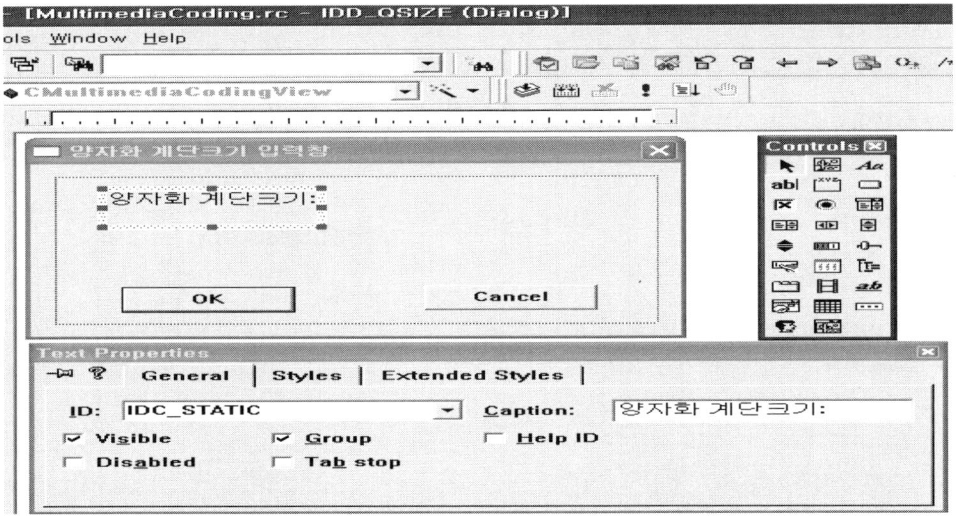

(a) 정적 텍스트 설정

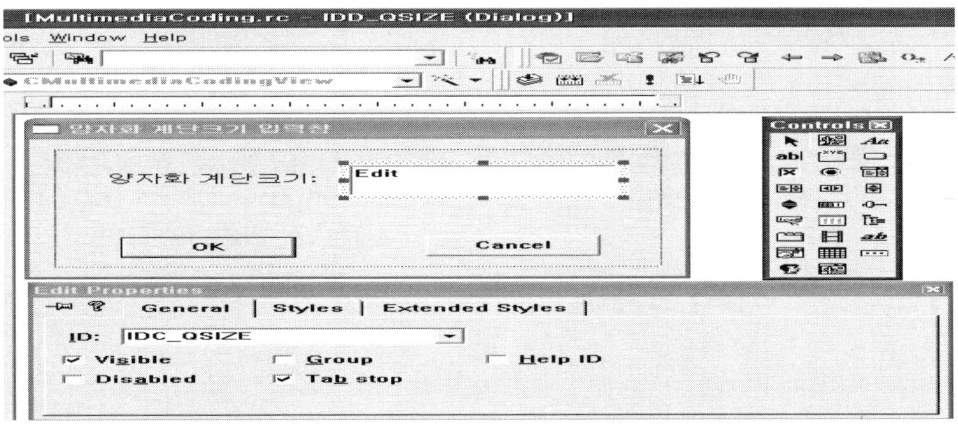

(b) 에디트 박스 설정

그림 3-9. 커스텀 다이얼로그 윈도우

(4) 새로운 클래스 CQuant를 만들고, 변수 물려두기

Step 1. 다이얼로그에서 마우스 오른쪽 클릭하고 나서 팝업 문맥 메뉴를 띄우고 ClassWizard를 선택하면 Adding a Class 다이얼로그 박스가 나온다. 그림 3-10과 같이 창이 띄워지면 OK버튼을 누른다.

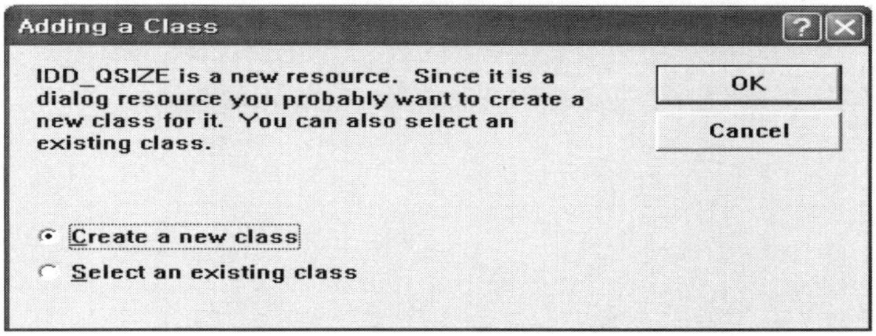

그림 3-10. Adding a Class 다이얼로그 박스

Step 2. 그림 3-11과 같이 New Class 다이얼로그 박스가 띄워지면, 클래스 CQuant를 생성한다.

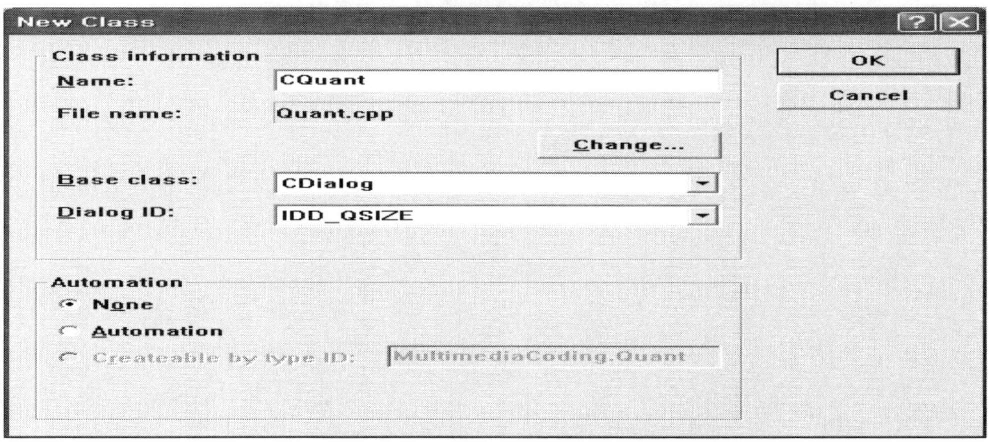

그림 3-11. New Class 다이얼로그 박스

Step 3. 그림 3-12와 같이 ClassWizard에 있는 Member Variables탭을 누르고, 새 다이얼로그 윈도우의 각 컨트롤에 변수를 물려둔다.

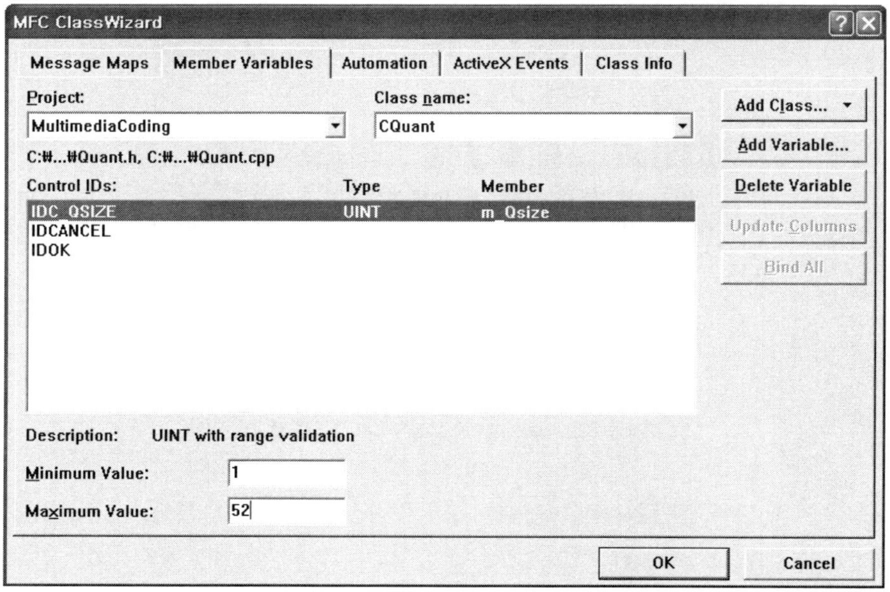

그림 3-12. 컨트롤에 변수 물려두기

Step 4. 그림 3-13과 같이 ClassView에서 새로 생성된 클래스 CQuant가 보인다.

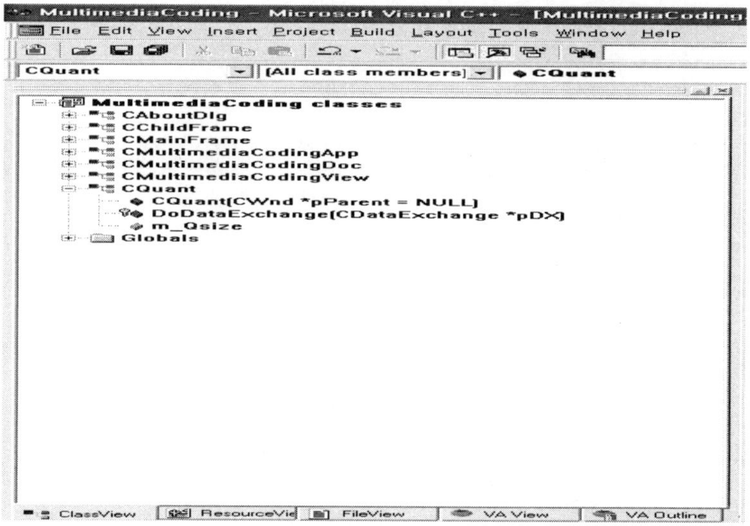

그림 3-13. ClassView

(5) 다이얼로그를 가리키는 변수 추가

DOC클래스에서 새로 생성한 CQuant 클래스 객체를 접근하기 위하여 그림 3-14와 같이 DOC클래스에 왼쪽 마우스를 클릭하여 Add Member Variable을 선택하고 클릭하여 변수를 추가한다.

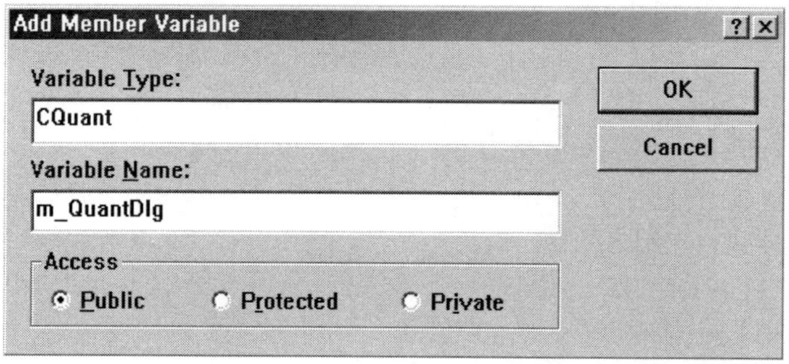

그림 3-14. Add Member Variable 다이얼로그 박스

(6) DOC에 멤버변수 추가하기

JPEG 양자화 계단크기를 저장하기 위하여 DOC 클래스에 그림 3-15와 같이 Add Member Variable 선택하여 m_JpegQMask 멤버변수를 추가한다.

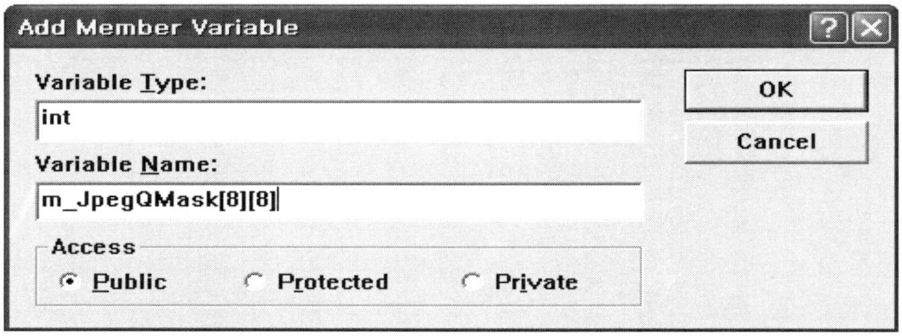

그림 3-15. Add Member Variable 다이얼로그 박스

(7) DOC 클래스 생성자에 양자화 계단크기 초기화

리스트 3-2와 같이 DOC 클래스의 생성자에 양자화 계단크기를 초기화한다.

리스트 3-2

```
CMultimediaCodingDoc::CMultimediaCodingDoc()
{
  // TODO: add one-time construction code here
  int I, j;
  int jpegqmask[8][8] ={{16, 11, 10, 16, 24, 40, 51, 61},
  {12, 12, 14, 19, 26, 58, 60, 55},
  {14, 13, 16, 24, 40, 57, 69, 56},
  {14, 17, 22, 29, 51, 87, 80, 62},
  {18, 22, 37, 56, 68, 109, 103, 77},
  {24, 35, 55, 64, 81, 104, 113, 92},
```

```
    {49, 64, 78, 87, 103, 121, 120, 101},
   {72, 92, 95, 98, 112, 100, 103, 99}};
   for(i=0; i<8; i++)
     for(j=0; j<8; j++)
     m_JpegQMask[i][j] = jpegqmask[i][j];
}
```

(8) DOC에 멤버함수 추가하기

Step 1. m_DCT_JPEG_Q 멤버함수 추가: DOC 클래스에 마우스의 왼쪽을 클릭하여 Add Member Function을 선택하면 그림 3-16과 같이 Add Member Function 다이얼로그 박스가 나온다. 이 다이얼로그 박스에서 멤버함수를 추가하게 된다. TODO 주석문 뒤에서 리스트 3-3과 같이 코드를 입력한다.

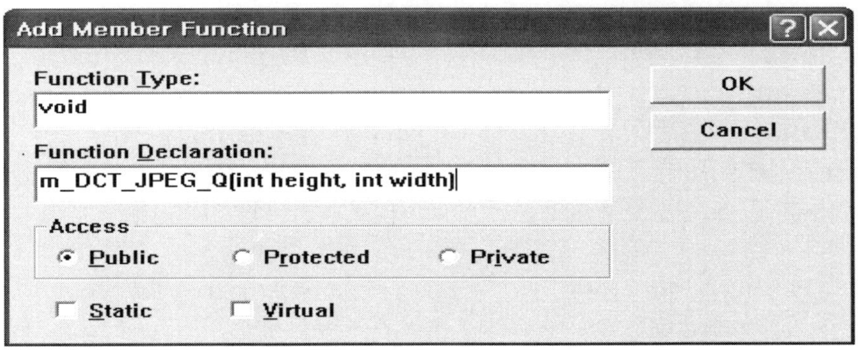

그림 3-16. Add Member Function 다이얼로그 박스

리스트 3-3

```
void CMultimediaCodingDoc::m_DCT_JPEG_Q(int height, int width)
{
  int u, v, qsize;
  double avr_Qsize = 0;
  if(m_QuantDlg.DoModal() == IDOK)
  {
    qsize = m_QuantDlg.m_Qsize;
  }
  if(qsize==0) {qsize=1;}
  for(u=0 ; u<8 ; u++)
  {
   for(v=0 ; v<8 ; v++)
   {
     avr_Qsize += (double)(qsize*m_JpegQMask[u][v]/16.);
   }
  }
  avr_Qsize /= 64.;
  CString str;
  str.Format("평균 양자화 계단크기는 %f 입니다.",avr_Qsize);
  AfxMessageBox(str);
  for(u=0 ; u<height ; u+=8)
  {
    for(v=0 ; v<width ; v+=8)
    {
      m_DCT64(u, v);
      m_JPEG_Q(u, v, qsize);
      m_JPEG_IQ(u, v, qsize);
      m_IDCT64(u, v);
    }
  }
}
```

Step 2. m_JPEG_Q 멤버함수 추가: 그림 3-17과 같은 Add Member Function 다이얼로그 박스가 나온다. 이 다이얼로그 박스에서 멤버함수를 추가하게 된다. TODO 주석문 뒤에서 리스트 3-4에 따라서 코드를 입력하면 된다.

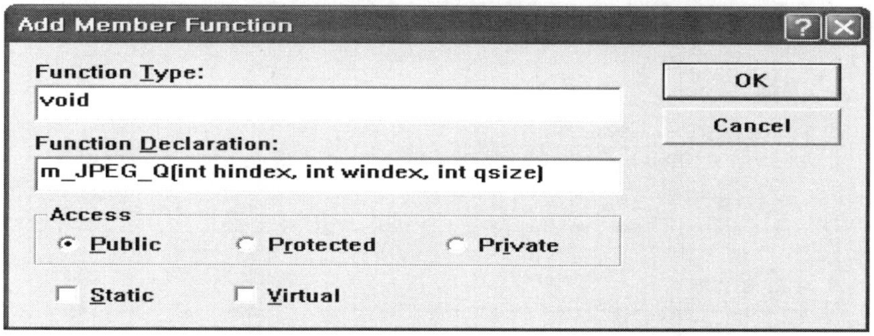

그림 3-17. Add Member Function 다이얼로그 박스

리스트 3-4

```
void CMultimediaCodingDoc::m_JPEG_Q(int hindex, int windex, int qsize)
{
  int height = 8;
  int width = 8;
  int n, m, temp;
  for(n=0 ; n<height ; n++)
  {
   for(m=0 ; m<width ; m++)
   {
     temp = (int)(m_DCTImg[n+hindex][m+windex]
                  / ((double)qsize*m_JpegQMask[n][m]/16.));
     m_DCTImg[n+hindex][m+windex] = temp;
   }
  }
}
```

Step 3. m_JPEG_IQ 멤버함수 추가: 그림 3-18과 같은 Add Member Function 다이얼로그 박스가 나온다. 이 다이얼로그 박스에서 멤버함수를 추가하게 된다. TODO 주석문 뒤에서 리스트 3-5에 따라서 코드를 입력하면 된다.

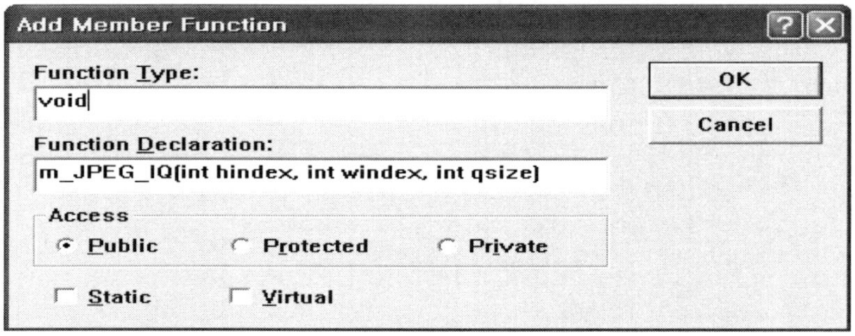

그림 3-18. Add Member Function 다이얼로그 박스

리스트 3-5

```
void CMultimediaCodingDoc::m_JPEG_IQ(int hindex, int windex, int qsize)
{
  int height = 8;
  int width = 8;
  int n, m, temp;
  for(n=0 ; n<height ; n++)
  {
   for(m=0 ; m<width ; m++)
   {
     m_DCTImg[n+hindex][m+windex] *=
                    ((double)qsize*m_JpegQMask[n][m]/16.);
   }
  }
}
```

(9) MultimediaCodingView.cpp 파일에 <math.h> 포함시킴

그림 3-19와 같이 MultimediaCodingView.cpp 파일에 〈math.h〉를 포함시킨다.

```
// MultimediaCodingView.cpp : implementation of the CMultimediaCodingView class
//

#include "stdafx.h"
#include "MultimediaCoding.h"

#include "MultimediaCodingDoc.h"
#include "MultimediaCodingView.h"
#include "math.h"

#ifdef _DEBUG
#define new DEBUG_NEW
#undef THIS_FILE
static char THIS_FILE[] = __FILE__;
#endif

/////////////////////////////////////////////////////////////////////////////
// CMultimediaCodingView

IMPLEMENT_DYNCREATE(CMultimediaCodingView, CView)

BEGIN_MESSAGE_MAP(CMultimediaCodingView, CView)
	//{{AFX_MSG_MAP(CMultimediaCodingView)
	ON_COMMAND(IDM_DCT, OnDct)
	ON_COMMAND(IDM_DCT_JPEGQ, OnDctJpegq)
	//}}AFX_MSG_MAP
	// Standard printing commands
	ON_COMMAND(ID_FILE_PRINT, CView::OnFilePrint)
	ON_COMMAND(ID_FILE_PRINT_DIRECT, CView::OnFilePrint)
	ON_COMMAND(ID_FILE_PRINT_PREVIEW, CView::OnFilePrintPreview)
END_MESSAGE_MAP()

/////////////////////////////////////////////////////////////////////////////
// CMultimediaCodingView construction/destruction

CMultimediaCodingView::CMultimediaCodingView()
{
	// TODO: add construction code here
	pbmi = (PBITMAPINFO)malloc(sizeof(BITMAPINFOHEADER) + 256*sizeof(RGBQUAD));
	pbmi->bmiHeader.biSize = (LONG)sizeof(BITMAPINFOHEADER);
```

그림 3-19. <math.h> 포함

(10) 실행 결과

컴파일하고 실행하면 양자화 계단 크기 5인 경우, 양자화 계단크기 10인 경우, 양자화 계단 크기 20인 경우 bus, flower, foreman, waterfall영상에 대한 DCT, 양자화, 역 양자화, 역 DCT를 수행해서 복원영상, 평균 양자화계단크기, PSNR값을 확인할 수 있다.

(a) 원영상

(b) 양자화 계단크기 5인 경우

(c) 양자화 계단크기 10인 경우

(d) 양자화 계단크기 15인 경우

그림 3-20. bus 동영상 결과

표 3-1. bus 동영상의 평균 양자화 계단크기와 PSNR

양자화 계단크기	평균 양자화 계단크기	PSNR
5	18.0	29.0
10	36.0	26.4
20	72.0	23.8

표 3-2. flower 동영상의 평균 양자화 계단크기와 PSNR

양자화 계단크기	평균 양자화 계단크기	PSNR
5	18.0	25.8
10	36.0	23.6
20	72.0	21.6

표 3-3. foreman 동영상의 평균 양자화 계단크기와 PSNR

양자화 계단크기	평균 양자화 계단크기	PSNR
5	18.0	32.3
10	36.0	29.6
20	72.0	26.6

표 3-4. waterfall 동영상의 평균 양자화 계단크기와 PSNR

양자화 계단크기	평균 양자화 계단크기	PSNR
5	18.0	31.0
10	36.0	28.3
20	72.0	25.6

3.2.2 MPEG 부호화 방식의 양자화 구현하기

(1) 메뉴 바에 DCT+MPEG_Q 메뉴 만들기

메뉴 에디터 영역을 다시 띄운다. DCT+MPEG_Q 메뉴 밑에 있는 테두리로 둘러싸인 부분을 오른쪽 클릭하고 팝업 문맥 메뉴를 띄우고 Properties를 선택한다. 다음에 Menu Item Properties 다이얼로그 박스에 그림 3-21과 같이 설정한다.

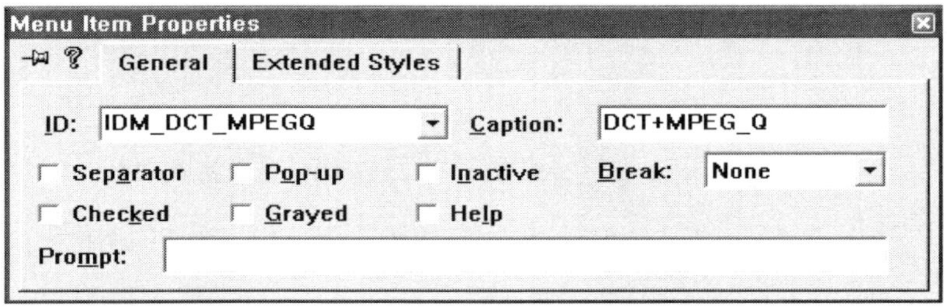

그림 3-21. Menu Item Properties 다이얼로그 박스

(2) OnDctMpegq 함수 추가

Step 1. DCT+MPEG_Q 메뉴에서 마우스의 오른쪽을 클릭하고 나서 팝업 문맥 메뉴을 띄우고 ClassWizard를 선택한다.

Step 2. 그림 3-22와 같이 MFC 클래스위저드를 열고 Object ID리스트에서 IDM_DCT_MPEGQ를 선택하고, 메시지 리스트에서 COMMAND를 선택한다.

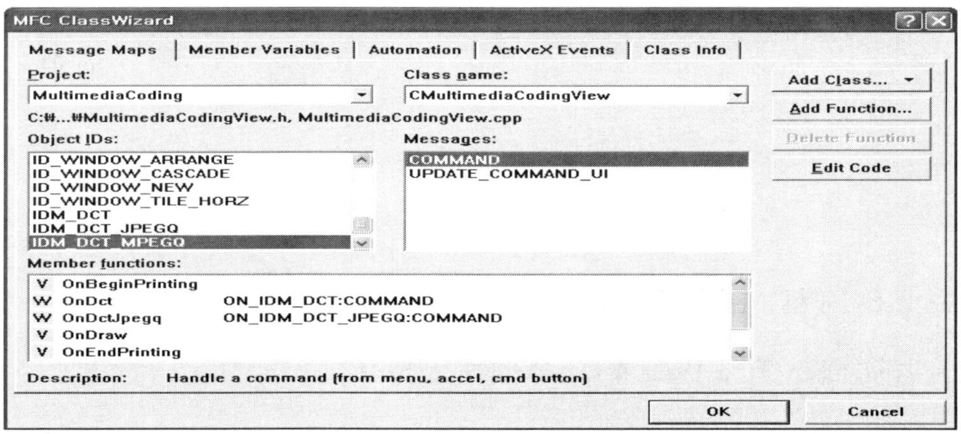

그림 3-22. MFC 클래스위저드

Step 3. COMMAND에서 마우스를 왼쪽 더블 클릭하면 그림 3-23과 같이 Add Member Function 다이얼로그 박스가 나온다. 다음, OK 버튼을 누른다.

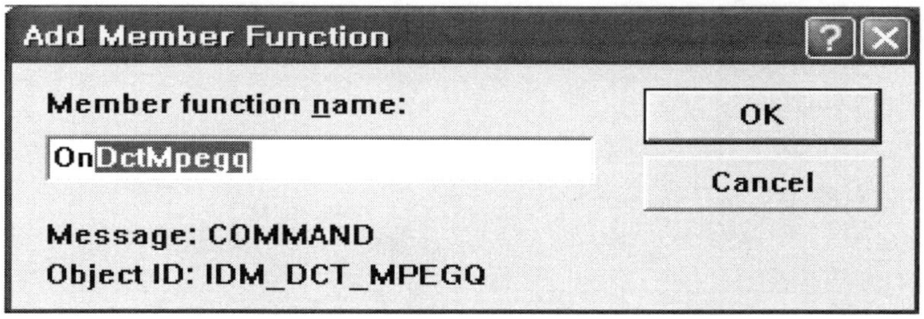

그림 3-23. Add Member Function 다이얼로그 박스

Step 4. 그림 3-24는 함수를 추가한 상태이다. Member Function 리스트에서 OnDctMpegq에 마우스를 왼쪽 더블 클릭하면 해당 함수가 있는 소스 코드가 에디터 영역에서 열리면서 커서가 정확하게 위치한다. TODO 주석문 뒤에서 리스트 3-6과 같이 코드를 입력하면 된다.

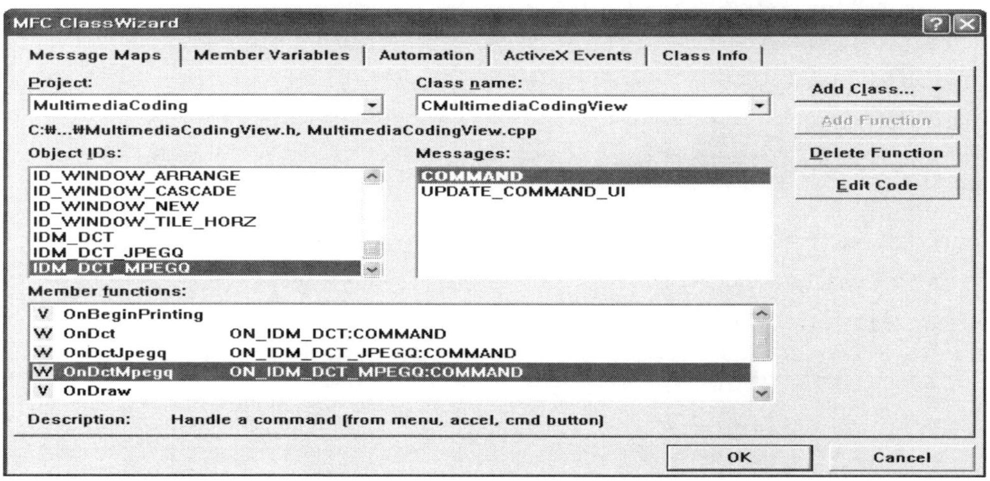

그림 3-24. 함수를 추가한 상태

리스트 3-6

```
void CMultimediaCodingView::OnDctMpegq()
{
  CMultimediaCodingDoc* pDoc = GetDocument();
  //도큐멘터 클래스를 참조하기 위해
  ASSERT_VALID(pDoc);
  pDoc->m_NoInImg = 1;// 입력화면 개수
  pDoc->m_NoOutImg = 1;// 입력화면 개수
  pDoc->m_DCT_MPEG_Q(288, 352);// DCT,양자화를 작업한 함수 호출
  double mse=0, psnr;
  //mse를 계산
  for(int i=0; i<288; i++)
  {
   for(int j=0; j<352; j++)
   {
     unsigned char InVal = pDoc->m_InImg[0][i][j];
     unsigned char OutVal = pDoc->m_OutImg[0][i][j];
     mse += (double)(InVal-OutVal)*(InVal-OutVal);
   }
  }
  mse /= (288.*352.);
  //PSNR 계산
  psnr = 10*log10(255*255/mse);
  CString str;
  str.Format("원신호와 복원신호간 오차신호의 PSNR은 %f입니다.", psnr);
  AfxMessageBox(str);
  Invalidate(FALSE);
}
```

(3) DOC 클래스에 멤버변수 추가하기

MPEG 양자화 가중행렬을 저장하기 위한 멤버변수 m_MPEGQMask를 DOC클래스에 추가한다. 그림 3-25와 같이 Add Member Variable 다이얼로그 박스에서 멤버변수를 추가한다.

그림 3-25. Add Member Variable 다이얼로그 박스

(4) DOC 클래스 생성자에 양자화 계단크기 초기화

리스트 3-7과 같이 DOC 클래스의 생성자에 양자화계단 크기를 초기화한다.

리스트 3-7

```
CMultimediaCodingDoc::CMultimediaCodingDoc()
{
  .................
  int mpegqmask[8][8]={{8, 16, 19, 22, 26, 27, 29, 34},
  {16, 16, 22, 24, 27, 29, 34, 37},
  {19, 22, 26, 27, 29, 34, 34, 38},
  {22, 22, 26, 27, 29, 34, 37, 40},
  {22, 26, 27, 29, 32, 35, 40, 48},
  {26, 27, 29, 32, 35, 40, 48, 58},
  {26, 27, 29, 34, 38, 46, 56, 69},
  {27, 29, 35, 38, 46, 56, 69, 83}};
  for(i=0; i<8; i++)
    for(j=0; j<8; j++)
```

```
    m_MpegQMask[i][j] = mpegqmask[i][j];
}
```

(5) DOC 클래스에 멤버함수 추가하기

Step 1. m_DCT_MPEG_Q 멤버함수 추가: 그림 3-26와 같이 Add Member Function 다이얼로그 박스를 띄우고 멤버함수를 추가한다. TODO 주석문 뒤에서 리스트 3-8에 따라서 코드를 입력하면 된다.

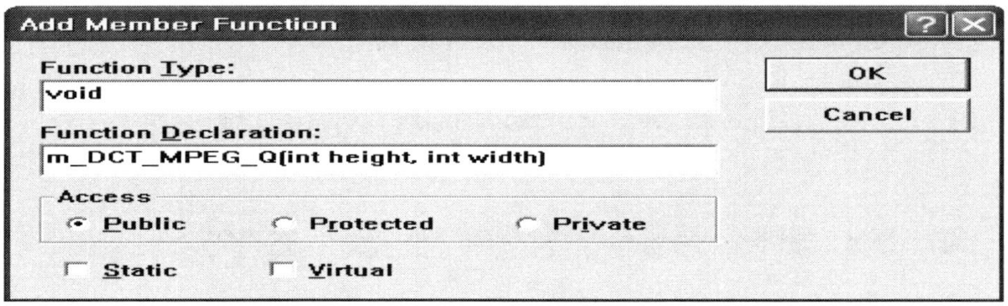

그림 3-26. Add Member Function 다이얼로그 박스

리스트 3-8

```
void CMultimediaCodingDoc::m_DCT_MPEG_Q(int height, int width)
{
    int u, v, qsize;
    double avr_Qsize = 0;
     if(m_QuantDlg.DoModal() == IDOK)
     {
       qsize = m_QuantDlg.m_Qsize;
     }
     if(qsize==0) {qsize=1;}
     for(u=0 ; u<8 ; u++)
     {
       for(v=0 ; v<8 ; v++)
       {
```

```
        avr_Qsize += (double)(2*qsize*m_MpegQMask[u][v]/(16.));
      }
    }
    avr_Qsize /= 64.;
    CString str;
    str.Format("평균 양자화 계단크기는 %f 입니다.",avr_Qsize);
    AfxMessageBox(str);
    for(u=0 ; u<height ; u+=8)
    {
     for(v=0 ; v<width ; v+=8)
     {
       m_DCT64(u, v);
       m_MPEG_Q(u, v, qsize);
       m_MPEG_IQ(u, v, qsize);
       m_IDCT64(u, v);
     }
    }
}
```

Step 2. m_MPEG_Q 멤버함수 추가: 그림 3-27과 같이 Add Member Function 다이얼로그 박스를 띄우고 멤버함수를 추가한다. TODO 주석문 뒤에서 리스트 3-9에 따라서 코드를 입력하면 된다.

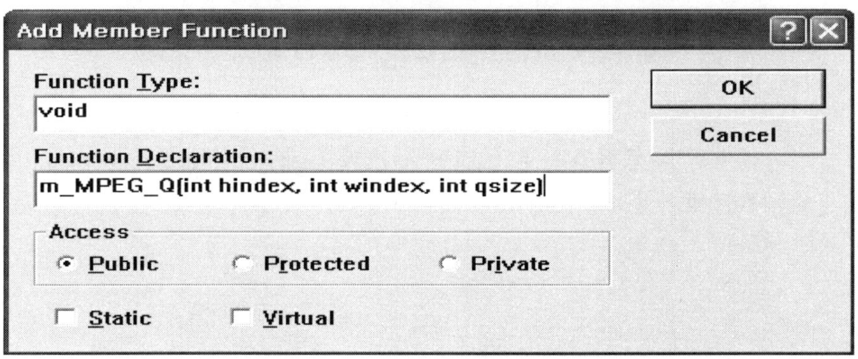

그림 3-27. Add Member Function 다이얼로그 박스

리스트 3-9

```
void CMultimediaCodingDoc::m_MPEG_Q(int hindex, int windex, int qsize)
{
  int height = 8;
  int width = 8;
  int n, m, temp;
  double tempdouble;
  for(n=0 ; n<height ; n++)
  {
   for(m=0 ; m<width ; m++)
   {
     if(n==0 && m==0)
       tempdouble = m_DCTImg[n+hindex][m+windex] / 8.;
     else
       tempdouble = m_DCTImg[n+hindex][m+windex]*16
                           / (m_MpegQMask[n][m]*2.*qsize);
     if(tempdouble >=0) temp = (int)(tempdouble + 0.5);
     else temp = (int)(tempdouble - 0.5);
     m_DCTImg[n+hindex][m+windex] = temp;
    }
  }

}
```

Step 3. m_MPEG_IQ 멤버함수 추가: 그림 3-28과 같이 Add Member Function 다이얼로그 박스를 띄우고 멤버함수를 추가한다. TODO 주석문 뒤에서 리스트 3-10에 따라서 코드를 입력하면 된다.

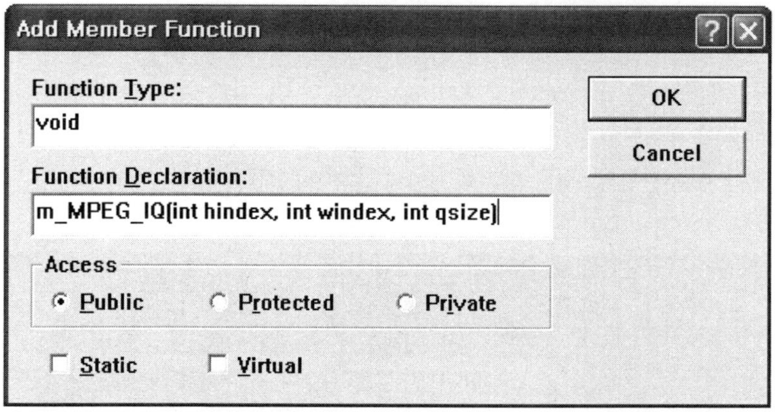

그림 3-28. Add Member Function 다이얼로그 박스

리스트 3-10

```
void CMultimediaCodingDoc::m_MPEG_IQ(int hindex, int windex, int qsize)
{
  int height = 8;
  int width = 8;
  int n, m, temp;
  for(n=0 ; n<height ; n++)
  {
   for(m=0 ; m<width ; m++)
   {
     if(n==0 && m==0)
       m_DCTImg[n+hindex][m+windex] *= 8.;
     else
       m_DCTImg[n+hindex][m+windex] = m_DCTImg[n+hindex][m+windex]*2.
                                    *qsize*((double)m_MpegQMask[n][m])/16.;
   }
  }
}
```

(6) 실행 결과

컴파일하고 실행하면 양자화 계단 크기 5인 경우, 양자화 계단크기 10인 경우, 양자화 계단 크기 20인 경우 bus, flower, foreman, waterfall 영상에 대한 DCT, 양자화, 역 양자화, 역 DCT를 수행해서 복원영상, 평균 양자화계단크기, PSNR 값을 확인할 수 있다.

(a)원영상

(b) 양자화 계단크기 5인 경우

(c) 양자화 계단크기 10인 경우

(d) 양자화 계단크기 20인 경우

그림 3-29. bus 동영상결과

표 3-5. bus 동영상의 평균 양자화 계단크기와 PSNR

양자화 계단크기	평균 양자화 계단크기	PSNR
5	20.6	28.4
10	41.3	25.5
20	82.6	23.2

표 3-6. flower 동영상의 평균 양자화 계단크기와 PSNR

양자화 계단크기	평균 양자화 계단크기	PSNR
5	20.6	27.0
10	41.3	23.4
20	82.6	20.8

표 3-7. foreman 동영상의 평균 양자화 계단크기와 PSNR

양자화 계단크기	평균 양자화 계단크기	PSNR
5	20.6	31.7
10	41.3	29.0
20	82.6	26.5

표 3-8. waterfall 동영상의 평균 양자화 계단크기와 PSNR

양자화 계단크기	평균 양자화 계단크기	PSNR
5	20.6	29.7
10	41.3	27.3
20	82.6	25.6

3.2.3 Zonal 양자화 구현하기

(1) 메뉴 바에 DCT+Zonal_Q 메뉴 만들기

먼저 메뉴 에디터 영역을 띄운다. DCT+Zonal_Q 메뉴 밑에 있는 테두리로 둘러싸인 부분을 오른쪽 클릭하고 팝업 문맥 메뉴에서 Properties를 선택한다.

다음에 Menu Item Properties 다이얼로그 박스에 그림 3-30을 참조하여 설정한다.

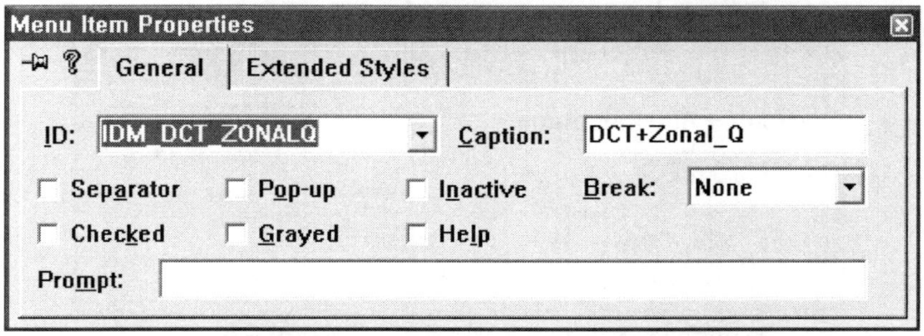

그림 3-30. Menu Item Properties 다이얼로그 박스

(2) OnDctZonalq 함수 추가

Step 1. DCT+Zonal_Q 메뉴에서 마우스의 오른쪽을 클릭하고 나서 팝업 문맥 메뉴에서 ClassWizard를 선택한다.

Step 2. 그림 3-31와 같이 MFC 클래스위저드를 열고 Object ID리스트에서 IDM_DCT_ZONALQ를 선택하고, 메시지 리스트에서 COMMAND를 선택한다.

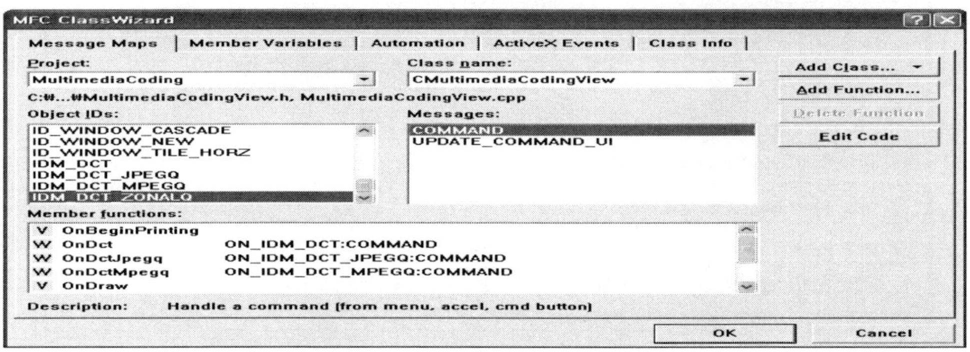

그림 3-31. MFC 클래스위저드

Step 3. COMMAND에서 마우스를 왼쪽 더블 클릭하면 그림 3-32과 같이 Add Member Function 다이얼로그 박스가 나온다. 다음, OK 버튼을 누른다.

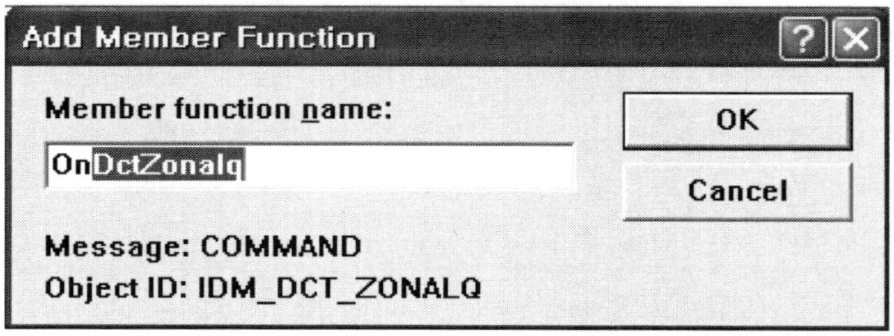

그림 3-32. Add Member Function 다이얼로그 박스

Step 4. 그림 3-33은 OnDctZonalq 함수를 추가한 상태이다. Member Function 리스트에서 OnDctZonalq에 마우스를 왼쪽 더블 클릭하면 해당 함수가 있는 소스 코드가 에디터 영역에서 열리면서 커서가 정확하게 위치한다. TODO 주석문 뒤에서 리스트 3-11에 따라서 코드를 입력하면 된다.

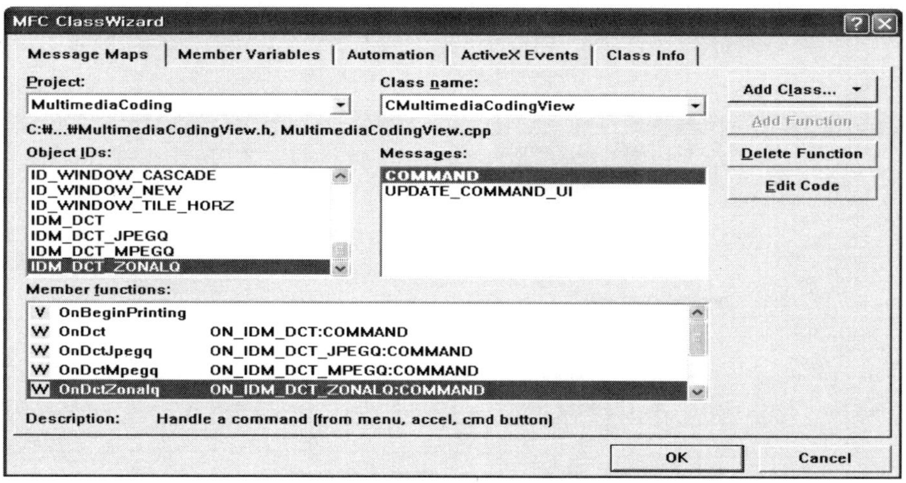

그림 3-33. 함수를 추가한 상태

리스트 3-11

```
void CMultimediaCodingView::OnDctZonalq()
{
   // TODO: Add your command handler code here
   //도큐멘터 클래스를 참조하기 위해
   CMultimediaCodingDoc* pDoc = GetDocument();
   ASSERT_VALID(pDoc);
   pDoc->m_NoInImg = 1;//입력영상 개수
   pDoc->m_NoOutImg = 1;//출력영상개수
   pDoc->m_DCT_ZONAL_Q(288, 352);//DCT_ZONAL_Q 작업한 함수
   double mse=0, psnr;
   for(int i=0; i<288; i++)
   {
    for(int j=0; j<352; j++)
    {
     unsigned char InVal = pDoc->m_InImg[0][i][j];
     unsigned char OutVal = pDoc->m_OutImg[0][i][j];
     mse += (double)(InVal-OutVal)*(InVal-OutVal);
     }
   }
   mse /= (288.*352.);
   psnr = 10*log10(255*255/mse);
   CString str;
   str.Format("원신호와 복원신호간 오차신호의 PSNR은 %f입니다.",psnr);
   AfxMessageBox(str);
    Invalidate(FALSE);
}
```

(3) 새로운 다이얼로그를 추가하기

Step 1. 프로젝트 워크스페이스에서 리소스뷰를 선택하여 Dialog에서 오른쪽 마우스를 클릭한 다음, 팝업 문맥 메뉴에서 Insert Dialog를 선택한다.

Step 2. 그림 3-34를 참조해서 다이얼로그 윈도우에 컨트롤을 놓고 속성을 설치한다.

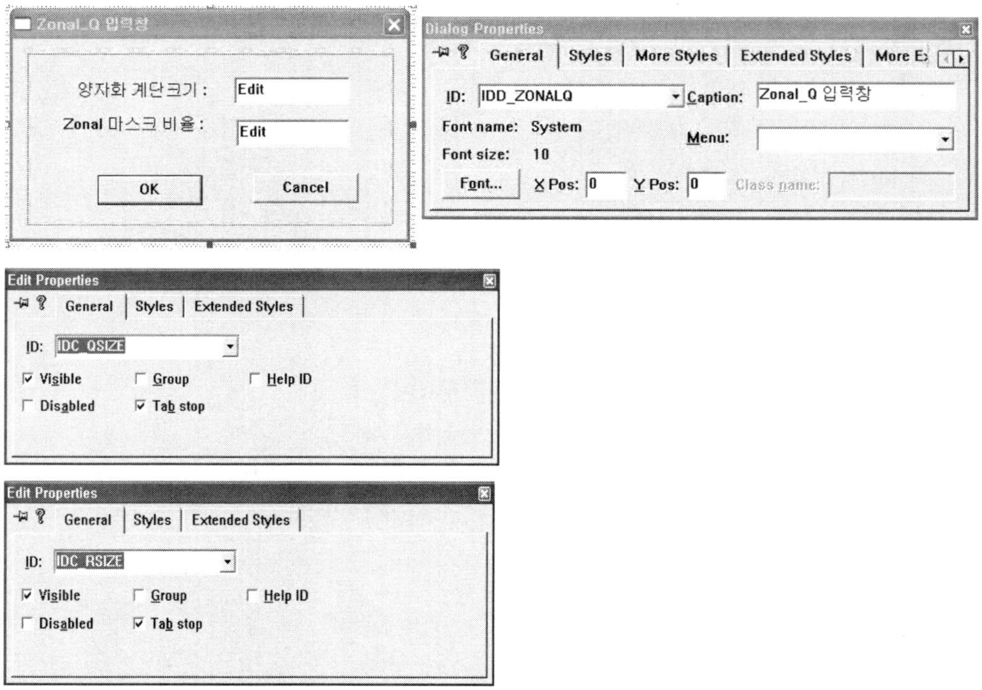

그림 3-34. 커스텀 다이얼로그 윈도우

(4) 새로운 CZonalQ 클래스를 만들고, 변수 물려두기

Step 1. 다이얼로그에서 마우스 오른쪽을 클릭하고 나서 팝업 문맥 메뉴에서 ClassWizard를 선택하면 Adding a Class 다이얼로그 박스가 나온다.

그림 3-35을 참조한다. OK버튼을 누른다.

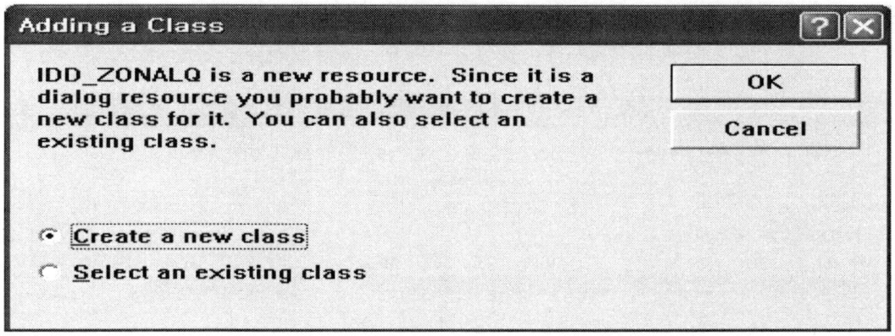

그림 3-35. Adding a Class 다이얼로그 박스

Step 2. 그림 3-36와 같이 New Class 다이얼로그 박스에서 클래스 CZonalQ를 생성한다.

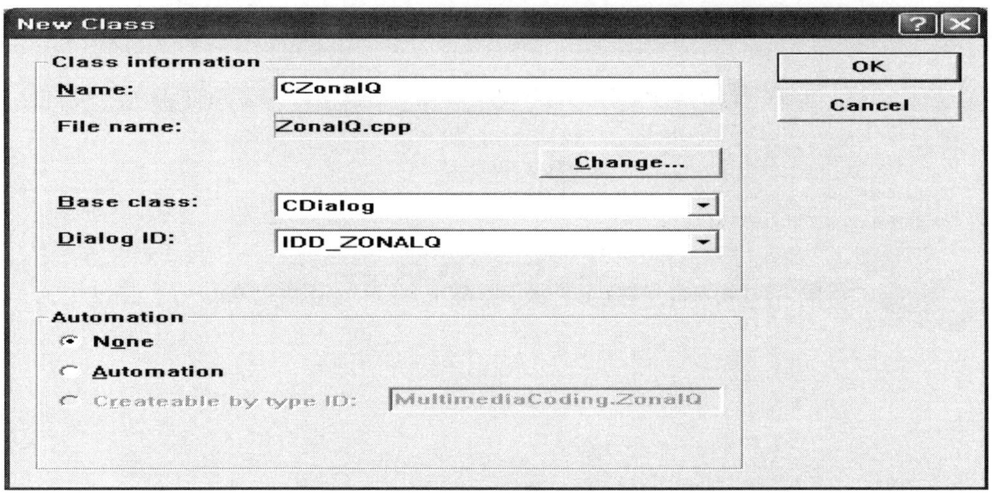

그림 3-36. New Class 다이얼로그 박스

Step 3. 그림 3-37와 같이 ClassWizard에 있는 Member Variables탭에서 새 다이얼로그 윈도우의 각 컨트롤에 대해 변수를 물려둔다.

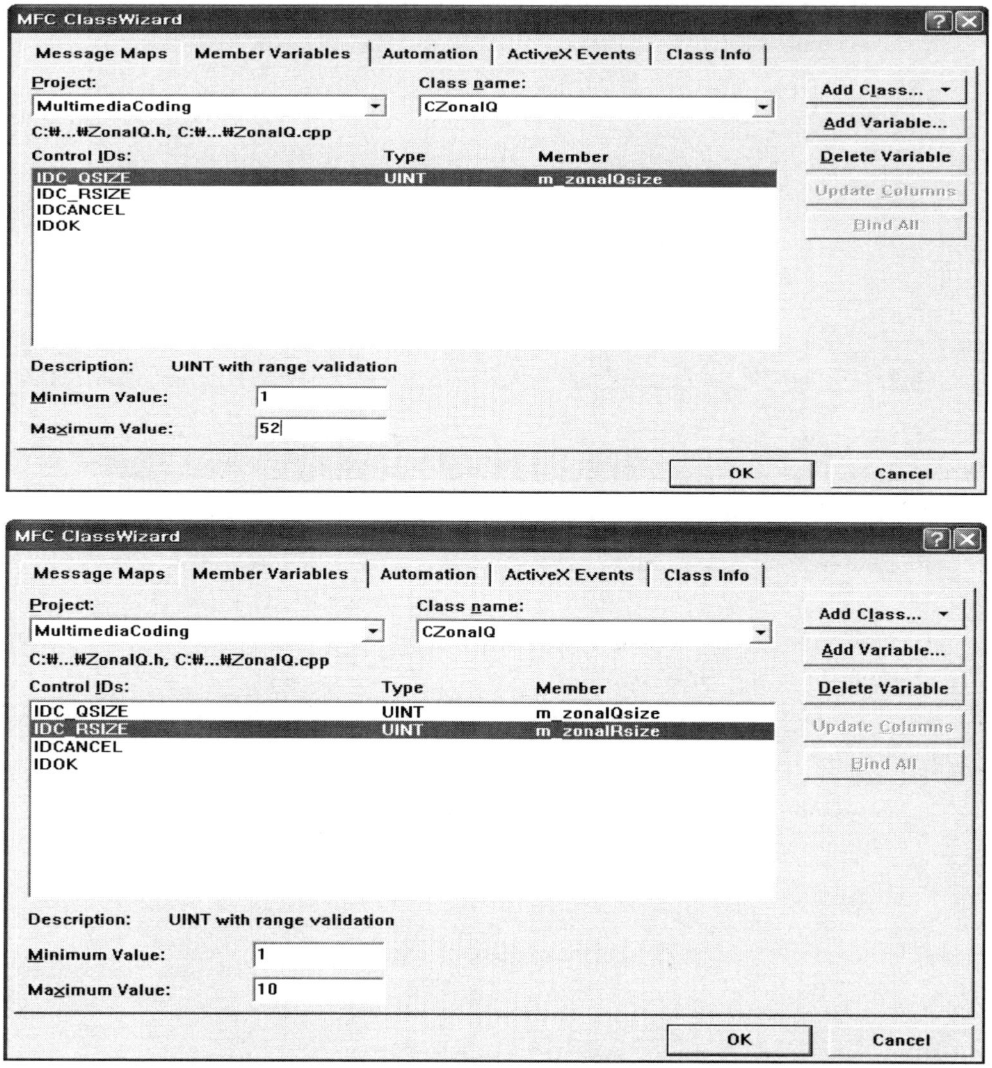

그림 3-37. 컨트롤에 대해 변수 물려두기

Step 4. 그림 3-38와 같이 ClassView에서 새로 생성된 클래스CZonalQ를 볼 수 있다.

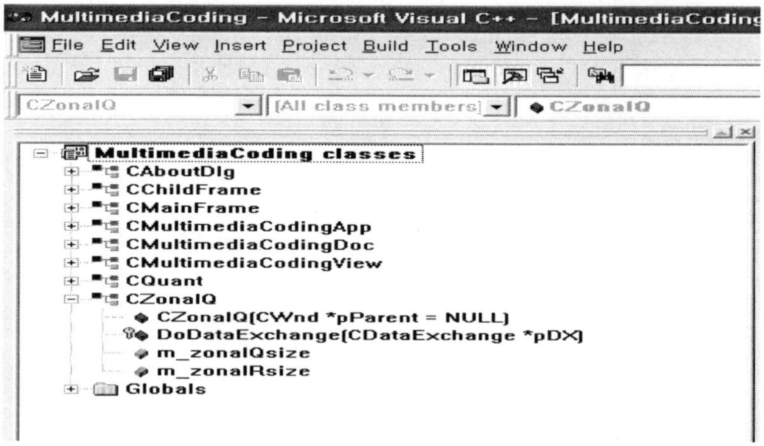

그림 3-38. ClassView

(5) 다이얼로그를 가리키는 변수 추가

DOC 클래스에서 새로 생성된 클래스의 객체에 접근하기 위하여 DOC 클래스에 마우스의 왼쪽을 클릭하여 Add Member Variable 다이얼로그 박스를 띄운다. 그림 3-39과 같이 새로운 클래스에 접근하기 위한 멤버 변수를 추가한다.

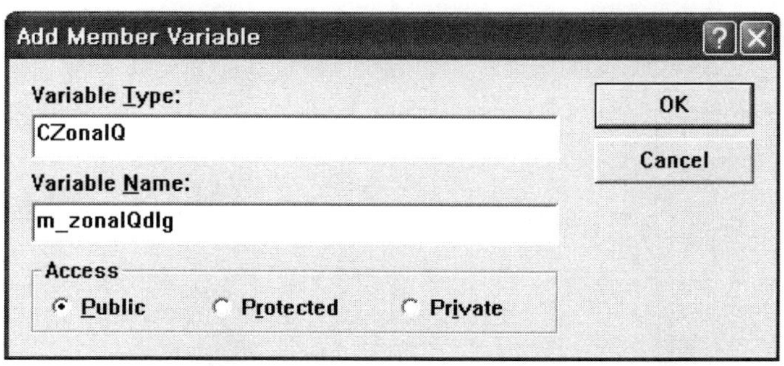

그림 3-39. Add Member Variable 다이얼로그 박스

(6) DOC 클래스 멤버 함수 추가하기

m_DCT_ZONAL_Q, m_ZONAL_Q, m_ZONAL_IQ 함수를 추가하고 리스트 3-12, 리스트 3-13, 리스트 3-14에 따라서 TODO 주석문 뒤에서 코드를 입력하면 된다.

리스트 3-12

```
void CMultimediaCodingDoc::m_DCT_ZONAL_Q(int height, int width)
{
        int qsize, rsize, u, v;
        double avr_Qsize = 0;
        int zonalmask[8][8]={{1, 2, 2, 3, 3, 4, 4, 5},
        {2, 2, 3, 3, 4, 4, 5, 5},
        {2, 3, 3, 4, 4, 5, 5, 5},
        {3, 3, 4, 4, 5, 5, 5, 5},
        {3, 4, 4, 5, 5, 5, 5, 5},
        {4, 4, 5, 5, 5, 5, 5, 5},
        {4, 5, 5, 5, 5, 5, 5, 5},
        {5, 5, 5, 5, 5, 5, 5, 5}};

        if(m_zonalQdlg.DoModal() == IDOK)
        {
                qsize = m_zonalQdlg.m_zonalQsize;
                rsize = m_zonalQdlg.m_zonalRsize;
        }
        for(u=0 ; u<8 ; u++)
        {
                for(v=0 ; v<8 ; v++)
                {
                   avr_Qsize += (double)(qsize + rsize*zonalmask[u][v]);

                }
        }
        avr_Qsize /= 64.;
```

```
        CString str;
        str.Format("평균 양자화 계단크기는 %f 입니다.",avr_Qsize);
        AfxMessageBox(str);
        for(u=0 ; u<height ; u+=8)
        {
                for(v=0 ; v<width ; v+=8)
                {
                      m_DCT64(u, v);
                      m_ZONAL_Q(u, v, qsize, rsize);
                      m_ZONAL_IQ(u, v, qsize, rsize);
                      m_IDCT64(u, v);
                }
        }

}
```

리스트 3-13

```
void CMultimediaCodingDoc::m_ZONAL_Q(int hindex, int windex, int qsize, int
rsize)
{
        int zonalmask[8][8]={{1, 2, 2, 3, 3, 4, 4, 5},
        {2, 2, 3, 3, 4, 4, 5, 5},
        {2, 3, 3, 4, 4, 5, 5, 5},
        {3, 3, 4, 4, 5, 5, 5, 5},
        {3, 4, 4, 5, 5, 5, 5, 5},
        {4, 4, 5, 5, 5, 5, 5, 5},
        {4, 5, 5, 5, 5, 5, 5, 5},
        {5, 5, 5, 5, 5, 5, 5, 5}};

        int height = 8;
        int width = 8;
        int n, m, temp;
```

```
          for(n=0 ; n<height ; n++)
          {
                    for(m=0 ; m<width ; m++)
                    {
                              temp = (int)(m_DCTImg[n+hindex][m+windex] /
                                        (double)(qsize + rsize*zonalmask[n][m]));
                              m_DCTImg[n+hindex][m+windex] = temp;
                    }
          }
}
```

리스트 3-14

```
void CMultimediaCodingDoc::m_ZONAL_IQ(int hindex, int windex, int qsize, int
rsize)
{
          int zonalmask[8][8]={{1, 2, 2, 3, 3, 4, 4, 5},
          {2, 2, 3, 3, 4, 4, 5, 5},
          {2, 3, 3, 4, 4, 5, 5, 5},
          {3, 3, 4, 4, 5, 5, 5, 5},
          {3, 4, 4, 5, 5, 5, 5, 5},
          {4, 4, 5, 5, 5, 5, 5, 5},
          {4, 5, 5, 5, 5, 5, 5, 5},
          {5, 5, 5, 5, 5, 5, 5, 5}};
          int height = 8;
          int width = 8;
          int u, v, n, m, temp;

          for(n=0 ; n<height ; n++)
          {
                    for(m=0 ; m<width ; m++)
                    {
```

```
                    m_DCTImg[n+hindex][m+windex] *=
                            (double)(qsize + rsize*zonalmask[n][m]);
            }
        }

}
```

(7) 실행 결과

컴파일하고 실행하면 그림3-40과 같이 Zonal_Q 입력창으로 양자화 계단크기와 마스크 비율을 입력할 수 있다. 양자화 계단 크기 5이고 마스크비율이 1인 경우, 양자화 계단크기 10이고 마스크비율은 1인 경우, 양자화 계단크기 20이고 마스크비율은 1인 경우 bus, flower, foreman, waterfall 영상에 대한 DCT, 양자화, 역 양자화, 역 DCT를 수행해서 복원영상, 평균 양자화계단크기, PSNR값을 확인할 수 있다.

(a) 원영상

(b) 양자화 계단크기 5인 경우

(c) 양자화 계단크기 10인 경우

(d) 양자화 계단크기 20인 경우

그림 3-40. bus 동영상결과

표 3-9. bus 동영상의 평균 양자화 계단크기와 PSNR

양자화 계단크기	마스크비율	평균 양자화계단 크기	PSNR
5	1	9.2	28.2
10	1	14.2	25.8
20	1	24.2	23.2

표 3-10. flower 동영상의 평균 양자화 계단크기와 PSNR

양자화 계단크기	마스크비율	평균 양자화계단 크기	PSNR
5	1	9.2	27.0
10	1	14.2	24.2
20	1	24.2	21.3

표 3-11. foreman동영상의 평균 양자화 계단크기와 PSNR

양자화 계단크기	마스크비율	평균 양자화계단 크기	PSNR
5	1	9.2	31.0
10	1	14.2	28.6
20	1	24.2	25.8

표 3-12. waterfall동영상의 평균 양자화 계단크기와 PSNR

양자화 계단크기	마스크비율	평균 양자화계단 크기	PSNR
5	1	9.2	29.3
10	1	14.2	27.2
20	1	24.2	24.9

이상의 실험결과로 부터 양자화 특징을 알 수 있다. 양자화 계단크기를 더 작게 쓰면 양자화된 DCT 계수값이 0이 되는 경우가 더 적게 생긴다. 즉, 손실이 더 적게 발생하게 되며, 반대로 양자화 계단크기를 더 크게 쓰면 양자화된 DCT 계수값이 0으로 되는 경우가 많아지고, 손실이 더 크게 발생하게 된다.

정지영상부호화

Chapter 4

이 장에서는 JPEG 정지영상 부호화방식에 대해 살펴보고, JPEG 영상부호화 원리에 따라서 JPEG 영상부호화 과정을 프로그램으로 구현한다.

4.1 JPEG 정지 영상부호화 이론

JPEG은 영문 Joint Photographic Experts Group의 약자이다. 컬러 정지 영상을 손실 압축 부호화하는 국제 표준안으로서 JPEG 부호화방식으로 처리된 컬러 정지영상 파일을 JPEG 이미지라 부른다. 보통 .jpg, .jpeg, .jpe등의 파일 확장자를 사용한다. JPEG는 손실 영상부호화 방식이다. 3장에서 나온 양자화 과정을 수행하고 나서 양자화된 값을 컴퓨터에서 저장하거나 전송하려면 꼭 컴퓨터가 처리할 수 있는 이진수로 부호화해야 된다. 그래서 양자화과정을 마치고 나서 가변길이 부호화 과정을 수행해야 된다.

2차원 DCT 변환계수 행렬에 있는 왼쪽-위(좌상) 위치의 계수를 직류(DC)계수라 하고, 그 나머지 계수들은 교류(AC)계수라 하는데, DC계수는 공간블록의 평균밝기에 비례한다. 양자화 후, DC계수는 이전블록과의 차이 값으로 무손실 DPCM방식으로 부호화된다. 기본방식 시스템에서는 예측오차 신호를 부호화하기 위한 별도의 허프만 부호표를 2개까지 헤더정보에 명시할 수 있다.

4.1.1 지그재그 주사

AC계수를 양자화하면 0이 많이 나오는데, 특히 고주파 성분에서 많이 나온다. 그래서 DCT 변환계수의 2차원 배열이 그림 4-1과 같이 지그재그 주사에 의해서 1차원 수열로 변형한다. 이것은 평균에너지가 근사적으로 감소하는 순서대로 연속된 0의 값이 많아지도록 변환계수를 재배열하기 위한 것이다.

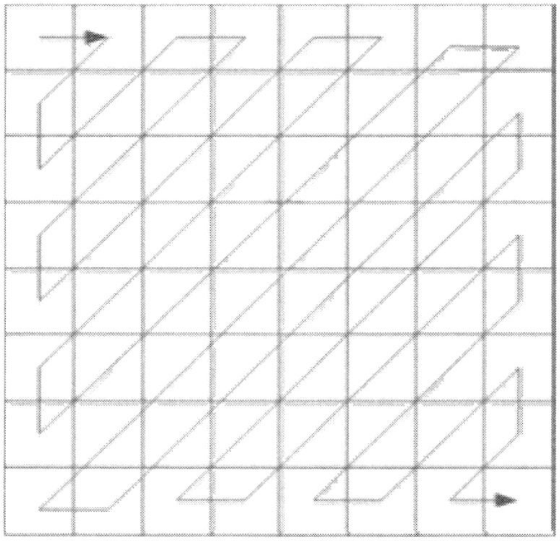

그림 4-1. 지그재그 주사

4.1.2 가변길이 부호화

DC 계수는 바로 이전에 전송된 DC 계수와의 차이를 이용해 부호화한다. 표 4-1는 JPEG 계수 부호화 범주이다.

표 4-1. JPEG 계수 부호화 범주

범위	DC계수 차이 범주	AC계수 범주
0	0	N/A
-1, 1	1	1
-3, -2, 2, 3	2	2
-7,…,-4,4,…,7	3	3
-15,…,-8,8,…,15	4	4
-31,…,-16,16,…,31	5	5
-63,…-32,32,…,63	6	6
-127,…,-64,64…,127	7	7
-255,…,-128,128,…,255	8	8
-511,…,-256,256,…,511	9	9
-1023,…,-512,512,…,1023	A	A
-2047,…,-1024,1024,…,2047	B	N/A

표 4-2(a). JPEG DC계수 흑백신호에 대한 허프만부호

범주	기본부호	길이	범주	기본부호	길이
0	00	2	6	1110	10
1	010	4	7	11110	12
2	011	5	8	111110	14
3	100	6	9	1111110	16
4	101	7	A	11111110	18
5	110	8	B	111111110	20

표 4-2(b). JPEG DC계수 색차신호에 대한 허프만부호

범주	기본부호	길이	범주	기본부호	길이
0	00	2	6	111110	12
1	01	3	7	1111110	14
2	10	4	8	11111110	16
3	110	6	9	111111110	18
4	1110	8	A	1111111110	20
5	11110	10	B	11111111110	22

예를 들면 DC 계수는 72이며, 이전에 부호화된 DC 계수 값이 69이면 그 차이는 3이다. 이 값은 표 4-1에서 범주 2에 속하므로, 표 4-2에서 부호는 011이다. 3은 이진수로 표시하면 11이된다. 범주와 크기를 같이 합친 01111은 5비트로 부호화된다.

AC 계수를 부호화하기 위해서는 0이 아닌 계수의 각 계수 크기값과 바로 앞에 있는 0인 계수의 연속 길이가 가변길이 부호화된다. 다음은 JPEG AC계수 성분의 흑백신호에 대한 연속길이 부호화를 위한 허프만 부호이다. (표 4-3)

표 4-3(a) 흑백신호 AC계수에 대한 JPEG 허프만 부호

런/범주	기본 부호	길이	런/범주	기본부호	길이
0/0(EOB)	1010	4	4/1	111011	7
0/1	00	3	4/2	1111111000	12
0/2	01	4	4/3	1111111110010110	19
0/3	100	6	4/4	1111111110010111	20
0/4	1011	8	4/5	1111111110011000	21
0/5	11010	10	4/6	1111111110011001	22
0/6	1111000	13	4/7	1111111110011010	23
0/7	11111000	15	4/8	1111111110011011	24
0/8	1111110110	18	4/9	1111111110011100	25
0/9	1111111110000010	25	4/A	1111111110011101	26
0/A	1111111110000011	26	5/1	1111010	8
1/1	1100	5	5/2	11111110111	13
1/2	11011	7	5/3	1111111110011110	19
1/3	1111001	10	5/4	1111111110011111	20
1/4	111110110	13	5/5	1111111110100000	21
1/5	11111110110	16	5/6	1111111110100001	22
1/6	1111111110000100	22	5/7	1111111110100010	23
1/7	1111111110000101	23	5/8	1111111110100011	24
1/8	1111111110000110	24	5/9	1111111110100100	25
1/9	1111111110000111	25	5/A	1111111110100101	26
1/A	1111111110001000	26	6/1	1111011	8
2/1	11100	6	6/2	111111110110	14
2/2	11111001	10	6/3	1111111110100110	19
2/3	1111110111	13	6/4	1111111110100111	20
2/4	111111110100	16	6/5	1111111110101000	21
2/5	1111111110001001	21	6/6	1111111110101001	22
2/6	1111111110001010	22	6/7	1111111110101010	23
2/7	1111111110001011	23	6/8	1111111110101011	24
2/8	1111111110001100	24	6/9	1111111110101100	25
2/9	1111111110001101	25	6/A	1111111110101101	26
2/A	1111111110001110	26	7/1	11111010	9
3/1	111010	7	7/2	111111110111	14
3/2	111110111	11	7/3	1111111110101110	19
3/3	111111110101	15	7/4	1111111110101111	20
3/4	1111111110001111	20	7/5	1111111110110000	21
3/5	1111111110010000	21	7/6	1111111110110001	22
3/6	1111111110010001	22	7/7	1111111110110010	23
3/7	1111111110010010	23	7/8	1111111110110011	24
3/8	1111111110010011	24	7/9	1111111110110100	25
3/9	1111111110010100	25	7/A	1111111110110101	26
3/A	1111111110010101	26			

런/범주	기본 부호	길이	런/범주	기본부호	길이
8/1	111111000	10	C/1	1111111010	11
8/2	111111111000000	17	C/2	111111111011001	18
8/3	111111110110110	19	C/3	111111111011010	19
8/4	111111110110111	20	C/4	111111111011011	20
8/5	111111110111000	21	C/5	111111111011100	21
8/6	111111110111001	22	C/6	111111111011101	22
8/7	111111110111010	23	C/7	111111111011110	23
8/8	111111110111011	24	C/8	111111111011111	24
8/9	111111110111100	25	C/9	111111111100000	25
8/A	111111110111101	26	C/A	111111111100001	26
9/1	111111001	10	D/1	11111111000	12
9/2	111111110111110	18	D/2	111111111100010	18
9/3	111111110111111	19	D/3	111111111100011	19
9/4	111111111000000	20	D/4	111111111100100	20
9/5	111111111000001	21	D/5	111111111100101	21
9/6	111111111000010	22	D/6	111111111100110	22
9/7	111111111000011	23	D/7	111111111100111	23
9/8	111111111000100	24	D/8	111111111101000	24
9/9	111111111000101	25	D/9	111111111101001	25
9/A	111111111000110	26	D/A	111111111101010	26
A/1	111111010	10	E/1	111111111101011	17
A/2	111111111000111	18	E/2	111111111101100	18
A/3	111111111001000	19	E/3	111111111101101	19
A/4	111111111001001	20	E/4	111111111101110	20
A/5	111111111001010	21	E/5	111111111101111	21
A/6	111111111001011	22	E/6	111111111110000	22
A/7	111111111001100	23	E/7	111111111110001	23
A/8	111111111001101	24	E/8	111111111110010	24
A/9	111111111001110	25	E/9	111111111110011	25
A/A	111111111001111	26	E/A	111111111110100	26
B/1	1111111001	11	F/0(ZRL)	11111111001	11
B/2	111111111010000	18	F/1	111111111110101	17
B/3	111111111010001	19	F/2	111111111110110	18
B/4	111111111010010	20	F/3	111111111110111	19
B/5	111111111010011	21	F/4	111111111111000	20
B/6	111111111010100	22	F/5	111111111111001	21
B/7	111111111010101	23	F/6	111111111111010	22
B/8	111111111010110	24	F/7	111111111111011	23
B/9	111111111010111	25	F/8	111111111111100	24
B/A	111111111011000	26	F/9	111111111111101	25
			F/A	111111111111110	26

색차 신호에 대한 연속길이 부호화를 위한 허프만부호는 다음과 같다.

표 4-3(b). 색차신호 AC 계수에 대한 JPEG 허프만 부호

런/범주	기본 부호	길이	런/범주	기본부호	길이
0/0(EOB)	00	2	4/1	111010	7
0/1	01	3	4/2	111110110	12
0/2	100	4	4/3	1111111110010111	19
0/3	1010	7	4/4	1111111110011000	20
0/4	11000	9	4/5	1111111110011001	21
0/5	11001	10	4/6	1111111110011010	22
0/6	111000	12	4/7	1111111110011011	23
0/7	1111000	14	4/8	1111111110011100	24
0/8	111110100	17	4/9	1111111110011101	25
0/9	1111110110	19	4/A	1111111110011110	26
0/A	111111110100	22	5/1	111011	8
1/1	1011	5	5/2	1111111001	13
1/2	111001	7	5/3	1111111110011111	19
1/3	11110110	10	5/4	1111111110100000	20
1/4	111110101	13	5/5	1111111110100001	21
1/5	11111110110	16	5/6	1111111110100010	22
1/6	111111110101	22	5/7	1111111110100011	23
1/7	1111111110001000	23	5/8	1111111110100100	24
1/8	1111111110001001	24	5/9	1111111110100101	25
1/9	1111111110001010	25	5/A	1111111110100110	26
1/A	1111111110001011	26	6/1	1111001	8
2/1	11010	6	6/2	11111110111	14
2/2	11110111	10	6/3	1111111110100111	19
2/3	1111110111	13	6/4	1111111110101000	20
2/4	111111110110	16	6/5	1111111110101001	21
2/5	111111111000010	21	6/6	1111111110101010	22
2/6	1111111110001100	22	6/7	1111111110101011	23
2/7	1111111110001101	23	6/8	1111111110101100	24
2/8	1111111110001110	24	6/9	1111111110101101	25
2/9	1111111110001111	25	6/A	1111111110101110	26
2/A	1111111110010000	26	7/1	1111010	9
3/1	11011	7	7/2	111111111000	14
3/2	11111000	11	7/3	1111111110101111	19
3/3	1111111000	15	7/4	1111111110110000	20
3/4	111111110111	20	7/5	1111111110110001	21
3/5	1111111110010001	21	7/6	1111111110110010	22
3/6	1111111110010010	22	7/7	1111111110110011	23
3/7	1111111110010011	23	7/8	1111111110110100	24
3/8	1111111110010100	24	7/9	1111111110110101	25
3/9	1111111110010101	25	7/A	1111111110110110	26
3/A	1111111110010110	26			

런/범주	기본 부호	길이	런/범주	기본부호	길이
8/1	11111001	10	C/1	111111010	10
8/2	1111111110110111	17	C/2	1111111111011011	18
8/3	1111111110111000	19	C/3	1111111111011100	19
8/4	1111111110111001	20	C/4	1111111111011101	20
8/5	1111111110111010	21	C/5	1111111111011110	21
8/6	1111111110111011	22	C/6	1111111111011111	22
8/7	1111111110111100	23	C/7	1111111111100000	23
8/8	1111111110111101	24	C/8	1111111111100001	24
8/9	1111111110111110	25	C/9	1111111111100010	25
8/A	1111111110111111	26	C/A	1111111111100011	26
9/1	111110111	10	D/1	11111111001	12
9/2	1111111111000000	18	D/2	1111111111100100	18
9/3	1111111111000001	19	D/3	1111111111100101	19
9/4	1111111111000010	20	D/4	1111111111100110	20
9/5	1111111111000011	21	D/5	1111111111100111	21
9/6	1111111111000100	22	D/6	1111111111101000	22
9/7	1111111111000101	23	D/7	1111111111101001	23
9/8	1111111111000110	24	D/8	1111111111101010	24
9/9	1111111111000111	25	D/9	1111111111101011	25
9/A	1111111111001000	26	D/A	1111111111101100	26
A/1	111111000	10	E/1	11111111100000	15
A/2	1111111111001001	18	E/2	1111111111101101	18
A/3	1111111111001010	19	E/3	1111111111101110	19
A/4	1111111111001011	20	E/4	1111111111101111	20
A/5	1111111111001100	21	E/5	1111111111110000	21
A/6	1111111111001101	22	E/6	1111111111110001	22
A/7	1111111111001110	23	E/7	1111111111110010	23
A/8	1111111111001111	24	E/8	1111111111110011	24
A/9	1111111111010000	25	E/9	1111111111110100	25
A/A	1111111111010001	26	E/A	1111111111110101	26
B/1	111111001	11	F/0(ZRL)	1111111010	10
B/2	1111111111010010	18	F/1	111111111000011	16
B/3	1111111111010011	19	F/2	1111111111110110	18
B/4	1111111111010100	20	F/3	1111111111110111	19
B/5	1111111111010101	21	F/4	1111111111111000	20
B/6	1111111111010110	22	F/5	1111111111111001	21
B/7	1111111111010111	23	F/6	1111111111111010	22
B/8	1111111111011000	24	F/7	1111111111111011	23
B/9	1111111111011001	25	F/8	1111111111111100	24
B/A	1111111111011010	26	F/9	1111111111111101	25
			F/A	1111111111111110	26

만약 원영상 중의 8x8 블록에 대한 화소값이 다음과 같다고 가정하고,

139	144	149	153	155	155	155	155
144	151	153	156	159	156	156	156
150	155	160	163	158	156	156	156
159	161	162	160	160	159	159	159
159	160	161	162	162	155	155	155
161	161	161	161	160	157	157	157
162	162	161	163	162	157	157	157
162	162	161	161	163	158	158	158

이산여현변환을 수행하면 다음의 DCT 계수값이 얻어진다.

236	-1	-12	-5	2	-2	-3	1
-23	-18	-6	-3	-3	0	0	-1
-11	-9	-2	2	0	-1	-1	0
-7	-2	0	2	1	0	0	0
-1	-1	2	2	0	-1	1	1
2	0	2	0	-1	2	1	-1
-1	0	0	-2	-1	2	1	-1
-3	2	-4	-2	2	1	-1	0

JPEG 양자화 가중행렬로 양자화를 수행하면 다음 양자화된 값을 얻을 수 있다.

15	0	-1	0	0	0	0	0
-2	-1	0	0	0	0	0	0
-1	-1	0	0	0	0	0	0
0	0	0	0	0	0	0	0
0	0	0	0	0	0	0	0
0	0	0	0	0	0	0	0
0	0	0	0	0	0	0	0
0	0	0	0	0	0	0	0

위 2차원 신호를 지그재그 주사에 의해 1차원 신호로 나열하면 다음과 같다.

15, 0, -2, -1, -1, -1, 0, 0, -1, 0 ... 0

이전의 DC 계수값이 12라고 가정하면, 현재 DC 계수값 15와 이전값 12의 차인 3을

보내면 되므로 범주 2에 대한 부호 011과 크기 3에 대한 부호 11이 필요하다. 또한 AC 계수를 부호로 나타내기 위해서는 (런/범주), 크기 정보가 필요한데, (0, -2) -> (런=1/범주=2), 크기 -2이므로 해당부호는 각각 11011, 01이다. 다음에 있는 -1 -> (런=0/범주=1), 크기 -1이므로 해당부호는 00, 0이며, (0, 0, -1) -> (런=2/범주=1), 크기 -1이므로 11100, 0 부호가 할당된다. 그리고 마지막에는 블록의 마지막을 나타내는 EOB 1010 부호가 할당된다.

따라서, 최종적인 부호는 다음과 같은 31비트가 된다.

01111 1101101 000 000 000 111000 1010

복호화기에서는 부호화된 비트열이 허프만 복호화되고, 양자화된 DCT변환계수의 2차원 배열이 재생된 후, 양자화 가중 행렬의 각 구성요소를 해당 계수에 곱함으로써 각 계수가 역양자화된다. 역양자화된 변환계수행렬이 DCT변환에 의해 원영상 블록에 근사한 영상블록으로 변환된다. 재생오차는 정규화 행렬에 의해 조절되는 양자화 간격에 의존한다.

4.2 JPEG 부호화 구현하기

4.2.1 JPEG 부호화 메뉴 만들기

먼저 메뉴 에디터 영역을 띄운다. DCT+Zonal_Q 메뉴 밑에 있는 테두리로 둘러싸인 부분을 오른쪽 클릭하고 팝업 문맥 메뉴에서 Properties를 선택한다. 다음에 Menu Item Properties 다이얼로그 박스에 그림 4-2를 참조하여 설정하면 된다.

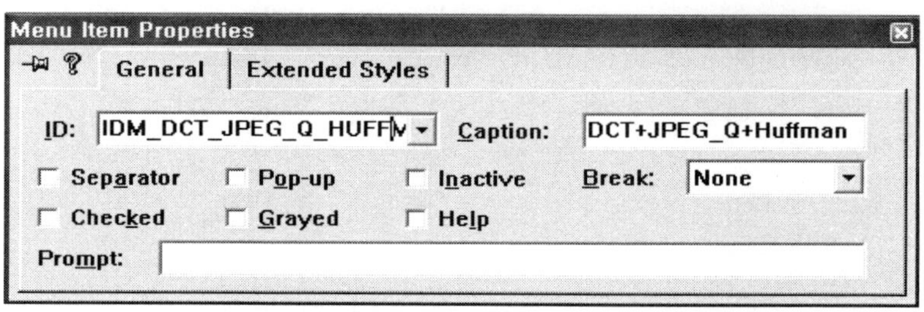

그림 4-2. Menu Item Properties 다이얼로그 박스

4.2.2 메뉴 연결함수 추가

Step 1. DCT 메뉴에서 마우스 오른쪽 클릭하고 나서 팝업 문맥 메뉴에서 ClassWizard를 선택한다.

Step 2. 그림 4-3과 같이 MFC 클래스위저드를 열고 Object ID리스트에서 DCT+JPEG_ Q+Huffman를 선택하고, 메시지 리스트에서 COMMAND를 선택한다.

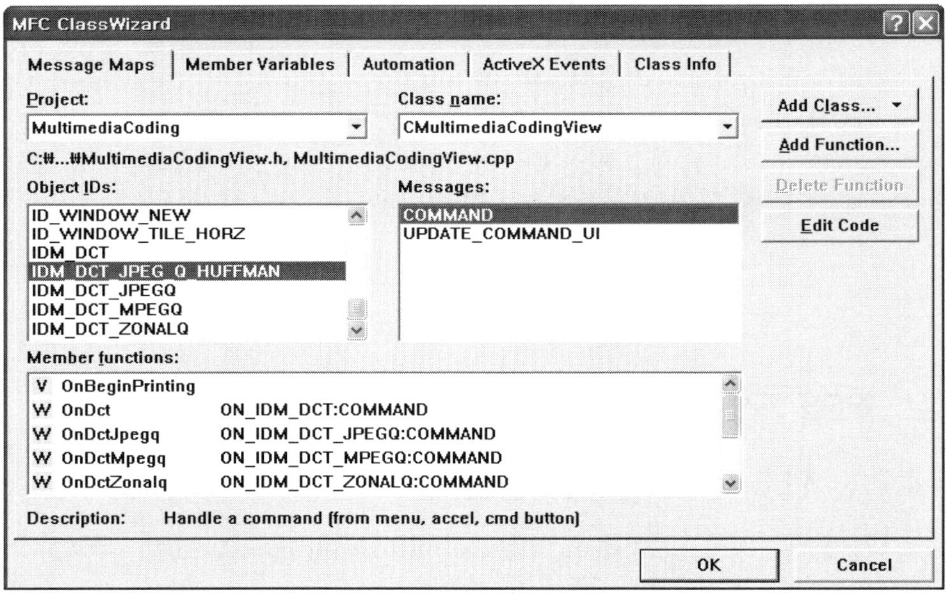

그림 4-3. MFC 클래스위저드

Step 3. COMMAND에서 마우스를 왼쪽 더블 클릭하면 그림 4-4와 같이 Add Member Function 다이얼로그 박스가 나온다. 다음, OK 버튼을 누른다.

그림 4-4. Add Member Function 다이얼로그 박스

Step 4. 그림 4-5는 함수가 추가된 상태이다. Member Function 리스트에서 OnDctJpegQHuffman에서 마우스를 왼쪽 더블 클릭하면 해당 함수가 있는 소스 코드가 에디터 영역에서 열리면서 커서가 정확하게 위치한다. TODO 주석문 뒤에서 리스트 4-1에 따라서 코드를 입력하면 된다.

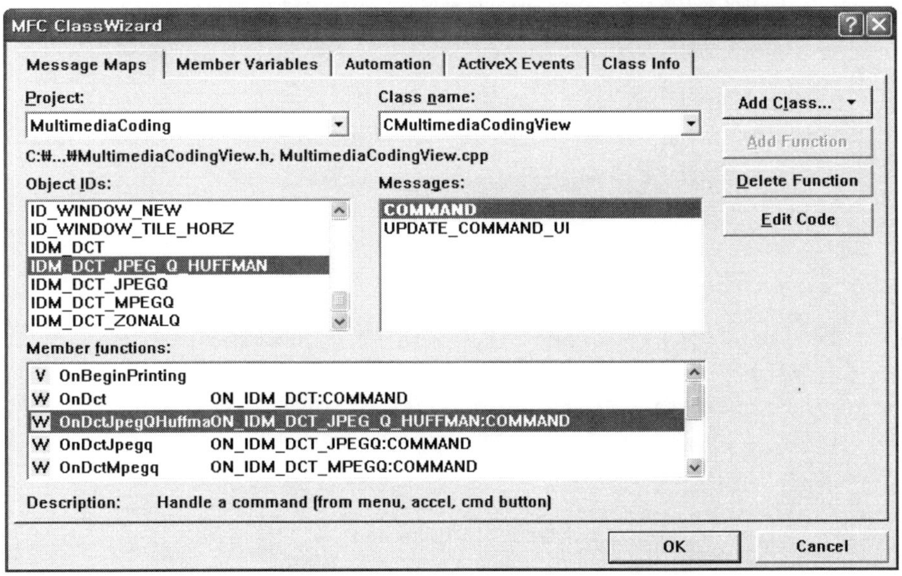

그림 4-5. OnDctJpegQHuffman를 추가한 상태

리스트 4-1

```
void CMultimediaCodingView::OnDctJpegQHuffman()
{
    // TODO: Add your command handler code here
    //도큐멘터 클래스를 참조하기 위해
    CMultimediaCodingDoc* pDoc = GetDocument();
    ASSERT_VALID(pDoc);
    pDOc->m_Initiate();
    pDoc->m_NoInImg = 1; /입력영상 개수
    pDoc->m_NoOutImg = 1; //출력영상개수
    pDoc->m_DCT_JPEG_Q_HUFFMAN(288, 352);
     double mse=0, psnr;
     for(int i=0; i<288; i++)
     {
       for(int j=0; j<352; j++)
       {
         unsigned char InVal = pDoc->m_InImg[0][i][j];
         unsigned char OutVal = pDoc->m_OutImg[0][i][j];
         mse += (double)(InVal-OutVal)*(InVal-OutVal);
         }
       }
       mse /= (288.*352.);
       psnr = 10*log10(255*255/mse);
       CString str;
       str.Format("원신호와 복원신호간 오차신호의 PSNR은 %f입니다.", psnr);
       AfxMessageBox(str);
       Invalidate(FALSE);
}
```

4.2.3 멤버함수 추가

Step 1. m_DCT_JPEG_Q_HUFFMAN 멤버함수 추가: DOC 클래스에 멤버함수를 추가하기 위하여 그림 4-6과 같은 Add Member Function 다이얼로그 박스를 띄운다. 이 다이얼로그 박스에서 멤버함수를 추가한다.

TODO 주석문 뒤에서 리스트 4-2에 따라서 코드를 입력하면 된다.

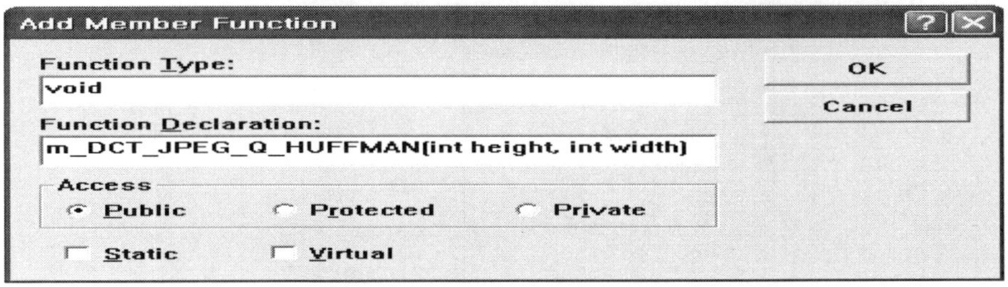

그림 4-6. Add Member Function 다이얼로그 박스

리스트 4-2

```
void CMultimediaCodingDoc::m_DCT_JPEG_Q_HUFFMAN(int height, int width)
{
      int u, v, qsize, zigzagimg[64];
      double avr_Qsize = 0;

      if(m_QuantDlg.DoModal() == IDOK)
      {
          qsize = m_QuantDlg.m_Qsize;
      }
      if(qsize==0) {qsize=1;}
      for(u=0 ; u<8 ; u++)
      {
        for(v=0 ; v<8 ; v++)
        {
         avr_Qsize += (double)(qsize*m_JpegQMask[u][v]/16.);
```

```
        }
    }
    avr_Qsize /= 64.;
    CString str;
    str.Format("평균 양자화 계단크기는 %f 입니다.",avr_Qsize);
    AfxMessageBox(str);
    for(u=0 ; u<height ; u+=8)
        {
                for(v=0 ; v<width ; v+=8)
                {
                        m_DCT64(u, v);
                        m_JPEG_Q(u, v, qsize);
                        m_zigzag(u, v, zigzagimg);
                        m_calrunvalue_jpeg(zigzagimg);
                        m_JPEG_IQ(u, v, qsize);
                        m_IDCT64(u, v);
                }
        }

        m_runvaluedlg.m_nobits = 0.;
        m_runvaluedlg.m_nobits += m_calbit_dc_jpeg();  //DC 비트
        m_runvaluedlg.m_nobits += m_calbit_ac_jpeg();  //AC비트
        m_runvaluedlg.m_nobits /= (double)((height/8)*(width/8)*64);
        m_runvaluedlg.DoModal();
  }
```

4.2.4 새로운 다이얼로그 추가

Step 1. 프로젝트 워크스페이스에서 리소스뷰를 선택하고 Dialog에서 오른쪽 마우스를 클릭한 다음, 팝업 문맥 메뉴에서 Insert Dialog를 선택한다.

Step 2. 그림 4-7과 같이 새로 생긴 다이얼로그에서 오른쪽 마우스를 클릭한 다음, 팝업문맥 메뉴에서 Properties를 선택한다.

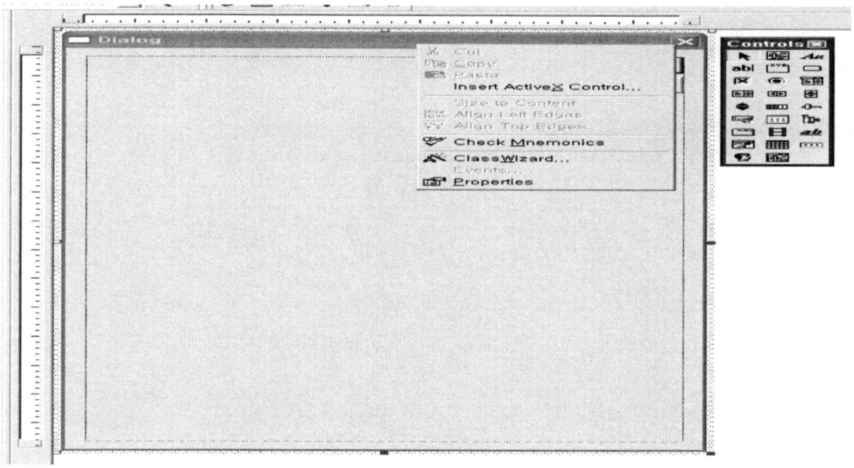

그림 4-7. 마우스를 오른쪽 클릭해서 문맥메뉴 띄우기

Step 3. 그림 4-8 같이 ID에 IDD_QSIZE으로 Caption은 양자화 계단크기 입력창으로 입력한다.

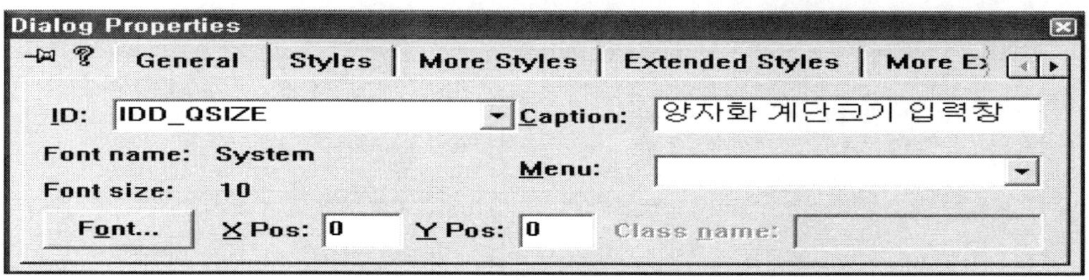

그림 4-8. Properties 다이얼로그 박스

Step 4. 그림 4-9를 참조하여 다이얼로그 윈도우에 컨트롤을 놓고 속성을 설정한다.

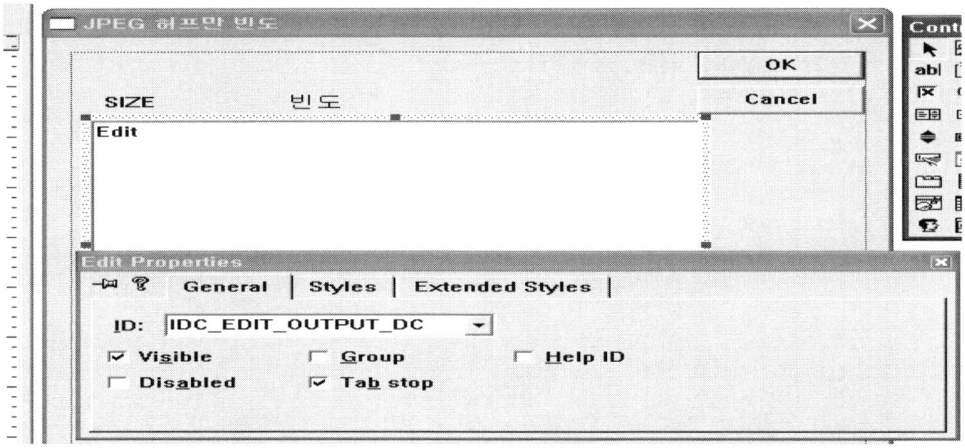
JPEG 허프만 빈도
OK
Cancel
SIZE
빈도
Edit
Edit Properties
General
Styles
Extended Styles
ID:
IDC_EDIT_OUTPUT_DC
Visible
Group
Help ID
Disabled
Tab stop

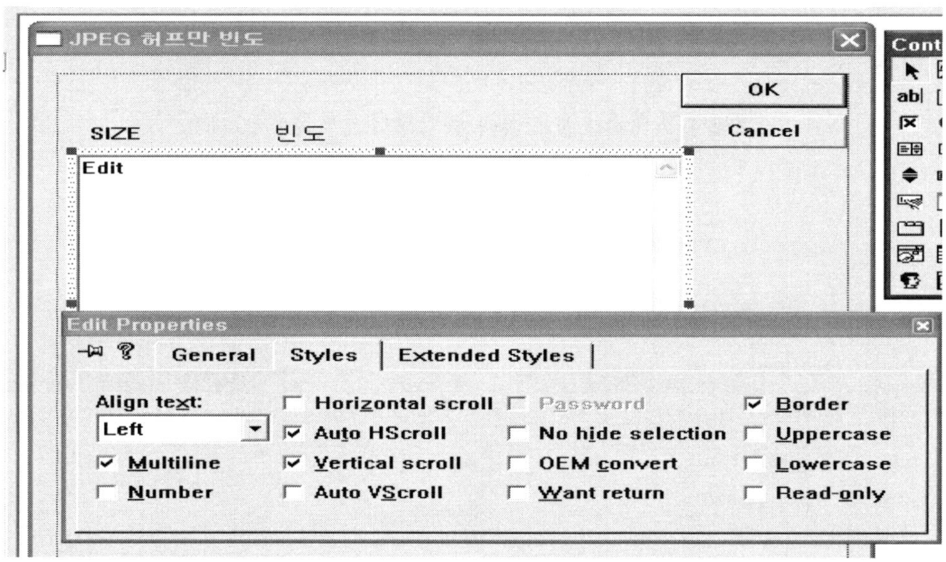
JPEG 허프만 빈도
OK
Cancel
SIZE
빈도
Edit
Edit Properties
General
Styles
Extended Styles
Align text:
Left
Horizontal scroll
Password
Border
Auto HScroll
No hide selection
Uppercase
Multiline
Vertical scroll
OEM convert
Lowercase
Number
Auto VScroll
Want return
Read-only

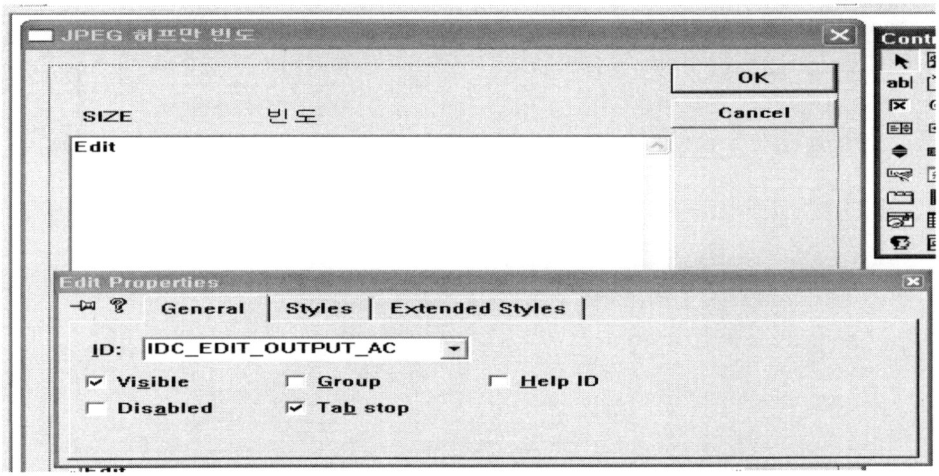
JPEG 허프만 빈도
OK
Cancel
SIZE
빈도
Edit
Edit Properties
General
Styles
Extended Styles
ID:
IDC_EDIT_OUTPUT_AC
Visible
Group
Help ID
Disabled
Tab stop

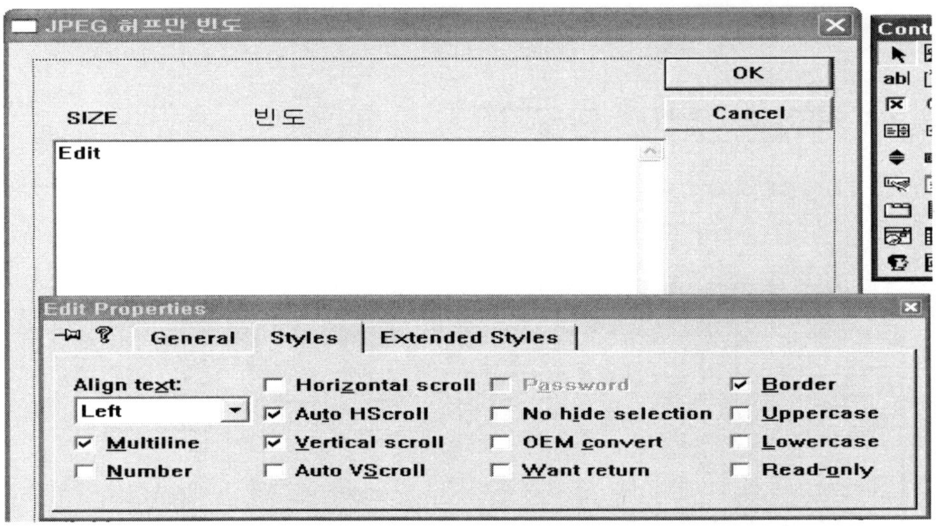
JPEG 허프만 빈도
OK
Cancel
SIZE
빈도
Edit
Edit Properties
General
Styles
Extended Styles
Align text:
Left
Multiline
Number
Horizontal scroll
Auto HScroll
Vertical scroll
Auto VScroll
Password
No hide selection
OEM convert
Want return
Border
Uppercase
Lowercase
Read-only

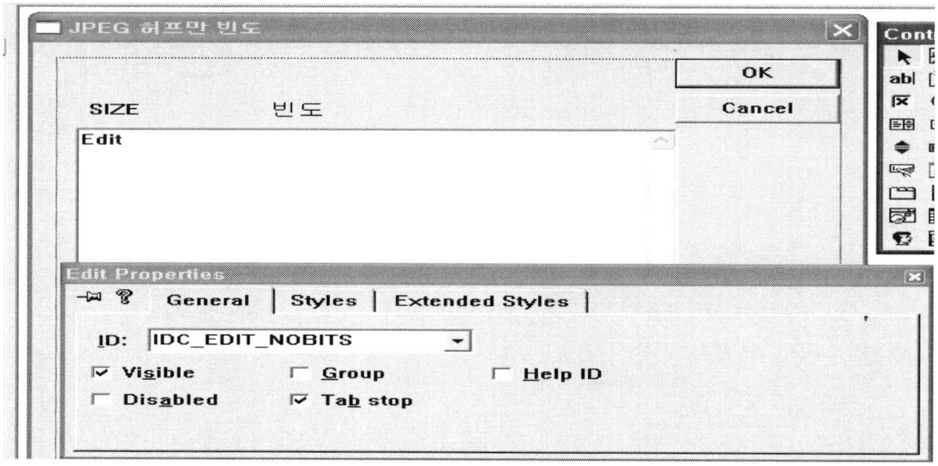

그림 4-9. 커스텀 다이얼로그 윈도우

4.2.5 새로운 클래스 만들기

Step 1. 다이얼로그에서 마우스 오른쪽 클릭하고 나서 팝업 문맥 메뉴에서 ClassWizard를 선택하면 Adding a Class 다이얼로그 박스가 나온다. 그림 4-10을 참조하여 OK버튼을 누른다.

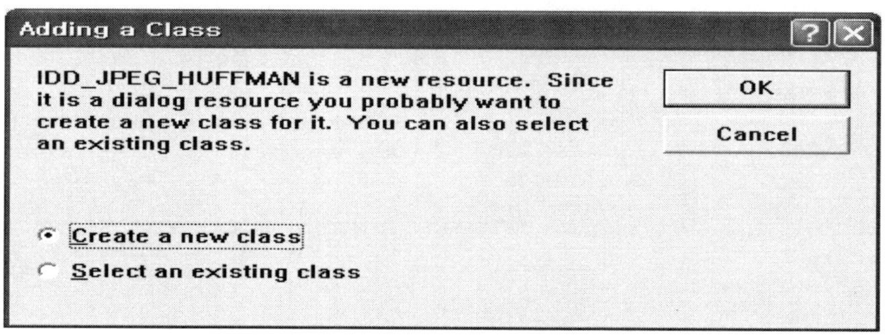

그림 4-10. Adding a Class 다이얼로그 박스

Step 2. 그림 4-11과 같이 New Class 다이얼로그 박스에서 새로운 클래스 CRunvalue을 생성한다.

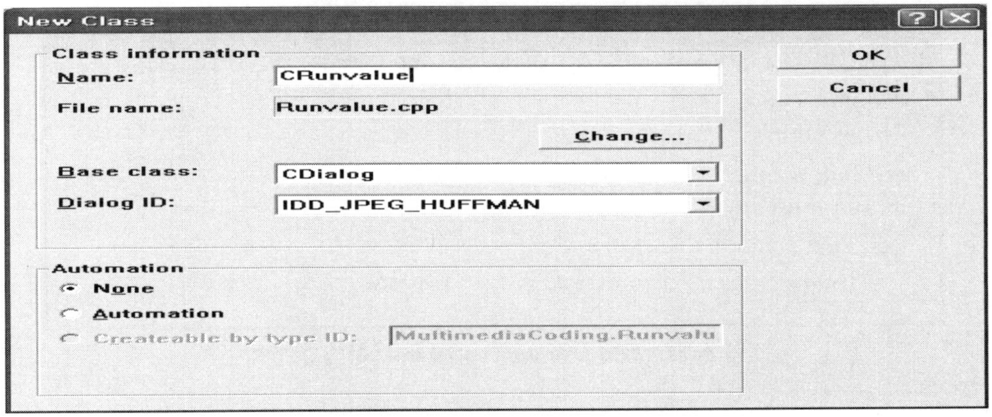

그림 4-11. New Class 다이얼로그 박스

Step 3. 그림 4-12와 같이 ClassWizard에 있는 Member Variables탭에서 새 다이얼로그 윈도우의 각 컨트롤에 대해 변수를 물려둔다.

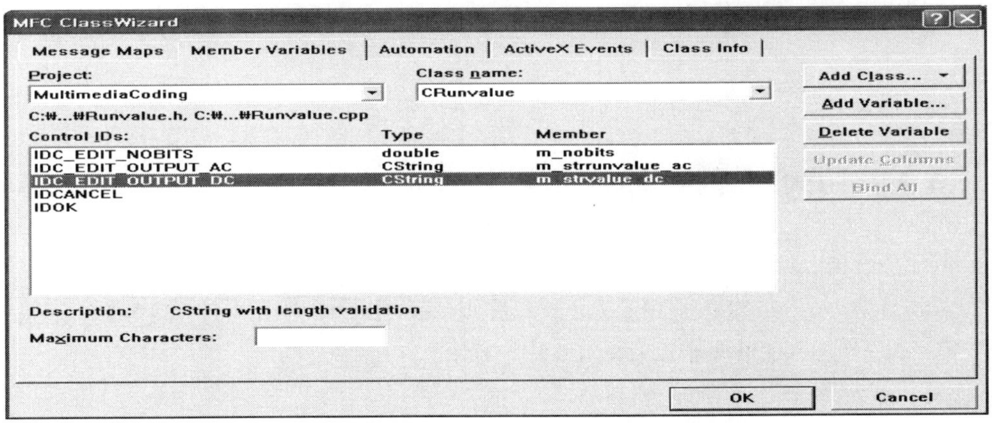

그림 4-12. 컨트롤에 대해 변수를 물려두기

Step4. 다이얼로그를 가리키는 변수를 추가: DOC 클래스에 새로 생성된 클래스 객체를 접근하기 위하여 그림 4-13과 같이 Add Member Variable 다이얼로그 박스를 띄우고 멤버변수를 추가한다.

그림 4-13. Add Member Variable 다이얼로그 박스

4.2.6 멤버변수 추가

DOC 클래스에 정수형으로 zero run과 value 값을 저장하는 배열 m_runvalue_jpeg [16][11] 멤버변수와 정수형으로 DC계수의 size값을 저장하는 배열 m_valueDC_jpeg [12] 멤버변수를 추가한다.

4.2.7 다양한 멤버함수 추가

Step 1. m_Initiate 멤버함수 추가: DOC 클래스에 마우스 왼쪽을 클릭하여 그림 4-14와 같이 Add Member Function 다이얼로그 박스를 띄우고 멤버함수를 추가한다. TODO 주석문 뒤에서 리스트 4-3에 따라서 코드를 입력하면 된다.

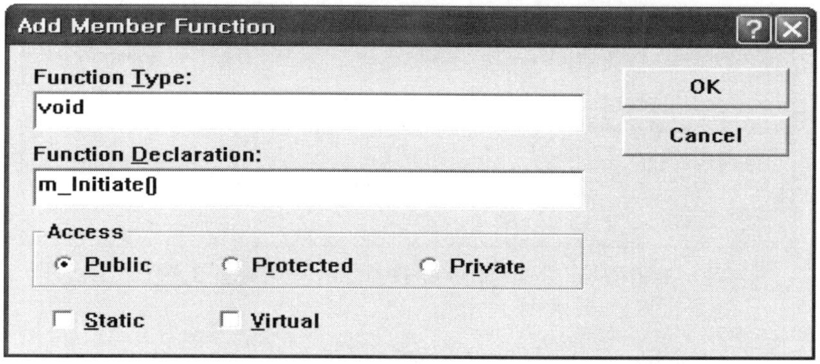

그림 4-14. Add Member Function 다이얼로그 박스

리스트 4-3

```
void CMultimediaCodingDoc::m_Initiate()
{
  int i, j;
  for(i=0; i<16; i++)
   for(j=0; j<11; j++)
       m_runvalue_jpeg[i][j]=0;
  for(i=0; i<12; i++)
      m_valueDC_jpeg[i]=0;
   m_runvaluedlg.m_strvalue_dc = "";
   m_runvaluedlg.m_strrunvalue_ac = "";
}
```

Step 2. m_zigzag 멤버함수 추가: DOC 클래스에 마우스 왼쪽을 클릭하여 그림 4-15와 같이 Add Member Function 다이얼로그 박스를 띄우고 멤버함수를 추가한다. TODO 주석문 뒤에서 리스트 4-4에 따라서 코드를 입력하면 된다.

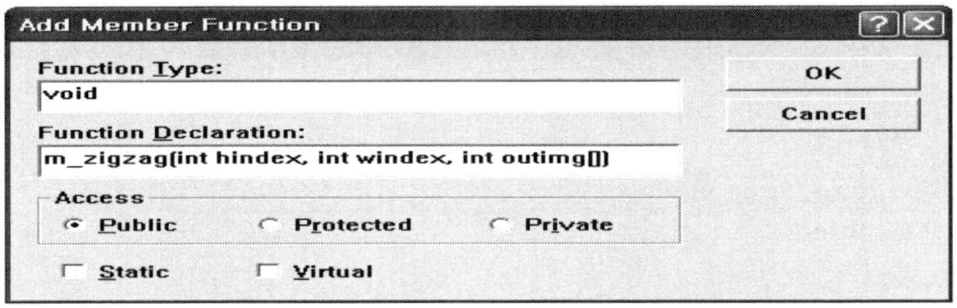

그림 4-15. Add Member Function 다이얼로그 박스

리스트 4-4

```
void CMultimediaCodingDoc::m_zigzag(int hindex, int windex, int outimg[])
{
        unsigned char zx[64] = { 0, 1, 0, 0, 1, 2, 3, 2,
                  1, 0, 0, 1, 2, 3, 4, 5,
                  4, 3, 2, 1, 0, 0, 1, 2,
                  3, 4, 5, 6, 7, 6, 5, 4,
                  3, 2, 1, 0, 1, 2, 3, 4,
                  5, 6, 7, 7, 6, 5, 4, 3,
                  2, 3, 4, 5, 6, 7, 7, 6,
                  5, 4, 5, 6, 7, 7, 6, 7 };
        unsigned char zy[64] = { 0, 0, 1, 2, 1, 0, 0, 1,
                  2, 3, 4, 3, 2, 1, 0, 0,
                  1, 2, 3, 4, 5, 6, 5, 4,
                  3, 2, 1, 0, 0, 1, 2, 3,
                  4, 5, 6, 7, 7, 6, 5, 4,
                  3, 2, 1, 2, 3, 4, 5, 6,
                  7, 7, 6, 5, 4, 3, 4, 5,
                  6, 7, 7, 6, 5, 6, 7, 7 };
        for(int k=0; k<64; k++)
                 outimg[k]=(int)m_DCTImg[zy[k]+hindex][zx[k]+windex];
}
```

Step 3. m_calrunvalue_jpeg 멤버함수 추가: DOC 클래스에 마우스 왼쪽을 클릭하여 그림 4-16과 같이 Add Member Function 다이얼로그 박스를 띄우고 멤버함수를 추가한다. TODO 주석문 뒤에서 리스트 4-5에 따라서 코드를 입력하면 된다.

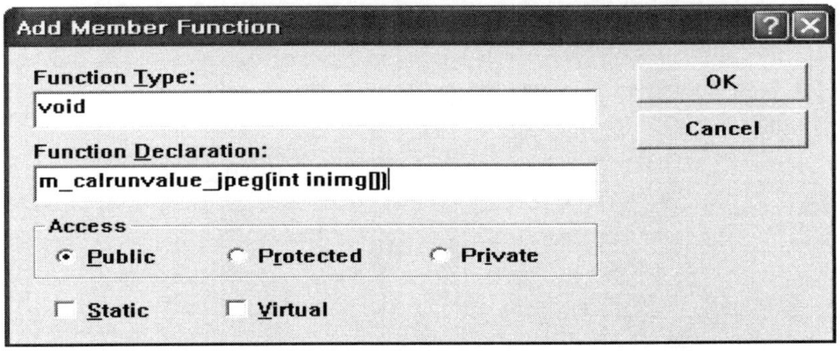

그림 4-16. Add Member Function 다이얼로그 박스

리스트 4-5

```
void CMultimediaCodingDoc::m_calrunvalue_jpeg(int inimg[])
{
  int run=0, value, size;
  static int prev_dc=0;
   //DC DPCM
   value = inimg[0]-prev_dc;
   prev_dc = inimg[0];
   size = m_sizerange(value);
   m_valueDC_jpeg[size]++;
  //AC run value 계산
   for(int k=1; k<64; k++)
   {
    if(inimg[k]==0) run++;
    else
    {
```

```
          value = inimg[k];
         size = m_sizerange(value);
         if(run>15) //run의 최대값은 15로 제한
        {
          m_runvalue_jpeg[15][0]++;
          //즉, run=17, size=1은
          // (run=15,size=0)+(run=1,size=1)
          run -= 16;
        }
       m_runvalue_jpeg[run][size]++;
       run=0;
     }
   }
    if(run!=0)
      m_runvalue_jpeg[0][0]++; //EOB

}
```

Step 4. m_calrunvalue_jpeg 멤버함수 추가: DOC 클래스에 마우스 왼쪽을 클릭하여 그림 4-17과 같이 Add Member Function 다이얼로그 박스를 띄우고 멤버함수를 추가한다. TODO 주석문 뒤에서 리스트 4-6에 따라서 코드를 입력하면 된다.

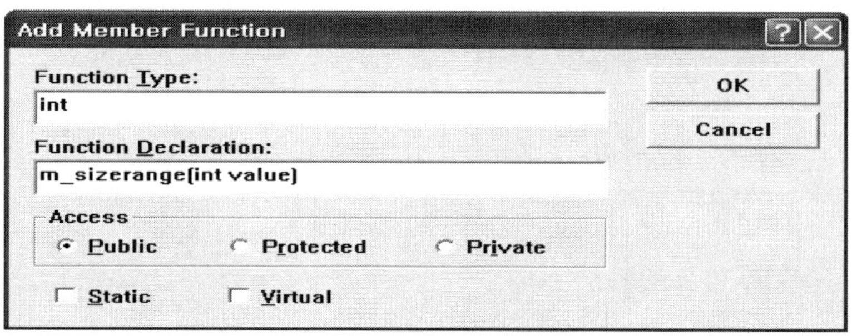

그림 4-17. Add Member Function 다이얼로그 박스

리스트 4-6

```
int CMultimediaCodingDoc::m_sizerange(int value)
{
   int size;
   for(int i=0; i<=11; i++)
   {
     if(pow(2.,i) > abs(value))
     {
      size = i;
      break;
      }
    }
    return size;
}
```

Step 4. m_calbit_ac_jpeg 멤버함수 추가: DOC 클래스에 마우스 왼쪽을 클릭하여 그림 4-18과 같이 Add Member Function 다이얼로그 박스를 띄우고 멤버함수를 추가한다. TODO 주석문 뒤에서 리스트 4-7에 따라서 코드를 입력하면 된다.

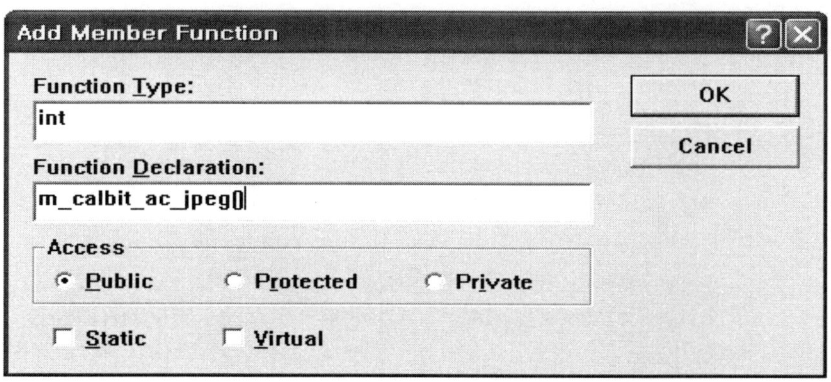

그림 4-18. Add Member Function 다이얼로그 박스

리스트 4-7

```
int CMultimediaCodingDoc::m_calbit_ac_jpeg()
{
        int run, size, bit;
        int huffcode_ac[16][11] = {{4, 3, 4, 6, 8, 10, 13, 15, 18, 25, 26},
                                                                    //run 0
        {0, 5, 7, 10, 13, 16, 22, 23, 24, 25, 26}, //run 1
        {0, 6, 10, 13, 16, 21, 22, 23, 24, 25, 26}, //run 2
        {0, 7, 11, 15, 20, 21, 22, 23, 24, 25, 26}, //run 3
        {0, 7, 12, 19, 20, 21, 22, 23, 24, 25, 26}, //run 4
        {0, 8, 13, 19, 20, 21, 22, 23, 24, 25, 26}, //run 5
        {0, 8, 14, 19, 20, 21, 22, 23, 24, 25, 26}, //run 6
        {0, 9, 14, 19, 20, 21, 22, 23, 24, 25, 26}, //run 7
        {0, 10, 17, 19, 20, 21, 22, 23, 24, 25, 26}, //run 8
        {0, 10, 18, 19, 20, 21, 22, 23, 24, 25, 26}, //run 9
        {0, 10, 18, 19, 20, 21, 22, 23, 24, 25, 26}, //run A
        {0, 11, 18, 19, 20, 21, 22, 23, 24, 25, 26}, //run B
        {0, 11, 18, 19, 20, 21, 22, 23, 24, 25, 26}, //run C
        {0, 12, 18, 19, 20, 21, 22, 23, 24, 25, 26}, //run D
        {0, 17, 18, 19, 20, 21, 22, 23, 24, 25, 26}, //run E
        {11, 17, 18, 19, 20, 21, 22, 23, 24, 25, 26}}; //run F
        bit = 0;
        for(run=0; run<16; run++)
          for(size=0; size<11; size++)
          {
              CString str;
              str.Format("%d ₩t %d ₩t %d ₩r₩n", run, size,
                                      m_runvalue_jpeg[run][size]);
              m_runvaluedlg.m_strrunvalue_ac += str;
              bit += m_runvalue_jpeg[run][size]*huffcode_ac[run][size];
          }
        return bit;
}
```

Step 4. m_calbit_ac_jpeg 멤버함수 추가: DOC 클래스에 마우스 왼쪽을 클릭하여 그림 4-19와 같이 Add Member Function 다이얼로그 박스를 띄우고 멤버함수를 추가한다. TODO 주석문 뒤에서 리스트 4-8에 따라서 코드를 입력하면 된다.

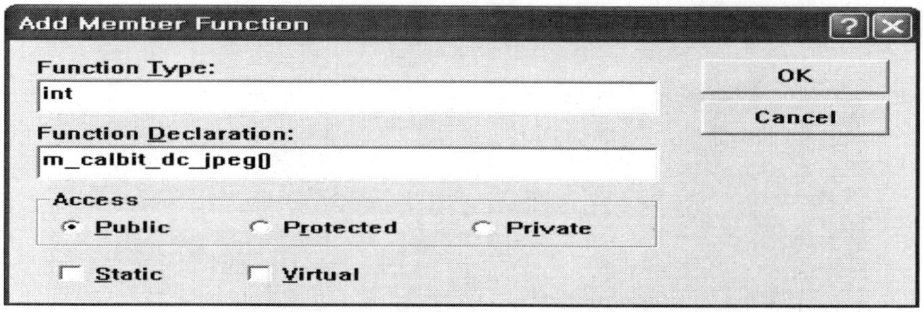

그림 4-19. Add Member Function 다이얼로그 박스

리스트 4-8

```
int CMultimediaCodingDoc::m_calbit_dc_jpeg()
{
        int size, bit;
        int huffcode_dc[12] = {2, 4, 5, 6, 7, 8, 10, 12, 14, 16, 18, 20};
        bit = 0;
        for(size=0; size<12; size++)
        {
                CString str;
                str.Format("%d ₩t %d ₩r₩n", size, m_valueDC_jpeg[size]);
                m_runvaluedlg.m_strvalue_dc += str;
                bit += m_valueDC_jpeg[size]*huffcode_dc[size];
        }
    return bit;
}
```

4.2.8 실행 결과

실험 동영상 bus, flower, foreman, waterfall에 대하여 양자화 계단크기 5, 10, 20으로 각각 부호하고 복호하여 복원된 화면의 결과를 나타낸다. 그림 4-20, 표4-4, 표4-5, 표4-6, 표4-7을 참조한다.

(a) 원영상

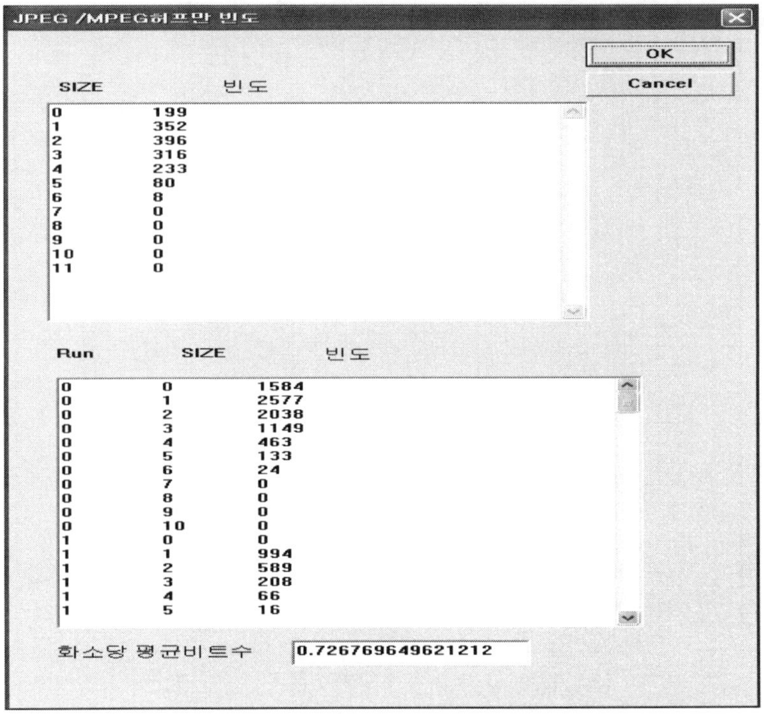

(b) 계단크기 5인 경우에 허프만 부호결과

(c) 양자화 계단크기 5를 사용하여 복원된 화면

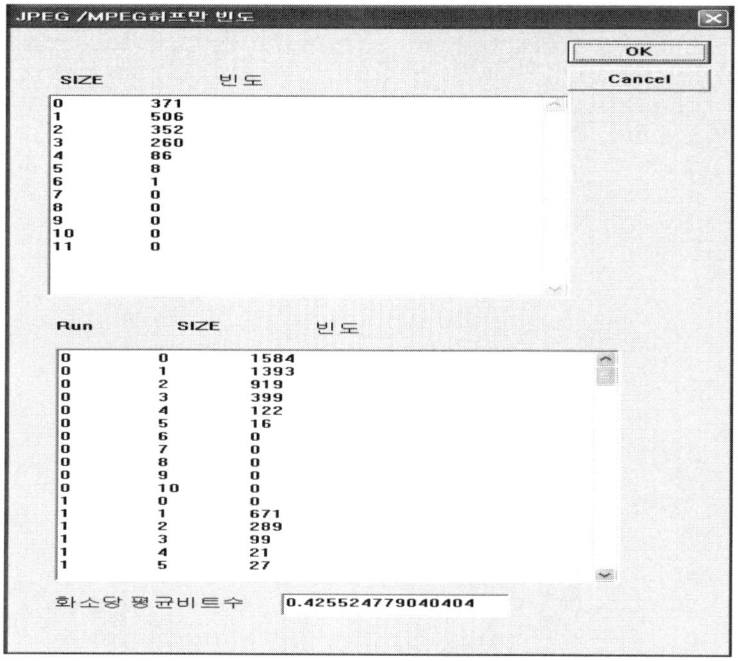

(d) 계단크기 10인 경우에 허프만 부호결과

(e) 양자화 계단크기 10을 사용하여 복원된 화면

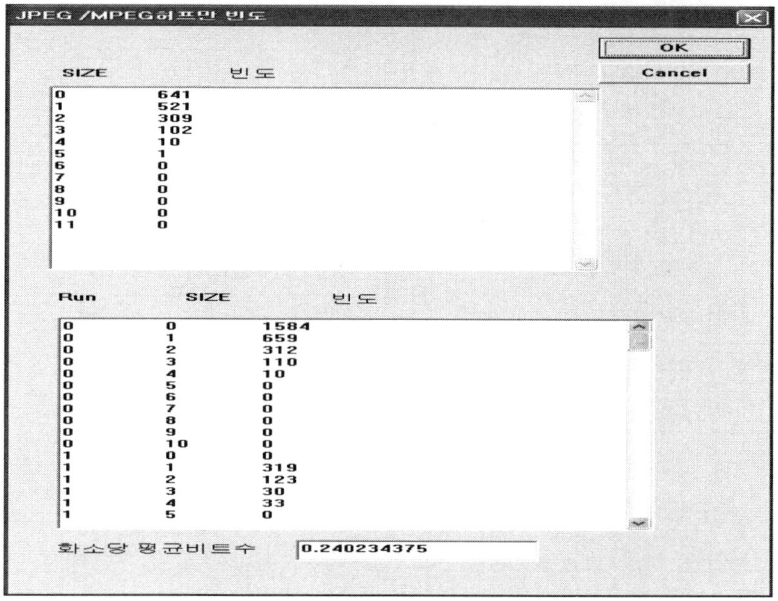

(f) 계단크기 20인 경우에 허프만 부호결과

(g) 양자화 계단크기 20을 사용하여 복원된 화면

그림 4-20. bus 동영상결과

표 4-4. bus 동영상의 평균 양자화 계단크기와 PSNR

양자화 계단크기	평균 양자화 계단크기	PSNR
5	18.0	28.9
10	36.0	26.3
20	72.0	23.7

표 4-5. flower 동영상의 평균 양자화 계단크기와 PSNR

양자화 계단크기	평균 양자화 계단크기	PSNR
5	18.0	25.8
10	36.0	23.6
20	72.0	21.5

표 4-6. foreman 동영상의 평균 양자화 계단크기와 PSNR

양자화 계단크기	평균 양자화 계단크기	PSNR
5	18.0	32.3
10	36.0	29.6
20	72.0	26.5

표 4-7. waterfall 동영상의 평균 양자화 계단크기와 PSNR

양자화 계단크기	평균 양자화 계단크기	PSNR
5	18.0	31.0
10	36.0	28.3
20	72.0	25.6

이상에서 나온 결과를 보면, 양자화 계단크기를 더 크게 사용하면 압축 효과는 더 좋아지나, 화질과 관련된 PSNR이 더 나빠짐을 알 수 있다.

동영상의 화면내부호화

Chapter 5

이 장에서는 MPEG 동영상 부호화방식중에서 화면내 부호화방식에 대해 살펴보고, MPEG 화면내 부호화 원리에 따라서 영상부호화 과정을 프로그램으로 구현한다.

5.1 화면내 부호화 이론

MPEG의 화면내 부호화는 JPEG 부호화 방식과 비슷하다. 그러나, 양자화 방법, 가변길이부호화 방법이 서로 다르다.

표 5-1. 흑백신호 DC 성분에 대한 가변길이 부호표

VLC 부호	dct_dc_size_luminance
100	0
00	1
01	2
101	3
110	4
1110	5
11110	6
111110	7
1111110	8

표 5-2. 색차신호 DC 성분에 대한 가변길이 부호표

VLC 부호	dct_dc_size_chrominance
00	0
01	1
10	2
110	3
1110	4
11110	5
111110	6
1111110	7
11111110	8

표 5-3. AC성분에 대한 가변길이 부호표(1)

dct_coeff_first 와 dct_coeff_next VLC 부호(참고 1)	줄길이	레벨
10	end_of_block	
1 s (참고 2)	0	1
11 s (참고 3)	0	1
011 s	1	1
0100 s	0	2
0101 s	2	1
0010 1 s	0	3
0011 1 s	3	1
0011 0 s	4	1
0001 10 s	1	2
0001 11 s	5	1
0001 01 s	6	1
0001 00 s	7	1
0000 110 s	0	4
0000 100 s	2	2
0000 111 s	8	1
0000 101 s	9	1
0000 01	escape	
0010 0110 s	0	5
0010 0001 s	0	6
0010 0101 s	1	3
0010 0100 s	3	2
0010 0111 s	10	1
0010 0011 s	11	1
0010 0010 s	12	1
0010 0000 s	13	1
0000 0010 10 s	0	7
0000 0011 00 s	1	4
0000 0010 11 s	2	3
0000 0011 11 s	4	2
0000 0010 01 s	5	2
0000 0011 10 s	14	1
0000 0011 01 s	15	1

0000 0010 00 s	16	1

참고

1 – 마지막 비트 's'는 레벨의 부호를 나타낸다. '0'은 양수, '1'은 음수
2 – 이 부호는 dct_coeff_first에 사용되어야 한다.
3 – 이 부호는 dct_coeff_next에 사용되어야 한다.

표 5-4. AC성분에 대한 가변길이 부호표(2)

dct_coeff_first와 dct_coeff_next VLC 부호(참고)	줄길이	레벨
0000 0001 1101 s	0	8
0000 0001 1000 s	0	9
0000 0001 0011 s	0	10
0000 0001 0000 s	0	11
0000 0001 1011 s	1	5
0000 0001 0100 s	2	4
0000 0001 1100 s	3	3
0000 0001 0010 s	4	3
0000 0001 1110 s	6	2
0000 0001 0101 s	7	2
0000 0001 0001 s	8	2
0000 0001 1111 s	17	1
0000 0001 1010 s	18	1
0000 0001 1001 s	19	1
0000 0001 0111 s	20	1
0000 0001 0110 s	21	1
0000 0000 1101 0 s	0	12
0000 0000 1100 1 s	0	13
0000 0000 1100 0 s	0	14
0000 0000 1011 1 s	0	15
0000 0000 1011 0 s	1	6
0000 0000 1010 1 s	1	7
0000 0000 1010 0 s	2	5
0000 0000 1001 1 s	3	4
0000 0000 1001 0 s	5	3
0000 0000 1000 1 s	9	2

0000 0000 1000 0 s	10	2
0000 0000 1111 1 s	22	1
0000 0000 1111 0 s	23	1
0000 0000 1110 1 s	24	1
0000 0000 1110 0 s	25	1
0000 0000 1101 1 s	26	1
참고 - 마지막 비트는 's'는 레벨의 부호를 나타낸다, '0'은 양수, '1'은 음수		

표 5-5. AC성분에 대한 가변길이 부호표(3)

dct_coeff_first와 dct_coeff_next VLC 부호(참고)	줄길이	레벨
0000 0000 0111 11 s	0	16
0000 0000 0111 10 s	0	17
0000 0000 0111 01 s	0	18
0000 0000 0111 00 s	0	19
0000 0000 0110 11 s	0	20
0000 0000 0110 10 s	0	21
0000 0000 0110 01 s	0	22
0000 0000 0110 00 s	0	23
0000 0000 0101 11 s	0	24
0000 0000 0101 10 s	0	25
0000 0000 0101 01 s	0	26
0000 0000 0101 00 s	0	27
0000 0000 0100 11 s	0	28
0000 0000 0100 10 s	0	29
0000 0000 0100 01 s	0	30
0000 0000 0100 00 s	0	31
0000 0000 0011 000 s	0	32
0000 0000 0010 111 s	0	33
0000 0000 0010 110 s	0	34
0000 0000 0010 101 s	0	35
0000 0000 0010 100 s	0	36
0000 0000 0010 011 s	0	37
0000 0000 0010 010 s	0	38
0000 0000 0010 001 s	0	39

0000 0000 0010 000 s	0	40
0000 0000 0011 111 s	1	8
0000 0000 0011 110 s	1	9
0000 0000 0011 101 s	1	10
0000 0000 0011 100 s	1	11
0000 0000 0011 011 s	1	12
0000 0000 0011 010 s	1	13
0000 0000 0011 001 s	1	14
0000 0000 0001 0011 s	1	15
0000 0000 0001 0010 s	1	16
0000 0000 0001 0001 s	1	17
0000 0000 0001 0000 s	1	18
0000 0000 0001 0100 s	6	3
0000 0000 0001 1010 s	11	2
0000 0000 0001 1001 s	12	2
0000 0000 0001 1000 s	13	2
0000 0000 0001 0111 s	14	2
0000 0000 0001 0110 s	15	2
0000 0000 0001 0101 s	16	2
0000 0000 0001 1111 s	27	1
0000 0000 0001 1110 s	28	1
0000 0000 0001 1101 s	29	1
0000 0000 0001 1100 s	30	1
0000 0000 0001 1011 s	31	1
참고 - 마지막 비트 ‘s’는 레벨의 부호를 나타낸다. ‘0’은 양수, ‘1’은 음수		

표 5-6은 Escape 부호 뒤에 이어지는 줄 길이와 레벨에 대한 부호화는 14-비트 고정길이 부호(-127 〈= 레벨 〈= 127) 또는 22비트 고정길이 부호(-255 〈= 레벨 〈= -128, 128 〈= 레벨 〈= 255)를 사용한다.

(참고 - 이 결과 총 escape 부호의 길이는 각각 20비트와 28비트가 된다.)

표 5-6(a). 줄의 길이에 대한 고정 길이 부호

고정길이 부호	줄길이
0000 00	0
0000 01	1

0000 10	2
…	…
…	…
…	…
…	…
…	…
…	…
1111 11	63

표 5-6(b). 레벨에 대한 고정 길이 부호

고정길이 부호	레벨
사용금지	−256
1000 0000 0000 0001	−255
1000 0000 0000 0010	−254
…	…
1000 0000 0111 1111	−129
1000 0000 1000 0000	−128
1000 0001	−127
1000 0010	−126
…	…
1111 1110	−2
1111 1111	−1
사용금지	0
0000 0001	1
…	…
0111 1111	127
0000 0000 1000 0000	128
0000 0000 1000 0001	129
…	…
0000 0000 1111 1111	255

5.2 동영상 화면내 부호화 구현하기

5.2.1 화면내 부호화 메뉴 만들기

먼저 메뉴 에디터 영역을 띄운다. DCT+JPEG_Q+Huffman 메뉴 밑에 있는 테두리로 둘러싸인 부분을 오른쪽 클릭하고 팝업 문맥 메뉴를 띄우고 Properties를 선택한다. 다음에 Menu Item Properties 다이얼로그 박스에 그림 5-1을 참조해서 설정하면 된다.

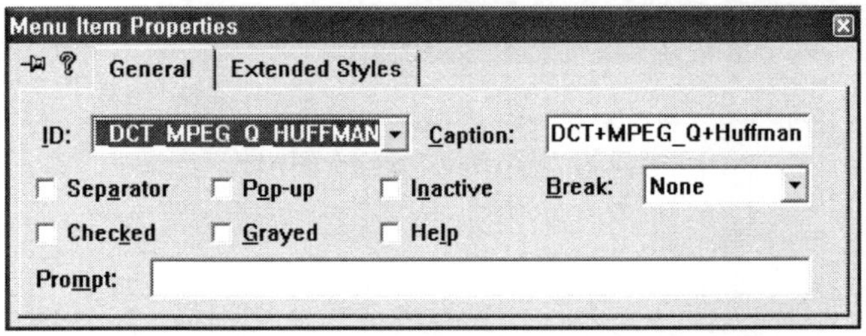

그림 5-1. Menu Item Properties 다이얼로그 박스

5.2.2 메뉴 연결함수 추가

Step 1. DCT+MPEG_Q+Huffman 메뉴에서 마우스 오른쪽 클릭하고 나서 팝업 문맥 메뉴에서 ClassWizard를 선택한다.

Step 2. 그림 5-2와 같이 MFC 클래스위저드를 열고 Object ID리스트에서 IDM_DCT_MPEG_Q_HUFFMAN를 선택하고, 메시지 리스트에서 COMMAND를 선택한다.

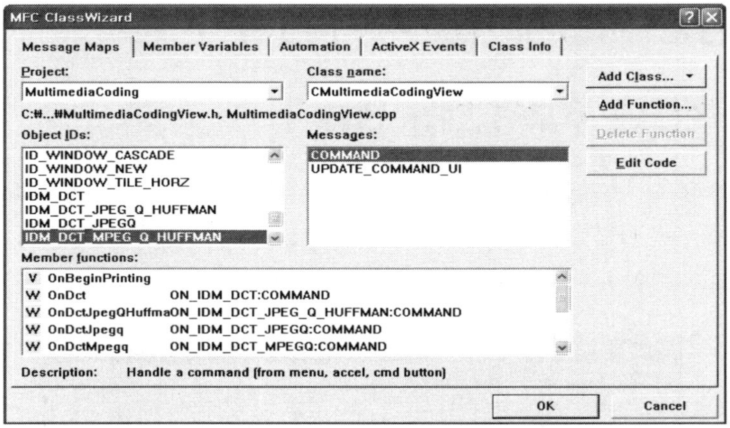

그림 5-2. MFC 클래스위저드

Step 3. COMMAND에서 마우스를 왼쪽 더블 클릭하고 그림 5-3과 같이 Add Member Function 다이얼로그 박스를 띄운다. 다음, OK 버튼을 누른다.

그림 5-3. Add Member Function 다이얼로그 박스

Step 4. 그림 5-4는 함수가 추가된 상태이다.

Member Function 리스트에서 OnDctMpegQHuffman에서 마우스를 왼쪽 더블 클릭하면 해당 함수가 있는 소스 코드가 에디터 영역에서 열리면서 커서가 정확하게 위치한다. TODO 주석문 뒤에서 리스트 5-1에 따라서 코드를 입력하면 된다.

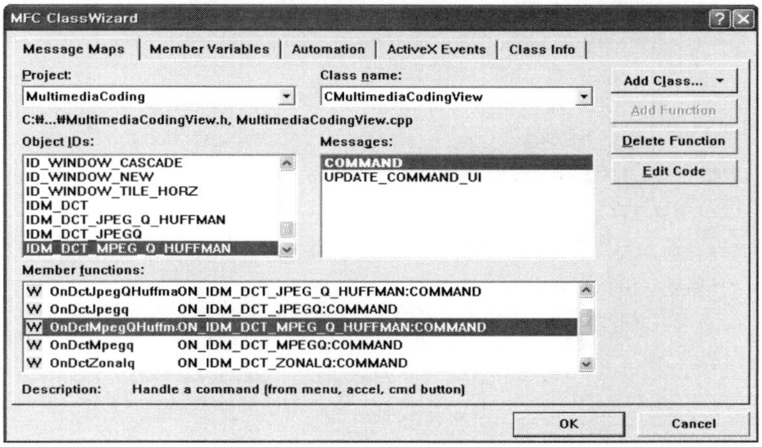

그림 5-4. 함수를 추가한 상태

리스트 5-1

```
void CMultimediaCodingView::OnDctMpegQHuffman()
{
        // TODO: Add your command handler code here
        //도큐멘터 클래스를 참조하기 위해
        CMultimediaCodingDoc* pDoc = GetDocument();
        ASSERT_VALID(pDoc);
        pDoc->m_NoInImg = 1;
        pDoc->m_NoOutImg = 1;
        pDoc->m_Initiate();
        pDoc->m_DCT_MPEG_Q_HUFFMAN(288, 352);
        double mse=0, psnr;
        for(int i=0; i<288; i++)
        {
         for(int j=0; j<352; j++)
         {
           unsigned char InVal = pDoc->m_InImg[0][i][j];
           unsigned char OutVal = pDoc->m_OutImg[0][i][j];
```

```
            mse += (double)(InVal-OutVal)*(InVal-OutVal);
        }
    }
    mse /= (288.*352.);
    psnr = 10*log10(255*255/mse);
    CString str;
    str.Format("원신호와 복원신호간 오차신호의 PSNR은 %f입니다.", psnr);
    AfxMessageBox(str);
    Invalidate(FALSE);
}
```

5.2.3 멤버함수 추가

Step 1. m_DCT_MPEG_Q_HUFFMAN 멤버함수 추가: DOC 클래스에 마우스 왼쪽을 클릭하여 그림 5-5와 같이 Add Member Function 다이얼로그 박스를 띄우고 멤버함수를 추가한다. TODO 주석문 뒤에서 리스트 5-2에 따라서 코드를 입력하면 된다.

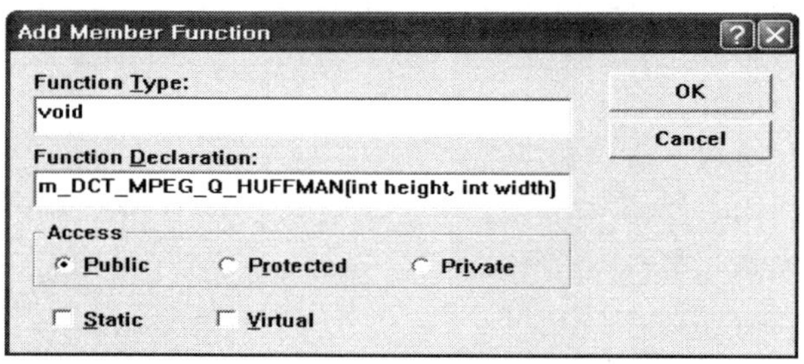

그림 5-5. Add Member Function 다이얼로그 박스

리스트 5-2

```
void CMultimediaCodingDoc::m_DCT_MPEG_Q_HUFFMAN(int height, int width)
{
        int u, v, zigzagimg[64], qsize;
        double avr_Qsize = 0;

        if(m_QuantDlg.DoModal() == IDOK)
        {
           qsize = m_QuantDlg.m_Qsize;
        }
        if(qsize==0) {qsize=1;}
        for(u=0 ; u<8 ; u++)
        {
         for(v=0 ; v<8 ; v++)
         {
            avr_Qsize += (double)(qsize*m_MpegQMask[u][v]/16.);
          }
        }
        avr_Qsize /= 64.;
        CString str;
        str.Format("평균 양자화 계단크기는 %f 입니다.",avr_Qsize);
        AfxMessageBox(str);
        for(u=0 ; u<height ; u+=8)
        {
           for(v=0 ; v<width ; v+=8)
           {
              m_DCT64(u, v);
              m_MPEG_Q(u, v, qsize);
              m_zigzag(u, v, zigzagimg);
              m_calrunvalue_mpeg(zigzagimg, v);
              m_MPEG_IQ(u, v, qsize);
              m_IDCT64(u, v);
```

```
            }
        }
        m_runvaluedlg.m_nobits = 0.;
        m_runvaluedlg.m_nobits += m_calbit_dc_mpeg();  //DC 비트
        m_runvaluedlg.m_nobits += m_calbit_ac_mpeg(); //AC 비트
        m_runvaluedlg.m_nobits /= (double)((height/8)*(width/8)*64);
        m_runvaluedlg.DoModal();
}
```

5.2.4 멤버변수 추가

DOC 클래스에 정수형의 zero run과 value값 심볼의 개수를 저장하는 배열을 위한 멤버변수 m_runvalue_mpeg[64][256]를 추가한다.

정수형의 DC계수의 size값의 개수를 저장하는 배열을 위한 멤버변수 m_valueDC_mpeg[9]을 추가한다.

정수형의 zero run과 value값에 해당하는 부호코드 크기를 저장하는 멤버변수 m_huffcode_ac_mpeg[64][256]를 추가한다.

정수형의 ac계수에서 첫 번째 run 0과 value 1인 심볼의 개수를 저장하는 멤버변수 m_dctacfirstrun0level1를 추가한다.

정수형의 ac계수 심볼에서 허프만 테이블에 존재하지 않고, 크기가 -127 ~ 127범위에 있는 심볼의 개수를 저장하는 멤버변수 m_escape127를 추가한다.

정수형의 ac계수 심볼에서 허프만 테이블에 존재하지 않고, m_escape127을 벗어나는 심볼의 개수를 저장하는 멤버변수 m_escape256를 추가한다.

5.2.5 멤버변수 초기화

리스트 5-3

```
CMultimediaCodingDoc::CMultimediaCodingDoc()
{
..............

  for(i=0; i<64; i++)
    for(j=0; j<256; j++)
    {
      m_huffcode_ac_mpeg[i][j]=0;
    }
    //비트 2개
    m_huffcode_ac_mpeg[0][0]=2;
   //비트 3개
   m_huffcode_ac_mpeg[0][1]=3;
   //비트 4개
   m_huffcode_ac_mpeg[1][1]=4;
   //비트 5개
   m_huffcode_ac_mpeg[0][2]=m_huffcode_ac_mpeg[2][1]=5;
   //비트 6개
  m_huffcode_ac_mpeg[0][3]=m_huffcode_ac_mpeg[3][1]
  =m_huffcode_ac_mpeg[4][1]=6;
//비트 7개
m_huffcode_ac_mpeg[1][2]=m_huffcode_ac_mpeg[5][1]=m_huffcode_ac_mpeg[6][1]=m_h
uffcode_ac_mpeg[7][1]=7;
//비트 8개
m_huffcode_ac_mpeg[0][4]=m_huffcode_ac_mpeg[2][2]=m_huffcode_ac_mpeg[8][1]=m_h
uffcode_ac_mpeg[9][1]=8;
//비트 9개
m_huffcode_ac_mpeg[0][5]=m_huffcode_ac_mpeg[0][6]=m_huffcode_ac_mpeg[1][3]=m_h
uffcode_ac_mpeg[3][2]=m_huffcode_ac_mpeg[10][1]=m_huffcode_ac_mpeg[11][1]=
m_huffcode_ac_mpeg[12][1]=m_huffcode_ac_mpeg[13][1]=9;
```

```
//비트 11개
m_huffcode_ac_mpeg[0][7]=m_huffcode_ac_mpeg[1][4]=m_huffcode_ac_mpeg[2][3]=m_huf
fcode_ac_mpeg[4][2]=m_huffcode_ac_mpeg[5][2]=m_huffcode_ac_mpeg[14][1]=m_huffcod
e_ac_mpeg[15][1]=m_huffcode_ac_mpeg[16][1]=11;
//비트 13개
m_huffcode_ac_mpeg[0][8]=m_huffcode_ac_mpeg[0][9]=m_huffcode_ac_mpeg[0][10]=m_hu
ffcode_ac_mpeg[0][11]=m_huffcode_ac_mpeg[1][5]=m_huffcode_ac_mpeg[2][4]=m_huffco
de_ac_mpeg[3][3]=m_huffcode_ac_mpeg[4][3]=m_huffcode_ac_mpeg[6][2]=m_huffcode_ac
_mpeg[7][2]=m_huffcode_ac_mpeg[8][2]=m_huffcode_ac_mpeg[17][1]=m_huffcode_ac_mpe
g[18][1]=m_huffcode_ac_mpeg[19][1]=m_huffcode_ac_mpeg[20][1]=m_huffcode_ac_mpeg[
21][1]=13;
//비트 14개
 m_huffcode_ac_mpeg[0][12]=m_huffcode_ac_mpeg[0][13]=m_huffcode_ac_mpeg[0][14]=
m_huffcode_ac_mpeg[0][15]=m_huffcode_ac_mpeg[1][6]=m_huffcode_ac_mpeg[1][7]=m_hu
ffcode_ac_mpeg[2][5]=m_huffcode_ac_mpeg[3][4]=m_huffcode_ac_mpeg[5][3]=m_huffcod
e_ac_mpeg[9][2]=m_huffcode_ac_mpeg[10][2]=m_huffcode_ac_mpeg[22][1]=m_huffcode_a
c_mpeg[23][1]=m_huffcode_ac_mpeg[24][1]=m_huffcode_ac_mpeg[25][1]=m_huffcode_ac_
mpeg[26][1]=14;
//비트 15개
m_huffcode_ac_mpeg[0][16]=m_huffcode_ac_mpeg[0][17]=m_huffcode_ac_mpeg[0][18]=m_
huffcode_ac_mpeg[0][19]=m_huffcode_ac_mpeg[0][20]=m_huffcode_ac_mpeg[0][21]=m_hu
ffcode_ac_mpeg[0][22]=m_huffcode_ac_mpeg[0][23]=m_huffcode_ac_mpeg[0][24]=m_huff
code_ac_mpeg[0][25]=m_huffcode_ac_mpeg[0][26]=m_huffcode_ac_mpeg[0][27]=m_huffco
de_ac_mpeg[0][28]=m_huffcode_ac_mpeg[0][29]=m_huffcode_ac_mpeg[0][30]=m_huffcode
_ac_mpeg[0][31]=15;
//비트 16개
m_huffcode_ac_mpeg[0][32]=m_huffcode_ac_mpeg[0][33]=m_huffcode_ac_mpeg[0][34]=m_
huffcode_ac_mpeg[0][35]=m_huffcode_ac_mpeg[0][36]=m_huffcode_ac_mpeg[0][37]=m_hu
ffcode_ac_mpeg[0][38]=m_huffcode_ac_mpeg[0][39]=m_huffcode_ac_mpeg[0][40]=m_huff
code_ac_mpeg[1][8]=m_huffcode_ac_mpeg[1][9]=m_huffcode_ac_mpeg[1][10]=m_huffcode
_ac_mpeg[1][11]=m_huffcode_ac_mpeg[1][12]=m_huffcode_ac_mpeg[1][13]=m_huffcode_a
c_mpeg[1][14]=16;
```

```
//비트 17개
m_huffcode_ac_mpeg[1][15]=m_huffcode_ac_mpeg[1][16]=m_huffcode_ac_mpeg[1][17]=m
_huffcode_ac_mpeg[1][18]=m_huffcode_ac_mpeg[6][3]=m_huffcode_ac_mpeg[11][2]=m_h
uffcode_ac_mpeg[12][2]=m_huffcode_ac_mpeg[13][2]=m_huffcode_ac_mpeg[14][2]=m_hu
ffcode_ac_mpeg[15][2]=m_huffcode_ac_mpeg[16][2]=m_huffcode_ac_mpeg[27][1]=m_huf
fcode_ac_mpeg[28][1]=m_huffcode_ac_mpeg[29][1]=m_huffcode_ac_mpeg[30][1]=m_huff
code_ac_mpeg[31][1]=17;
}
```

5.2.6 초기화 함수 수정하기

m_Initiate 함수를 수정한다.

리스트 5-4

```
void CMultimediaCodingDoc::m_Initiate()
{
        int i, j;
        for(i=0; i<12; i++)
                m_valueDC_jpeg[i]=0;

        for(i=0; i<64; i++)
                for(j=0; j<256; j++)
                {
                        m_runvalue_mpeg[i][j]=0;
                }
        for(i=0; i<9; i++)
                m_valueDC_mpeg[i]=0;
        m_escape127 = 0;
        m_escape256 = 0;
        m_dctacfirstrun0level1 = 0;
        m_runvaluedlg.m_strvalue_dc = "";
        m_runvaluedlg.m_strrunvalue_ac = "";
}
```

5.2.7 다양한 멤버함수 추가

Step 1. m_calrunvalue_mpeg 멤버함수 추가: DOC 클래스에 마우스 왼쪽을 클릭하여 그림 5-6과 같이 Add Member Function 다이얼로그 박스를 띄우고 멤버함수를 추가한다. TODO 주석문 뒤에서 리스트 5-5에 따라서 코드를 입력하면 된다.

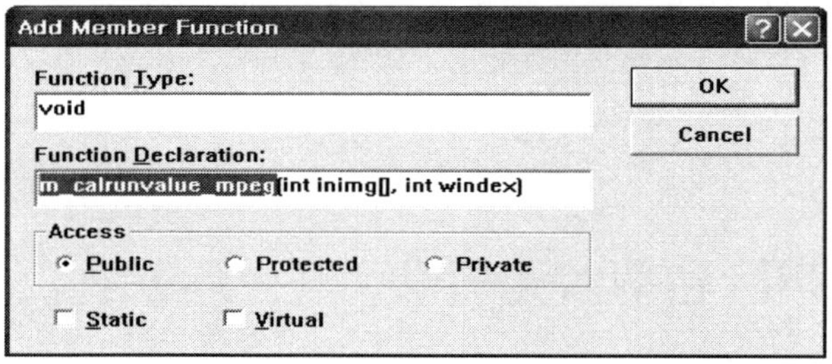

그림 5-6. Add Member Function 다이얼로그 박스

리스트 5-5

```
void CMultimediaCodingDoc::m_calrunvalue_mpeg(int inimg[], int windex)
{
    int run=0, value, size, kindex;
    static int prev_dc;
    if(m_codemode == 0) // I-화면
    {
      //DC DPCM
      if(windex==0) prev_dc = 0;
      value = inimg[0]-prev_dc;
      prev_dc = inimg[0];
      size = m_sizerange(value);
      m_valueDC_mpeg[size]++;
      kindex = 1;
    }
    else
    {
```

```
        kindex = 0;
    }
    //AC run value 계산
    for(int k=kindex; k<64; k++)
    {
     if(inimg[k]==0) run++;
     else
     {
        value = inimg[k];
        size = abs(value);
        if(m_huffcode_ac_mpeg[run][size]==0) //escape
        {
           if(m_sizerange(value)<=7) m_escape127++;
           else m_escape256++;
        }
        else if(run==0 && size==1 && k==0)
        {
          m_dctacfirstrun0level1++;
        }
        else
        {
         m_runvalue_mpeg[run][size]++;
        }
        run=0;
      }
     }
     if(run!=0)
      m_runvalue_mpeg[0][0]++; //EOB
}
```

Step 2. m_calbit_ac_mpeg 멤버함수 추가: DOC 클래스에 마우스 왼쪽을 클릭하여 그림 5-7과 같이 Add Member Function 다이얼로그 박스를 띄우고 멤버함수를 추가한다.

TODO 주석문 뒤에서 리스트 5-6에 따라서 코드를 입력하면 된다.

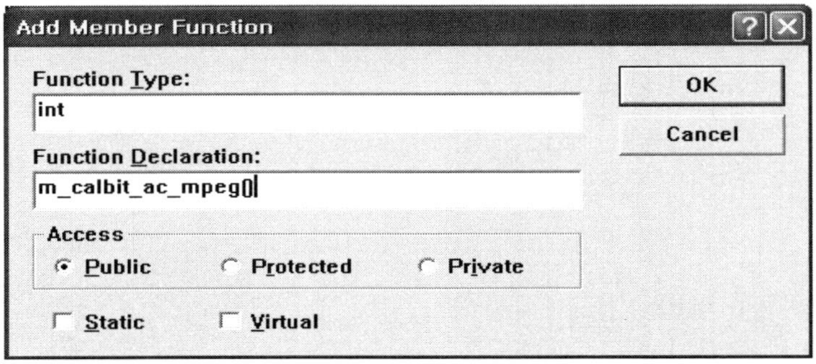

그림 5-7. Add Member Function 다이얼로그 박스

리스트 5-6

```
int CMultimediaCodingDoc::m_calbit_ac_mpeg()
{
  int run, size, bit;
  CString str;
  bit = 0;
  str.Format("0 ₩t 0 ₩t %d ₩r₩n", m_runvalue_mpeg[0][0]); //EOB
  m_runvaluedlg.m_strrunvalue_ac += str;
  bit += m_runvalue_mpeg[0][0]*m_huffcode_ac_mpeg[0][0];
  str.Format("0 ₩t 1 ₩t %d ₩r₩n", m_dctacfirstrun0level1);
  //AC 첫번째 계수 run:0, level:1
  m_runvaluedlg.m_strrunvalue_ac += str;
  bit += m_dctacfirstrun0level1 * 2;
  for(run=0; run<32; run++)
    for(size=1; size<(41-run)/(run+1)+2; size++)
    {
        str.Format("%d ₩t %d ₩t %d ₩r₩n", run, size,
                                            m_runvalue_mpeg[run][size]);
        m_runvaluedlg.m_strrunvalue_ac += str;
        bit += m_runvalue_mpeg[run][size]*m_huffcode_ac_mpeg[run][size];
```

```
    }
    str.Format("ESC -127~127 ₩t %d ₩r₩n", m_escape127);
    m_runvaluedlg.m_strrunvalue_ac += str;
    str.Format("ESC +-128~+-255 ₩t %d ₩r₩n", m_escape256);
    m_runvaluedlg.m_strrunvalue_ac += str;
    bit += m_escape127 * 20 + m_escape256 * 28;
    return bit;
}
```

Step 3. m_calbit_dc_mpeg 멤버함수 추가: DOC 클래스에 마우스 왼쪽을 클릭하여 그림 5-8과 같이 Add Member Function 다이얼로그 박스를 띄우고 멤버함수를 추가한다. TODO 주석문 뒤에서 리스트 5-7에 따라서 코드를 입력하면 된다.

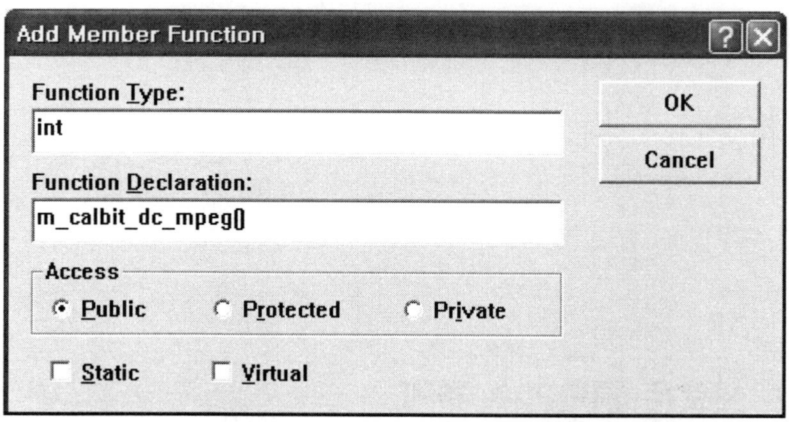

그림 5-8. Add Member Function 다이얼로그 박스

리스트 5-7

```
int CMultimediaCodingDoc::m_calbit_dc_mpeg()
{
	int size, bit;
	int huffcode_dc[9] = {3, 3, 4, 6, 7, 9, 11, 13, 15};

	bit = 0;

	for(size=0; size<9; size++)
	{
		CString str;
		str.Format("%d ₩t %d ₩r₩n", size, m_valueDC_mpeg[size]);
		m_runvaluedlg.m_strvalue_dc += str;

		bit += m_valueDC_mpeg[size]*huffcode_dc[size];
	}

    return bit;

}
```

5.2.8 새로운 멤버변수 추가

DOC 클래스에 정수형으로서 화면내 부호화 화면과 화면간 부호화 화면을 구분하는 멤버변수 m_codemode를 추가한다. m_codemode = 0 : 화면내 부호화 화면, m_codemode = 1 : 화면간 부호화 화면

5.2.9 메뉴 연결함수 수정하기

View 클래스에 있는 OnDctMpegQHuffman() 함수에 m_codemode 부분을 추가한다.

```
void CMultimediaCodingView::OnDctMpegQHuffman()
{
    // TODO: Add your command handler code here
    CMultimediaCodingDoc* pDoc = GetDocument(); //도큐멘터 클래스를 참조하기 위해
    ASSERT_VALID(pDoc);

    pDoc->m_NoInImg = 1;
    pDoc->m_NoOutImg = 1;

    pDoc->m_Initiate();
    pDoc->m_codemode = 0;
    pDoc->m_DCT_MPEG_Q_HUFFMAN(288, 352);
```

그림 5-9. m_codemode 부분을 추가한 경우

5.2.10 실행 결과

실험 동영상 bus, flower, foreman, waterfall에 대하여 양자화 계단크기 5, 10, 20로 부호하고 복호화하여 복원된 결과를 나타낸다. 그림 5-10 , 표5-7, 표5-8, 표5-9, 표5-10을 참조한다.

(a) 원영상

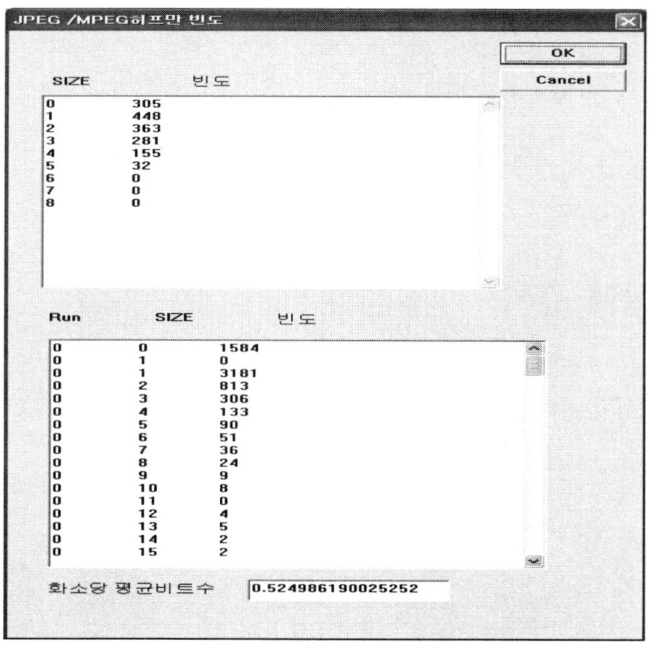

(b) 계단크기 5인 경우에 허프만 부호결과

(c) 양자화 계단크기 5인 경우

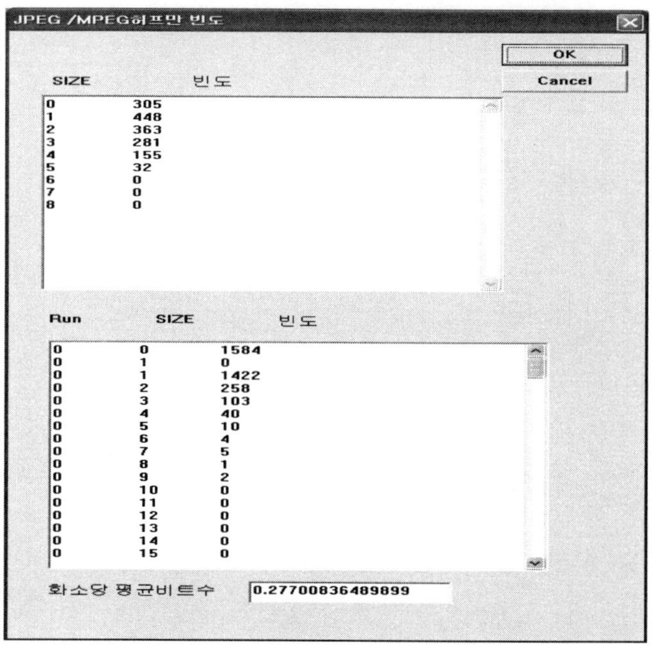

(d) 계단크기 10인 경우에 허프만 부호결과

(e) 양자화 계단크기 10인 경우

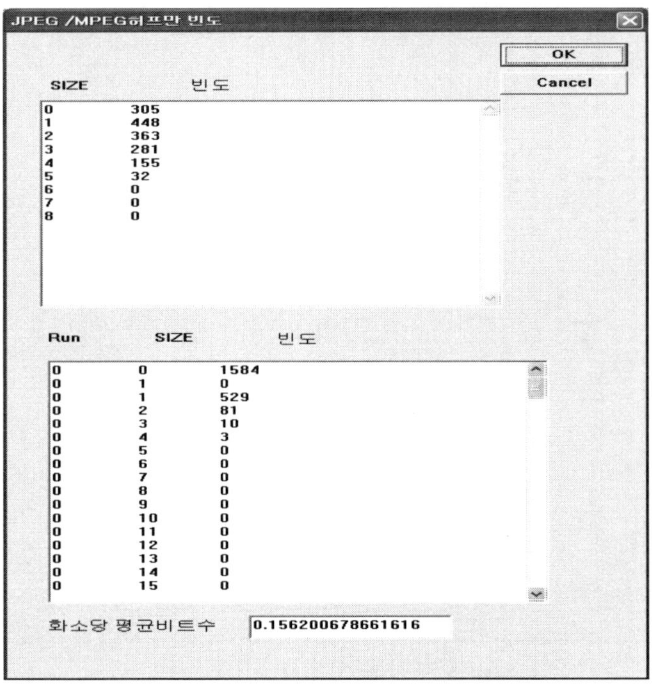

(f) 계단크기 20인 경우에 허프만 부호결과

(g) 양자화 계단크기 20인 경우

그림 5-10. bus 동영상결과

표 5-7. bus 동영상의 평균 양자화 계단크기와 PSNR

양자화 계단크기	평균 양자화 계단크기	PSNR
5	20.6	28.4
10	41.2	25.4
20	82.5	23.1

표 5-8. flower 동영상의 평균 양자화 계단크기와 PSNR

양자화 계단크기	평균 양자화 계단크기	PSNR
5	20.6	27.0
10	41.2	23.3
20	82.5	20.8

표 5-9. foreman 동영상의 평균 양자화 계단크기와 PSNR

양자화 계단크기	평균 양자화 계단크기	PSNR
5	20.6	31.6
10	41.2	28.9
20	82.5	26.5

표 5-10. waterfall 동영상의 평균 양자화 계단크기와 PSNR

양자화 계단크기	평균 양자화 계단크기	PSNR
5	20.6	29.6
10	41.2	27.3
20	82.5	25.6

차영상 부호화

Chapter 6

이 장에서는 시간방향 중복성을 제거하기 위하여 공간방향으로 같은 위치에 있는 이전 화소값과 현재 화소값의 차영상을 구하고, 차영상을 부호화하는 방법에 대해 살펴보고, 프로그램으로 구현한다.

6.1 차영상 구하기

정지영상은 공간 방향으로 중복되는 정보를 제거하여 압축 효율을 높인다. 동영상은 여러 장의 정지영상으로 구성한다. 영상간에 시간적으로 중복성분이 존재한다. 보통 동영상은 사람의 눈에 부드럽게 보이게 하기 위해서 초당 24화면 이상이 되도록 해준다. 이것은 짧은 시간 간격으로 획득된 영상들 간에 상관성이 존재하게 되어 시간적 중복성이 발생하게 된다. 이웃한 두 화면에서 변화가 없다면, 이웃한 두 화면의 차이는 거의 크지 않을 것이다. 이 특성을 이용하여 이웃한 화면에서 같은 위치에 있는 화소간 차이 값을 구하고, 이 차이 값을 MPEG 동영상 부호화에 그대로 적용할 수 있을 것이다.

차영상 부호화는 첫 번째 영상이 제대로 부호화하여 두 번째 영상과 첫 번째영상의 차이 영상에 대해서 이산여현변환, 양자화, 지그재그 스캔, 허프만부호를 수행해서 부호화한다. 나중에 복원할 때 첫 번째 영상이 제대로 복원이 되고 복원된 차이 영상에 첫 번째 영상을 더하며 두 번째 영상을 복원할 수 있다.

6.2 차영상 구하기 구현하기

6.2.1 차영상 메뉴 만들기

먼저 메뉴 에디터 영역을 띄운다. DCT+MPEG_Q+Huffman메뉴 밑에 있는 테두리로 둘러싸인 부분을 오른쪽 클릭하고 팝업 문맥 메뉴를 띄우고 Properties를 선택한다. 다음에 Menu Item Properties 다이얼로그 박스에 그림 6-1을 참조하여 설정하면 된다.

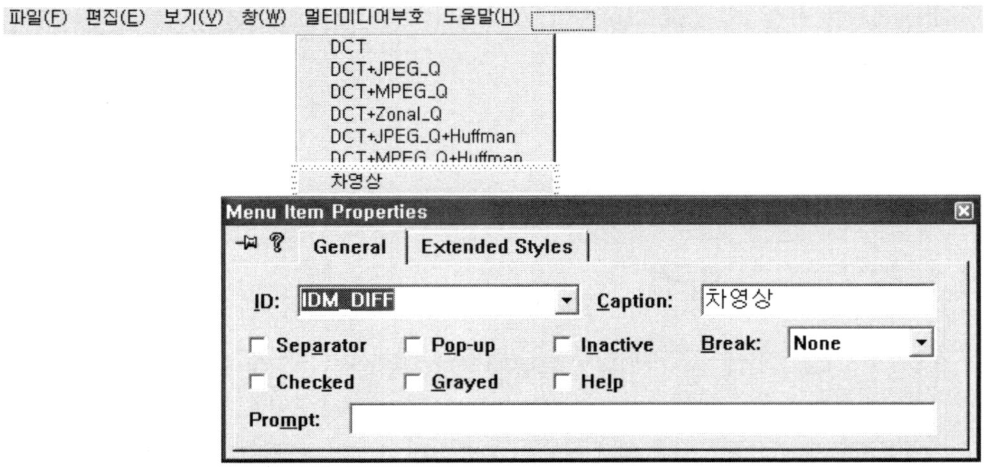

그림 6-1. Menu Item Properties 다이얼로그 박스

6.2.2 메뉴 연결함수 추가

Step 1. 차영상 메뉴에서 마우스 오른쪽 클릭하고 나서 팝업 문맥 메뉴를 띄우고 ClassWizard를 선택한다.

Step 2. 그림 6-2과 같이 MFC 클래스위저드를 열고 Object ID리스트에서 IDM_DIFF를 선택하고, 메시지 리스트에서 COMMAND를 선택한다.

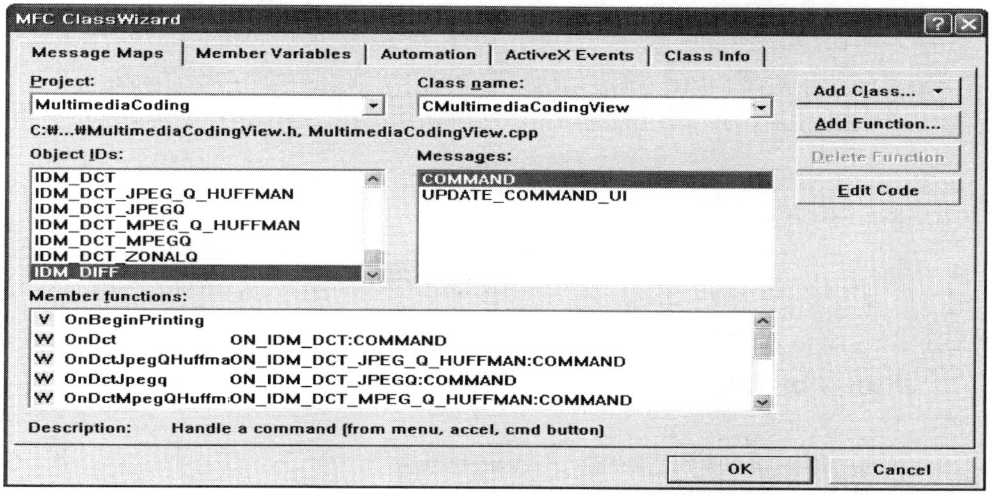

그림 6-2. MFC 클래스위저드

Step 3. COMMAND에서 마우스를 왼쪽 더블 클릭하면 그림 6-3과 같이 Add Member Function 다이얼로그 박스가 나온다. 다음, OK 버튼을 누른다.

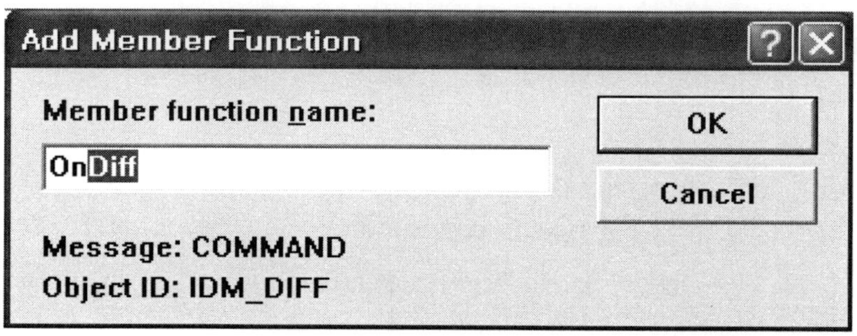

그림 6-3. Add Member Function 다이얼로그 박스

Step 4. 그림 6-4는 OnDiff 함수가 추가된 상태이다. Member Function 리스트에서 OnDiff에서 마우스를 왼쪽 더블 클릭하면 해당 함수가 있는 소스 코드가 에디터 영역에서 열리면서 커서가 정확하게 위치한다.

TODO 주석문 뒤에서 리스트 6-1에 따라서 코드를 입력하면 된다.

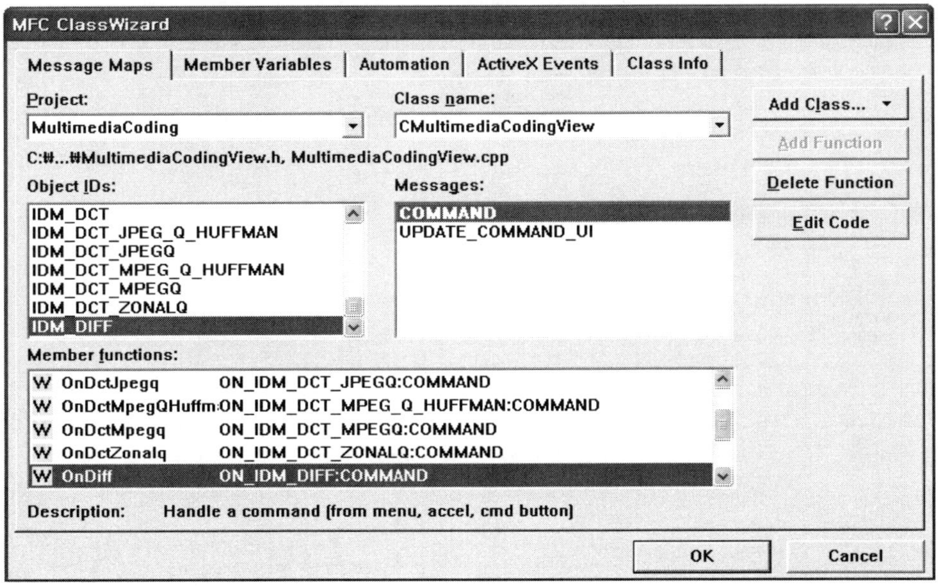

그림 6-4. Fuction를 추가된 상태

리스트 6-1

```
void CMultimediaCodingView::OnDiff()
{
  // TODO: Add your command handler code here
  //도큐멘터 클래스를 참조하기 위해
  CMultimediaCodingDoc* pDoc = GetDocument();
  ASSERT_VALID(pDoc);
  pDoc->m_NoInImg = 2;
  pDoc->m_NoOutImg = 1;
  pDoc->m_DIFF(288, 352);
  double mse=0;
  for(int i=0; i<288; i++)
```

```
  {
    for(int j=0; j<352; j++)
    {
      unsigned char OutVal = pDoc->m_OutImg[0][i][j];
      mse += (double)OutVal*OutVal;
    }
  }
  mse /= (288.*352.);
  CString str;
  str.Format("원신호와 이전신호간 차신호의 mse는 %f입니다.", mse);
  AfxMessageBox(str);
  Invalidate(FALSE);
}
```

6.2.3 멤버함수 추가

리스트 6-2

```
void CMultimediaCodingDoc::m_DIFF(int height, int width)
{
  for(int u=0 ; u<height ; u++)
  {
   for(int v=0 ; v<width ; v++)
   {
    int temp=m_InImg[1][u][v] - m_InImg[0][u][v];
    temp = abs(temp);
   temp = temp>255 ? 255: temp;
    m_OutImg[0][u][v] = (unsigned char)temp;
    }
  }
}
```

6.2.4 실행 결과

컴파일하고 실행하면 그림 6-5과 같이 동영상의 첫 번째 화면과 두 번째 화면의 차이 영상에 대한 결과가 나온다.

그림 6-5. 차영상 결과

6.3 차영상 부호화 구현하기

6.3.1 차영상 부호화 메뉴 만들기

먼저 메뉴 에디터 영역을 띄운다. 차영상 메뉴 밑에 있는 테두리로 둘러싸인 부분을 오른쪽 클릭하고 팝업 문맥 메뉴를 띄우고 Properties를 선택한다.

다음에 Menu Item Properties 다이얼로그 박스에 그림 6-6를 참조해서 설정하면 된다.

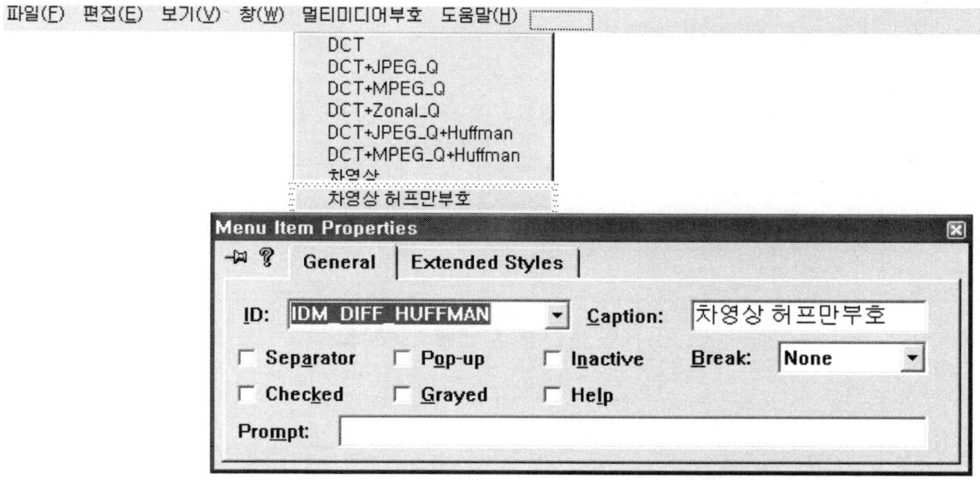

그림 6-6. Menu Item Properties 다이얼로그 박스

6.3.2 메뉴 연결함수 추가

Step 1. 차영상 허프만부호 메뉴에서 마우스 오른쪽 클릭하고 나서 팝업 문맥 메뉴를 띄우고 ClassWizard를 선택한다.

Step 2. 그림 6-7과 같이 MFC 클래스위저드를 열고 Object ID리스트에서 OnDiffHuffman를 선택하고, 메시지 리스트에서 COMMAND를 선택한다.

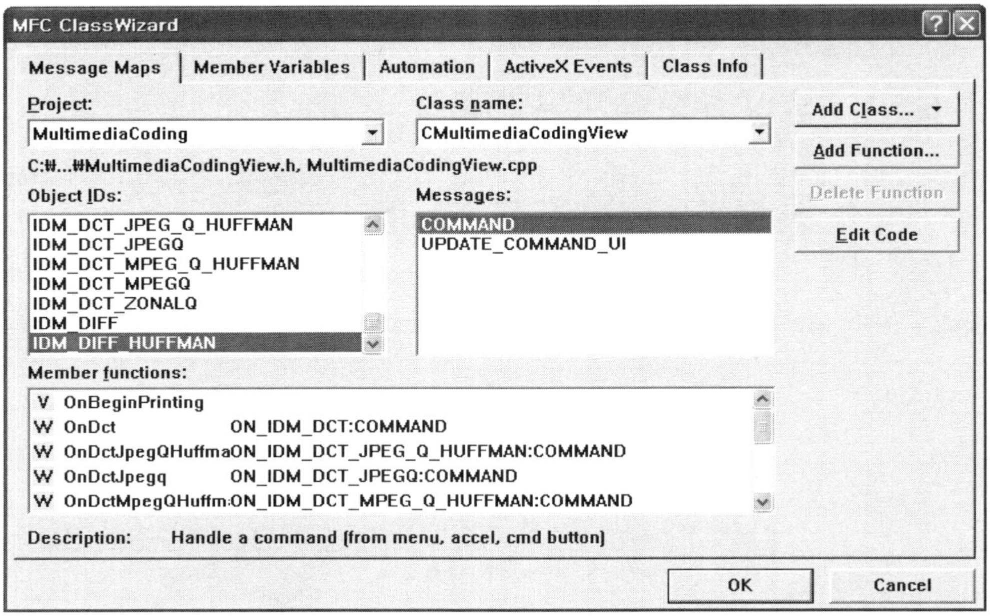

그림 6-7. MFC 클래스위저드

Step 3. COMMAND에서 마우스를 왼쪽 더블 클릭하면 그림 6-8과 같이 Add Member Function 다이얼로그 박스가 나온다. 다음, OK 버튼을 누른다.

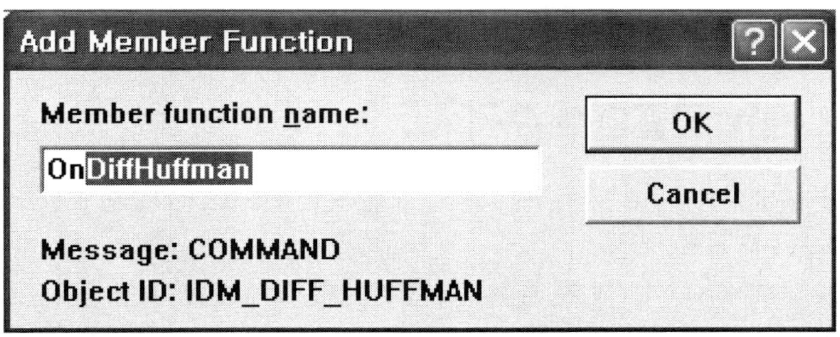

그림 6-8. Add Member Function 다이얼로그 박스

Step 4. 그림 6-9는 함수가 추가된 상태이다.

Member Function 리스트에서 OnDiffHuffman에서 마우스를 왼쪽 더블 클릭하면 해당 함수가 있는 소스 코드가 에디터 영역에서 열리면서 커서가 정확하게 위치한다. TODO 주석문 뒤에서 리스트 6-3에 따라서 코드를 입력하면 된다.

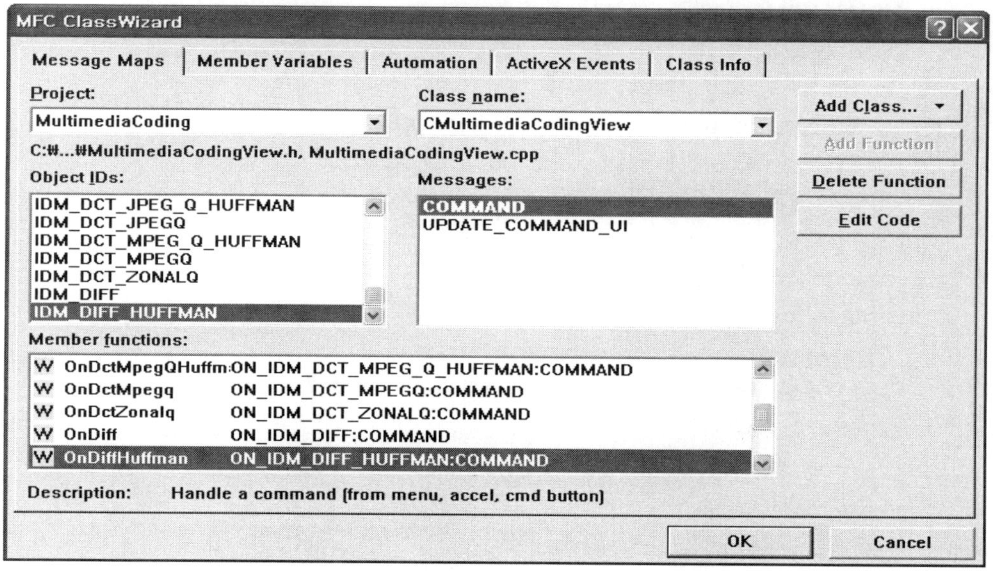

그림 6-9. 함수를 추가한 상태

리스트 6-3

```
void CMultimediaCodingView::OnDiffHuffman()
{
	// TODO: Add your command handler code here
	//도큐멘터 클래스를 참조하기 위해
	CMultimediaCodingDoc* pDoc = GetDocument();
	ASSERT_VALID(pDoc);
	pDoc->m_NoInImg = 2;
	pDoc->m_NoOutImg = 1;
	pDoc->m_Initiate();
```

```
        pDoc->m_codemode = 1; //화면간 부호화
        pDoc->m_DIFF_HUFFMAN(288, 352);
        double mse=0, psnr;
        for(int i=0; i<288; i++)
        {
         for(int j=0; j<352; j++)
         {
            unsigned char InVal = pDoc->m_InImg[1][i][j];
            unsigned char OutVal = pDoc->m_OutImg[0][i][j];
            mse += (double)(InVal-OutVal)*(InVal-OutVal);
          }
         }
         mse /= (288.*352.);
         psnr = 10*log10(255*255/mse);
         CString str;
         str.Format("원신호와 복원신호간 오차신호의 PSNR은 %f입니다.", psnr);
         AfxMessageBox(str);

         Invalidate(FALSE);
}
```

6.3.3 멤버함수 추가

Step 1. m_DCT_MPEG_Q_HUFFMAN 멤버함수 추가: DOC 클래스에 마우스 왼쪽을 클릭하여 그림 6-10과 같이 Add Member Function 다이얼로그 박스를 띄우고 멤버함수를 추가한다. TODO 주석문 뒤에서 리스트 6-4에 따라서 코드를 입력하면 된다.

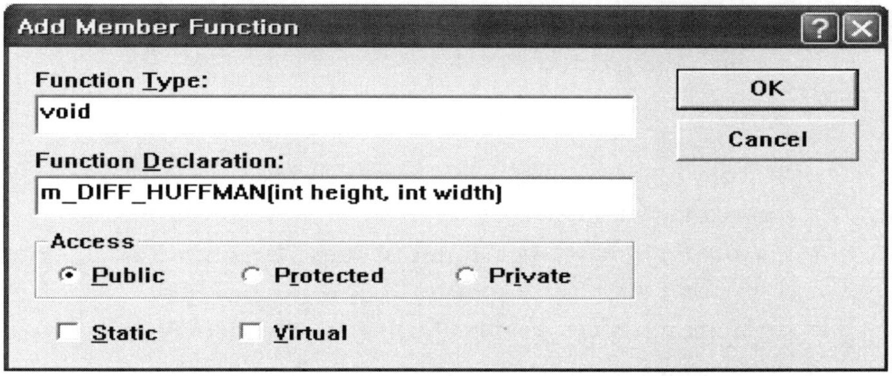

그림 6-10. Add Member Function 다이얼로그 박스

리스트 6-4

```
void CMultimediaCodingDoc::m_DIFF_HUFFMAN(int height, int width)
{
    int u, v, zigzagimg[64], qsize;
    if(m_QuantDlg.DoModal() == IDOK)
    {
        qsize = m_QuantDlg.m_Qsize;
    }
    if(qsize==0) {qsize=1;}
    m_DIFF(height, width);

   for(u=0 ; u<height ; u+=8)
    {
      for(v=0 ; v<width ; v+=8)
     {
            m_DCT64_DIFF(u, v);
            m_MPEG_Q(u, v, qsize);
            m_zigzag(u, v, zigzagimg);
            m_calrunvalue_mpeg(zigzagimg, v);
```

```
                m_MPEG_IQ(u, v, qsize);
                m_IDCT64(u, v);
            }
        }
        m_ADD(height, width);
        m_runvaluedlg.m_nobits = 0.;
        m_runvaluedlg.m_nobits += m_calbit_dc_mpeg();  //DC 비트
        m_runvaluedlg.m_nobits += m_calbit_ac_mpeg(); //AC 비트
        m_runvaluedlg.m_nobits /= (double)((height/8)*(width/8)*64);
        m_runvaluedlg.DoModal();
}
```

6.3.4 멤버변수 추가하고, 메뉴 연결함수 수정하기 (m_DiffImg)

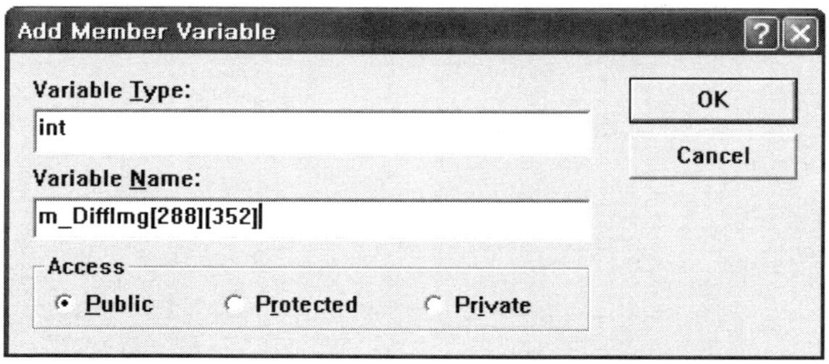

그림 6-11. Add Member Variable 다이얼로그 박스

리스트 6-5

```
void CMultimediaCodingDoc::m_DIFF(int height, int width)
{
        for(int u=0 ; u<height ; u++)
```

```
        {
                for(int v=0 ; v<width ; v++)
                {
                        int temp=m_InImg[1][u][v] - m_InImg[0][u][v];
                        m_DiffImg[u][v] = temp;
                        temp = abs(temp);
                        temp = temp>255 ? 255: temp;
                        m_OutImg[0][u][v] = (unsigned char)temp;
                }
        }
}
```

6.3.5 다양한 멤버함수 수정하기

m_DCT64_DIFF 함수를 추가한다.

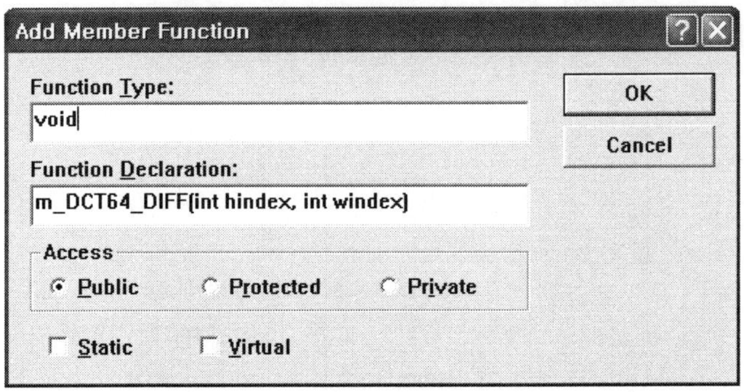

그림 6-12. Add Member Function 다이얼로그 박스

리스트 6-6

```
void CMultimediaCodingDoc::m_DCT64_DIFF(int hindex, int windex)
{
    double K1, K2;
    int height = 8;
    int width = 8;
    int u, v, n, m;
    for(u=0 ; u<height ; u++)
   {
     for(v=0 ; v<width ; v++)
    {
      double tempa = 0;
      for(n=0 ; n<height ; n++)
     {
     for(m=0 ; m<width ; m++)
       {
         tempa+= cos((2*n+1)*u*3.14159/(2*height))
           * cos((2*m+1)*v*3.14159/(2*width))* m_DiffImg[n+hindex][m+windex];
       }
      }
     if (u ==0 ) K1=1/sqrt(2.);
     else K1 = 1;
     if (v ==0 ) K2=1/sqrt(2.);
     else K2 = 1;
     tempa *= K1 * K2 * 4 / (height*width);
     m_DCTImg[u+hindex][v+windex] = tempa;
     }
  }
}
```

m_ADD 함수를 추가한다.

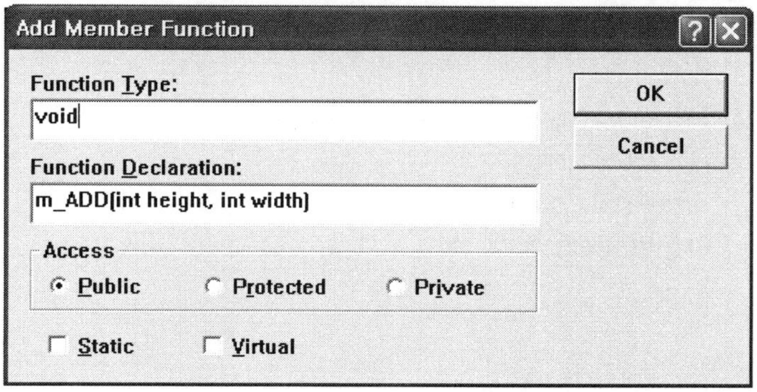

그림 6-13. Add Member Function 다이얼로그 박스

리스트 6-7

```
void CMultimediaCodingDoc::m_ADD(int height, int width)
{
    for(int u=0 ; u<height ; u++)
    {
       for(int v=0 ; v<width ; v++)
       {
           int temp=m_IDCTOut[u][v] + m_InImg[0][u][v];
           temp = temp>255 ? 255: (temp<0? 0:temp);
           m_OutImg[0][u][v] = (unsigned char)temp;
        }
    }
}
```

DOC클래스에 정수형의 m_IDCTOut[288][352] 변수를 추가하고, m_IDCT64 함수를 수정한다.

리스트 6-8

```
void CMultimediaCodingDoc::m_IDCT64(int hindex, int windex)
{
     ......................
     m_IDCTOut[n+hindex][m+windex] = (int)tempa;
     if ( tempa > 255 ) tempa = 255;
     else if (tempa < 0) tempa = 0;
     m_OutImg[0][n+hindex][m+windex] = (unsigned char) tempa;
        }
    }
}
```

또한, m_MPEG_Q 함수와 m_MPEG_IQ 함수를 수정해야 한다.

보통 첫 번째 화면에 대해서는 화면내 부호화 방법을 쓰고, 두 번째 화면부터는 첫 번째 화면과 두 번째 화면의 차영상에 대해서 부호화한다. 화면내 부 호화에 사용되는 양자화 방법과 화면간 부호화에 사용되는 양자화 방법이 서로 다르다. 즉 3.1.3절에서 살펴본 것은 MPEG의 화면내 부호화를 위한 양자화 가중행령이고, 화면간 부호화를 위해서는 다음의 양자화 가중행렬을 사용한다.

16	16	16	16	16	16	16	16
16	16	16	16	16	16	16	16
16	16	16	16	16	16	16	16
16	16	16	16	16	16	16	16
16	16	16	16	16	16	16	16
16	16	16	16	16	16	16	16
16	16	16	16	16	16	16	16
16	16	16	16	16	16	16	16

DOC 클래스에 있는 m_MPEG_Q() 함수와 m_MPEG_IQ()함수를 수정하고, 화면간 부호화 신호에 대한 양자화 가중행렬을 적용한다.

리스트 6-9

```
void CMultimediaCodingDoc::m_MPEG_Q(int hindex, int windex, int qsize)
{
    ..................
    for(n=0 ; n<height ; n++)
   {
    for(m=0 ; m<width ; m++)
    {
      if(m_codemode == 0) //화면내 부호화 블록
      {
       if(n==0 && m==0)
         tempdouble = m_DCTImg[n+hindex][m+windex] / 8.;
       else
          tempdouble = m_DCTImg[n+hindex][m+windex]*16
                                          / m_MpegQMask[n][m]*2.*qsize);
        }
      else //화면간 부호화 블럭
      {
          tempdouble = m_DCTImg[n+hindex][m+windex] / (2.*qsize);
      }
      if(tempdouble >=0) temp = (int)(tempdouble + 0.5);
      else temp = (int)(tempdouble - 0.5);
.....................
}
```

리스트 6-10

```
void CMultimediaCodingDoc::m_MPEG_IQ(int hindex, int windex, int qsize)
{
    ..............
    for(n=0 ; n<height ; n++)
    {
      for(m=0 ; m<width ; m++)
      {
        if(m_codemode == 0) //화면내 부호화 블록
        {
          if(n==0 && m==0)
             m_DCTImg[n+hindex][m+windex] *= 8.;
          else
             m_DCTImg[n+hindex][m+windex] = m_DCTImg[n+hindex][m+windex]*2.
                                       *qsize*((double)m_MpegQMask[n][m])/16.;
        }
       else //화면간 부호화 블록
       {
          m_DCTImg[n+hindex][m+windex] = m_DCTImg[n+hindex][m+windex]*2.*qsize;

       }
     }
   }
}
```

6.3.6 메뉴 연결함수 수정하기

리스트 6-11

```
void CMultimediaCodingView::OnDctMpegq()
{....................
        pDoc->m_NoInImg = 1;
        pDoc->m_NoOutImg = 1;

        pDoc->m_codemode = 1;  //화면간 부호화 블록을 위하여 추가
        pDoc->m_DCT_MPEG_Q(288, 352);
        double mse=0, psnr;
......................
}
```

6.3.7 실행 결과

컴파일하고 실행하면 그림 6-14과 같이 동영상의 첫 번째 화면과 두 번째화면에 대한 차이 영상결과가 나온다.

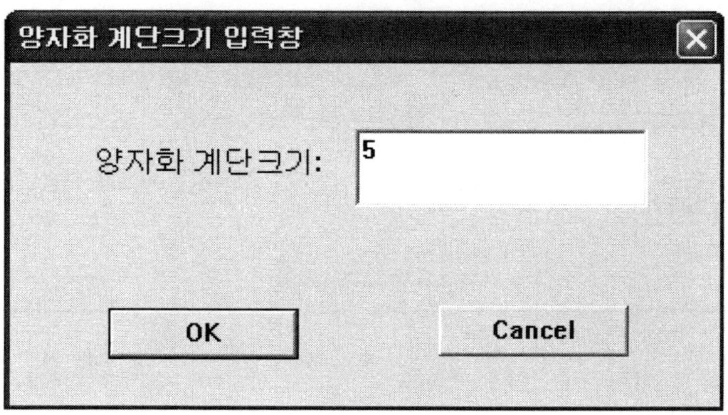

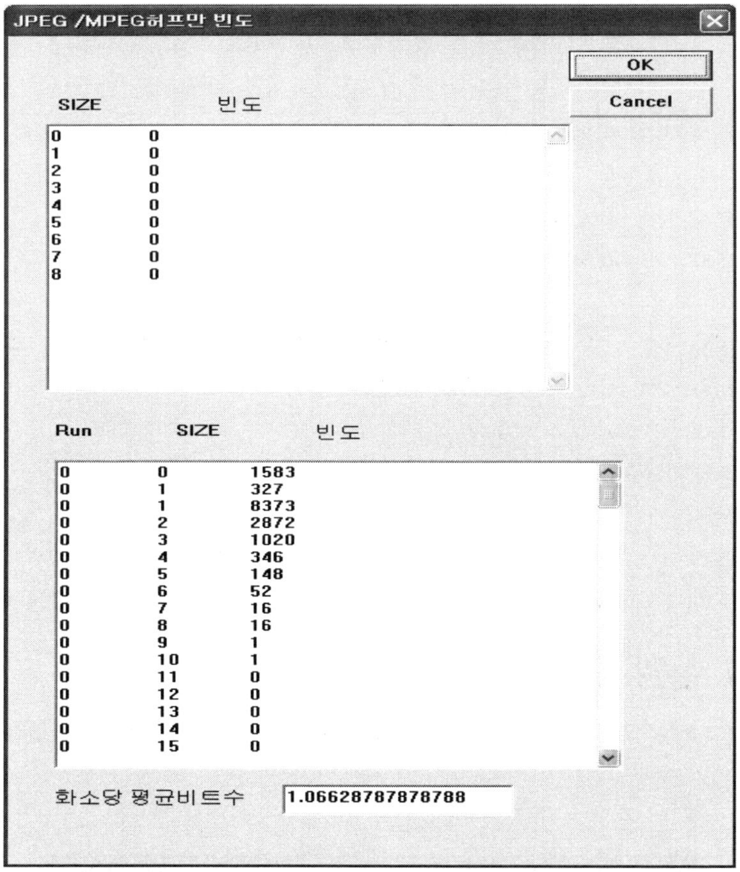
JPEG /MPEG허프만 빈도
OK
Cancel
SIZE 빈도
0 0
1 0
2 0
3 0
4 0
5 0
6 0
7 0
8 0
Run SIZE 빈도
0 0 1583
0 1 327
0 1 8373
0 2 2872
0 3 1020
0 4 346
0 5 148
0 6 52
0 7 16
0 8 16
0 9 1
0 10 1
0 11 0
0 12 0
0 13 0
0 14 0
0 15 0
화소당 평균비트수 1.06628787878788

MultimediaCoding
원신호와 복원신호간 오차신호의 PSNR은 30.324244입니다.
확인

그림 6-14. 차영상 부호화결과

움직임추정 차영상

Chapter 7

이 장에서는 움직임 추정 차영상을 구하는 방법과 움직임 추정 차영상을 부호화하는 방법에 대해 살펴보고, 프로그램으로 구현한다.

7.1 움직임추정

움직임 추정은 현재화면내의 블록(공간방향으로 이웃한 화소들의 묶음)과 시간방향으로 이웃한 화면내에서 가장 가까운 블록을 찾는 것을 의미한다. 보통 블록크기가 작을 수록 추정의 정확도가 커지지만 추정에 필요되는 복잡도가 증가되는 단점이 있다. MPEG-1,2에서는 명도신호에 대하여 수평방향으로 16화소, 수직방향으로 16화소로 블록이 구성되어 있으며, H.264에서는 16x16, 8x8, 4x4 등의 블록크기를 가변적으로 선택할 수 있도록 하고 있다.

움직임 추정에는 이웃한 화면내에서 가까운 블록을 찾기 위해서 탐색영역이 설정되어야 하며, 탐색영역이 커질 수록 추정의 복잡도가 비례하여 증가한다.

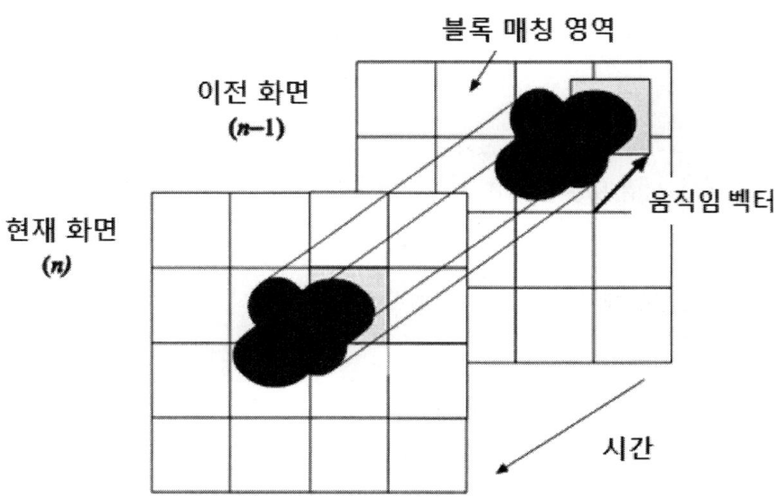

그림 7-1. 움직임추정

그림 7-2와 같이 수평방향으로 +n1에서 -n1까지, 수직방향으로 +m2에서 -m2까지 움직임의 정확도를 부여할 경우에 움직임 추정에 필요되는 복잡도는 (2n1 + 1)(2m2 + 1)이 된다.

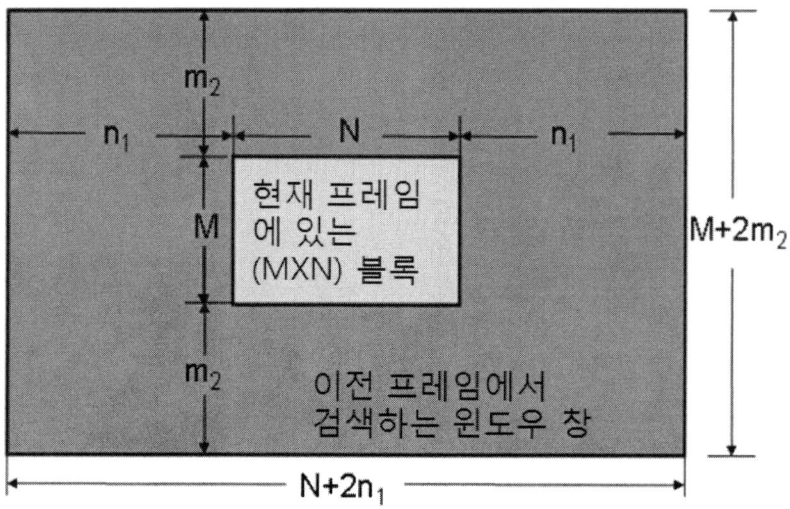

그림 7-2. 탐색영역

움직임 추정시의 평가척도로는 크게 MSE(mean square error)와 MAE(mean absolute error)가 사용된다. 정확도는 MSE가 우수하나, 복잡도가 크기 때문에 MAE가 많이 사용되고 있다.

평균제곱오차(MSE) 계산식은 다음과 같다.

$$D(i,j) = \frac{1}{MN}\sum_{m=1}^{M}\sum_{n=1}^{N}(X_{m,n} - X^{R}_{m+i,\ n+j})^2$$

$$|i| \le m_2, \qquad |j| \le n_1$$

오차들의 절대값의 평균(MAE) 계산식은 다음과 같다.

$$D(i,j) = \frac{1}{MN}\sum_{m=1}^{M}\sum_{n=1}^{N}|X_{m,n} - X^{R}_{m+i,\ n+j}|$$

움직임 추정의 간단한 예로서 4X4 블록을 탐색함으로써, 2X2블록의 움직임 벡터를 얻는 경우에 대한 예는 그림 7-3과 같다.

$$\begin{bmatrix} 7&3&4&9 \\ 5&8&6&4 \\ 8&5&8&6 \\ 6&9&5&2 \end{bmatrix} \qquad \begin{bmatrix} 5&4&7&5 \\ 7&9&5&9 \\ 3&3&8&6 \\ 8&6&7&3 \end{bmatrix} \qquad \begin{bmatrix} 8&12&3 \\ 11&4&11 \\ 13&9&7 \end{bmatrix}$$

MV = (+1,-1)

(a) 현재 블록 (b) 이전 블록 (C) SAD 결과

그림 7-3. 움직임 벡터 계산 방법(SAD:sum absolute error)

MPEG 움직임 추정에서 화면간 부호화 화면 P-화면(Inter predictive coded picture)의 각 블록은 이전에 부호화된 P-화면 혹은 화면간 부호화 화면 I- 화면(Intra coded picture)으로부터 가장 잘 매칭되는 블록이 할당된다. MPEG 부호화방식에서 순방향추정, 역방향추정과 양방향추정을 쓰고 있다.

그림 7-4. 순방향 움직임추정 화면 구조

I-화면 : 정지 영상을 압축하는 것과 동일한 방법을 사용하는 것으로 연속되는 화면의 기준을 이루는 화면이다.

P-화면 : 이전에 재생된 영상을 기준으로 삼아 기준화면(I-화면)과의 차이점만을 보충하여 재생하는 화면이며, 그다음에 재생될 P-화면의 기준이 되기도 한다.

이장에서는 P-화면에 사용되는 순방향 움직임추정 부분을 구현한다.

7.2 움직임추정 차영상 구하기-전역탐색

전역탐색에서 가장 조화된 매크로블록을 찾기 위해서는 전체 블록을 비교 한다. 전역탐색은 [-15~+15]까지의 탐색영역에 대하여 모든 블록매칭을 수행하여 움직임을 추정하는 방법이다. 전역탐색 방법을 사용할 때 많은 연산과 메모리 소모가 필요하는 단점이 있다.

7.2.1 움직임 추정차 구하기 메뉴 만들기

하위메뉴로 움직임추정 차 구하기를 만들고, Pop-Up을 체크하고, 세부메뉴로 전역탐색을 만들고, ID로 IDM_ME_IMG를 입력한다.

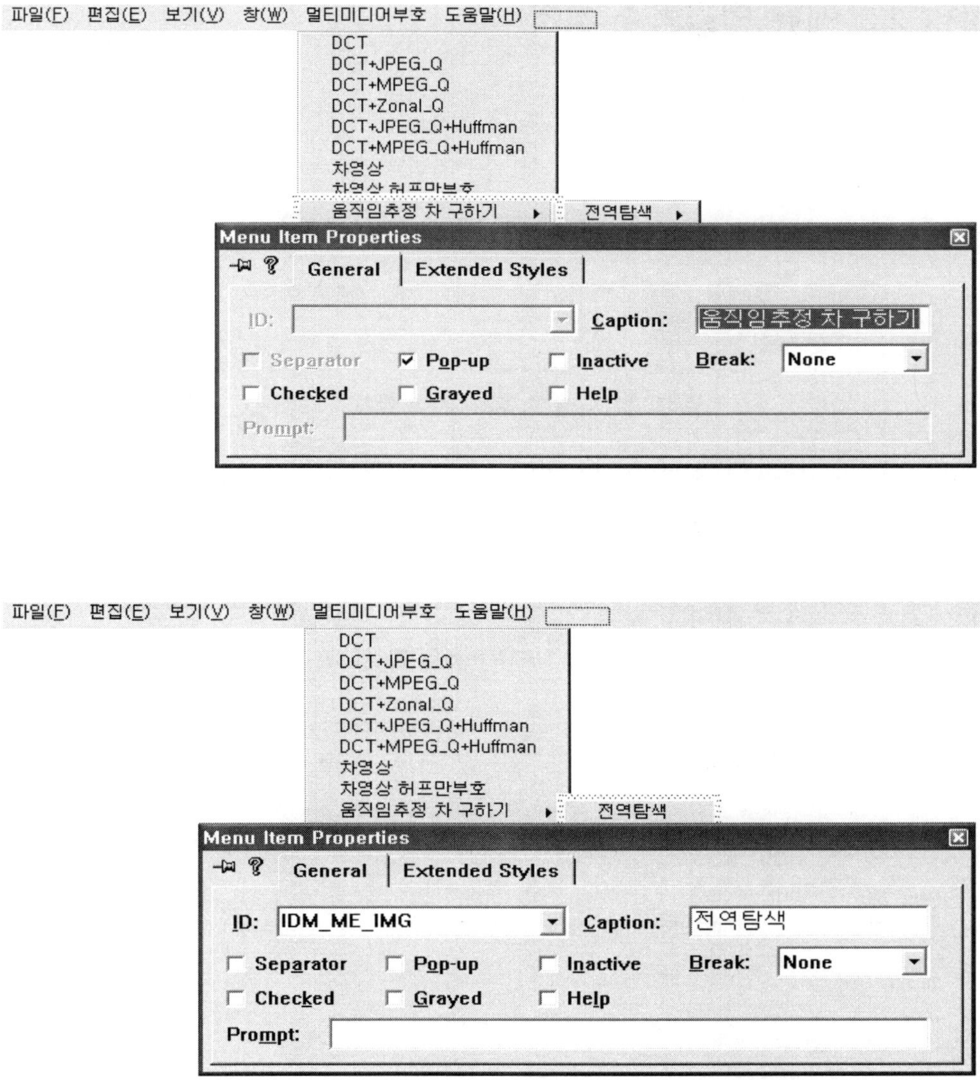
파일(F) 편집(E) 보기(V) 창(W) 멀티미디어부호 도움말(H)
DCT
DCT+JPEG_Q
DCT+MPEG_Q
DCT+Zonal_Q
DCT+JPEG_Q+Huffman
DCT+MPEG_Q+Huffman
차영상
차영상 허프만부호
움직임추정 차 구하기
전역탐색
Menu Item Properties
General
Extended Styles
ID:
Caption:
움직임추정 차 구하기
Separator
Pop-up
Inactive
Break:
None
Checked
Grayed
Help
Prompt:
파일(F) 편집(E) 보기(V) 창(W) 멀티미디어부호 도움말(H)
DCT
DCT+JPEG_Q
DCT+MPEG_Q
DCT+Zonal_Q
DCT+JPEG_Q+Huffman
DCT+MPEG_Q+Huffman
차영상
차영상 허프만부호
움직임추정 차 구하기
전역탐색
Menu Item Properties
General
Extended Styles
ID:
IDM_ME_IMG
Caption:
전역탐색
Separator
Pop-up
Inactive
Break:
None
Checked
Grayed
Help
Prompt:

그림 7-5. 메뉴 만들기

7.2.2 메뉴 연결함수 추가

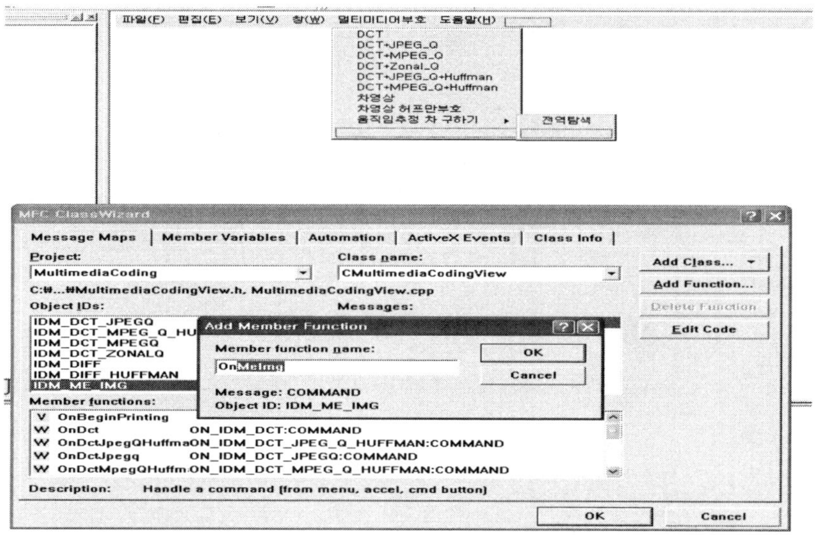

그림 7-6. OnMeImg를 연결하기

리스트 7-1

```
void CMultimediaCodingView::OnMeImg()
{
    // TODO: Add your command handler code here
    //도큐멘터 클래스를 참조하기 위해
    CMultimediaCodingDoc* pDoc = GetDocument();
    ASSERT_VALID(pDoc);

    pDoc->m_NoInImg = 2;
    pDoc->m_NoOutImg = 1;
    pDoc->m_motionestimation(288, 352);
```

```
    double mse=0;

    for(int i=0; i<288; i++)
    {
     for(int j=0; j<352; j++)
     {
          unsigned char OutVal = pDoc->m_OutImg[0][i][j];
          mse += (double)(OutVal)*(OutVal);
      }
    }


    mse /= (288.*352.);
    CString str;
    str.Format("원신호와 이전신호간 움직임 추정 차신호의 mse는 %f입니다.",mse);
    AfxMessageBox(str);
    Invalidate(FALSE);
}
```

7.2.3 멤버함수 추가

m_motionestimation 멤버함수 추가: 그림 7-7과 같은 Add Member Function 다이얼로그 박스가 나온다. 이 다이얼로그 박스에서 멤버함수를 추가하게 된다. TODO 주석문 뒤에서 리스트 7-2에 따라서 코드를 입력하면 된다.

이 함수는 주로 예측방향을 결정하는 함수이다. 이장에서는 순방향으로만 탐색하는데 나중에 역방향과 양방향을 모두 고려하여 탐색할 때는 순방향, 역방향, 양방향 중에서 가장 비용이 작은 것을 선택하여 예측방향으로 결정한다.

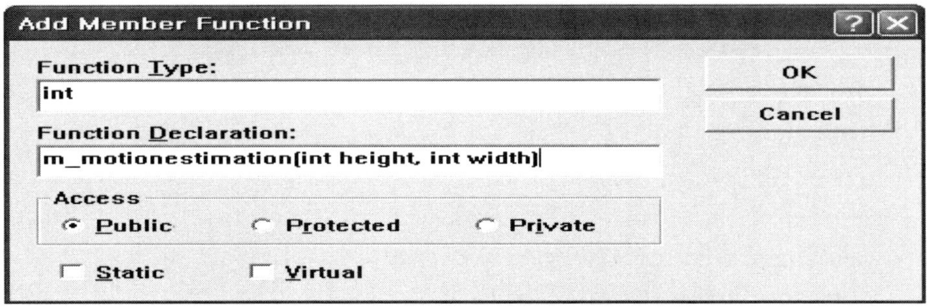

그림 7-7. Add Member Function 다이얼로그 박스

리스트 7-2

```
int CMultimediaCodingDoc::m_motionestimation(int height, int width)
{
    int size;
    int fmae, fmaemin, fmvk, fmvl, k, l;
    int i, j, searchsize;
    float tmae=0;
    int complexity=0;

    if(m_medlg.DoModal()==IDOK)
    {
      size = m_medlg.m_mesize;
      searchsize = m_medlg.m_searchrange;
    }
    for(i=0; i<height; i+=size)
      for(j=0; j<width; j+=size)
     {
        fmaemin = 1000000;
    for(k=-searchsize; k<=searchsize; k++)
    {
       for(l=-searchsize; l<=searchsize; l++)
        {
            if ((i+k >= 0) && (i+k <= height-size)
```

```
                                && (j+l >= 0) && (j+l <= width-size))
           {
               fmae = FSAE(i, j, i+k, j+l, size, fmaemin);
               complexity++;
               if(fmae < fmaemin)
               {
                  fmaemin=fmae;
                  fmvk = k;
                  fmvl = l;
               }
             }
           }
       }
       fmv[j/size+(i/size)*(width/size)].x=fmvl;
       fmv[j/size+(i/size)*(width/size)].y=fmvk;
       for( k=0; k<size; k++)
         for(l=0; l<size; l++)
         {
           int temp = m_InImg[1][i+k][j+l]
                      - m_InImg[0][i+fmvk+k][j+fmvl+l];
           m_DiffImg[i+k][j+l] = temp;
           temp = temp <0 ? -temp : temp;
           tmae += temp;
           temp = temp>255 ? 255 : (temp<0? 0: temp);
           m_OutImg[0][i+k][j+l] = (unsigned char)temp;
   }
     }
     tmae /= (height * width);
     CString str;
     str.Format("탐색수는 %d이고, MAE는 %f입니다.",complexity, tmae);
     AfxMessageBox(str);
     return size;
}
```

7.2.4 움직임 추정을 위한 다이얼로그 만들기

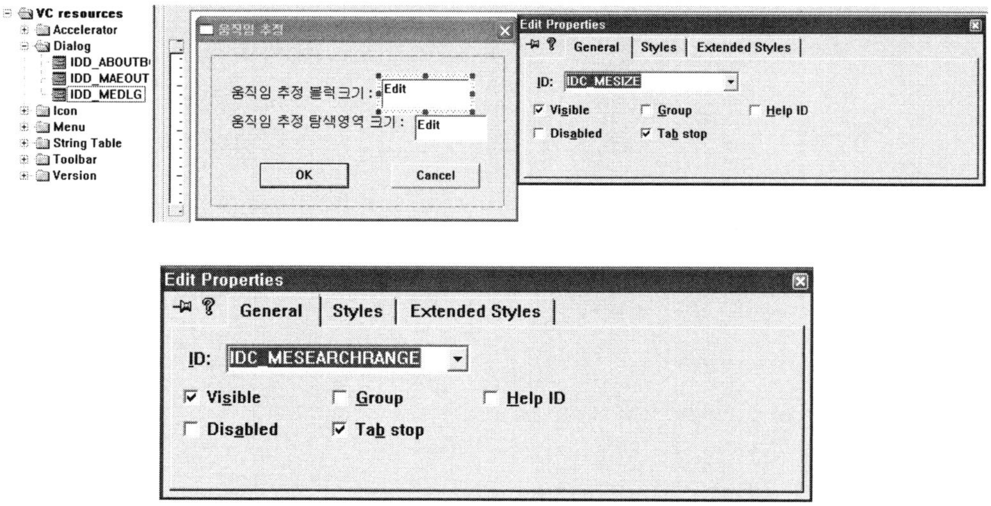

그림 7-8. 추가된 다이얼로그

Step 1. 움직임 추정 블록크기에 대한 에디트박스 ID : IDC_MESIZE
Step 2. 움직임 추정 탐색영역 크기에 대한 에디트박스
ID : IDC_MESEARCHRANGE 이다.
Step 3. 클래스위저드를 열어, 새로 추가된 리소스에 대한 클래스를 만든다.
클래스 이름 : CMedlg이다. 그리고, 변수를 물려둔다.

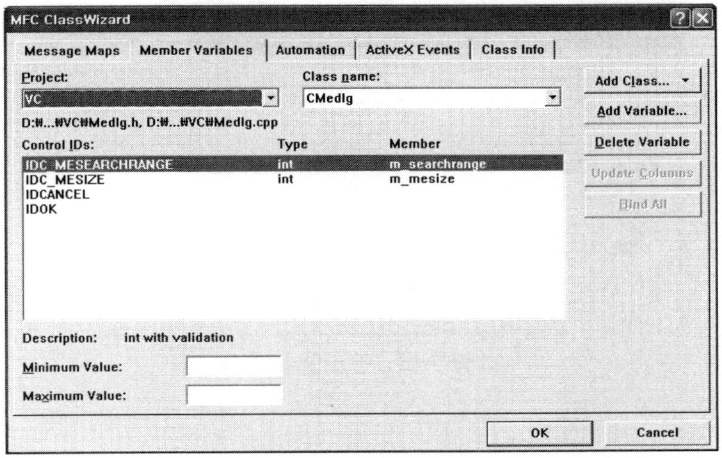

그림 7-9. 변수를 물려두기

Step 4. Doc 클래스에 CMedlg 클래스 타입의 멤버변수 m_medlg 를 추가한다.

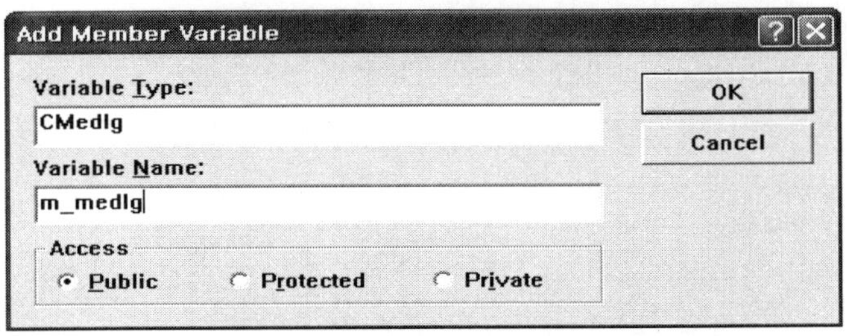

그림 7-10. 다이얼로그 변수를 추가

7.2.5 움직임벡터를 저장하기 위한 멤버변수 추가

움직임벡터를 저장하기 위해서 CPoint 타입의 멤버변수 fmv를 추가한다.

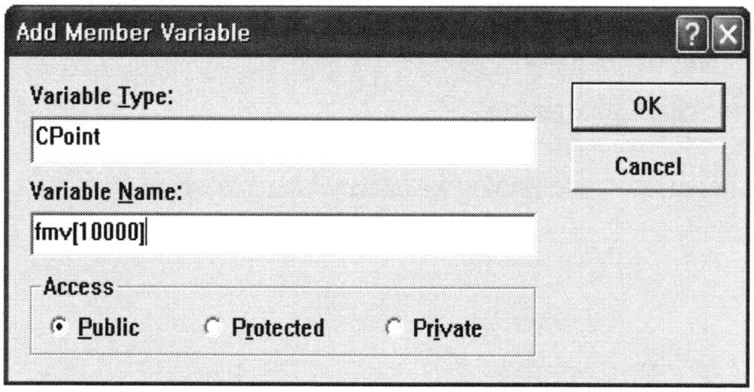

그림 7-11. 멤버변수 추가

7.2.6 움직임 비교 척도 함수 추가

Doc 클래스에 FSAE함수를 추가하여 코드를 입력한다.

리스트 7-3

```
int CMultimediaCodingDoc::FSAE(int PositionCi, int PositionCj, int PositionPi,
                                        int PositionPj, int size, int maemin)
{
    int temp, sum=0;
    for(int i=0; i<size; i++)
       for(int j=0; j<size; j++)
      {
        temp = m_InImg[1][PositionCi+i][PositionCj+j]
                                   - m_InImg[0][PositionPi+i][PositionPj+j];
         if(temp<0) sum -= temp;
         else sum += temp;
         if(sum >= maemin) break;
      }
         return sum;
}
```

7.2.7 실행 결과

움직임 추정 블록크기가 16, 8일 때, 원신호와 움직임 추정 차신호에 대한 절대차(mae)와 제곱차(mse)에 대한 결과를 그림 7-12에 나타낸다. 움직임 추정 블록크기가 작을수록 탐색수가 늘어나지만, 움직임 추정 차신호는 크게 줄어듦을 알 수 있다.

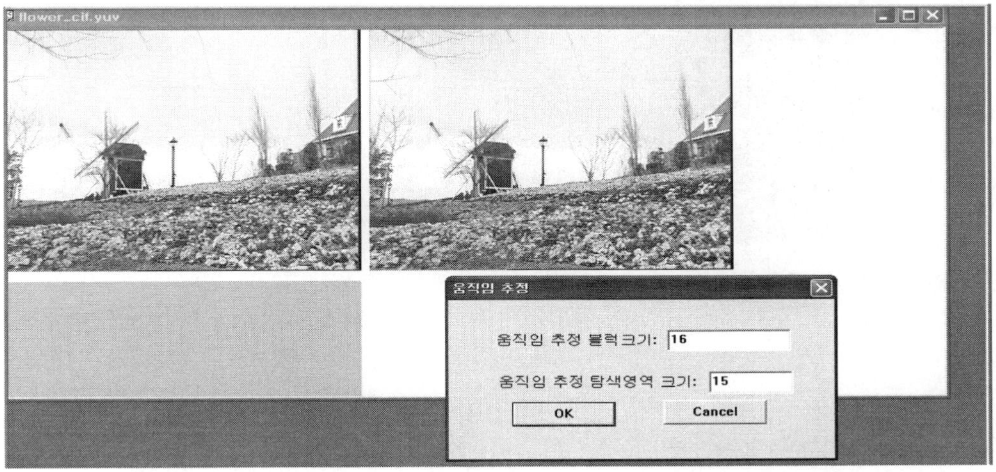

움직임 추정
움직임 추정 블럭크기: 8
움직임 추정 탐색영역 크기: 15
OK
Cancel

MultimediaCoding
탐색수는 14150400이고, MAE는 4.261561입니다.
확인

MultimediaCoding
원신호와 이전신호간 움직임 추정 차신호의 mse는 82.531625입니다.
확인

그림 7-12. 실행결과

7.3 움직임벡터 표시하기

출력되는 화면위에 움직임 벡터를 표시하기 위하여 관련 함수를 수정한다.

7.3.1 OnDraw 함수 수정하기

움직임벡터가 영상내의 어디서 발생하는지 알기 위해서 출력화면에서 표시 한다. 움직임 벡터를 통해서 관심영역을 찾을 수도 있을 것이다. View클래스에 있는 OnDraw함수를 수정한다.

리스트 7-4

```
void CMultimediaCodingView::OnDraw(CDC* pDC)
{
      .....
  CPen lpen(PS_SOLID, 1, RGB(255, 0, 0));
  dc.SelectObject(&lpen);
  int localmesize = pDoc->m_medlg.m_mesize;
  if(localmesize == 0) localmesize = 16;
  for(i=0; i<288; i+=localmesize)
  {
    for(j=0; j<352; j+=localmesize)
    {
      dc.MoveTo(j+localmesize/2, i+localmesize/2);
      dc.LineTo(j+localmesize/2+pDoc->fmv[(j+352*i/localmesize)
      /localmesize].x,i+localmesize/2+pDoc->
      fmv[(j+352*i/localmesize)/localmesize].y);
    }
  }
}
```

7.3.2 실행결과

그림 7-13. 움직임벡터 표시하기 실행결과

7.4 움직임추정 차영상 구하기-3단계 탐색

전역탐색보다 계산 량을 줄이기 위하여 3단계탐색 방법을 고려할 수 있다. 3단계탐색 중에서 첫 번째 단계는 9개의 점을 탐색하여 비용함수가 작은 point를 선택한다. 두 번째 단계는 탐색거리를 반으로 줄여서 탐색한다. 새 번째 단계는 비용함수가 가장 작은 point가 움직임 벡터가 된다.

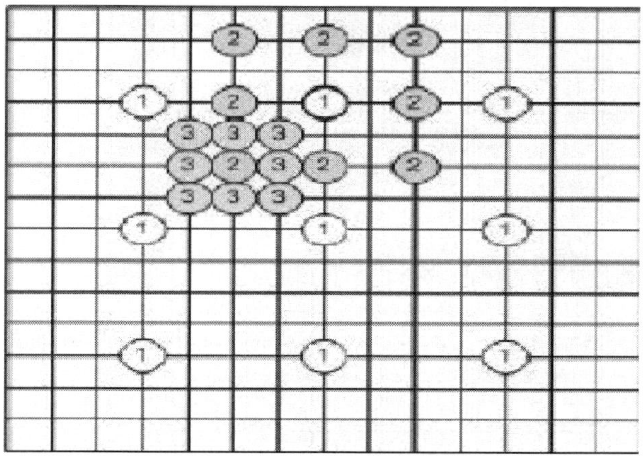

그림 7-14. 3단계 탐색방법

7.4.1 3단계탐색 메뉴 만들기

하위메뉴로 움직임추정 차 구하기의 세부메뉴로 3단계탐색을 만들고, ID로 IDM_ME_3STEP을 입력한다.

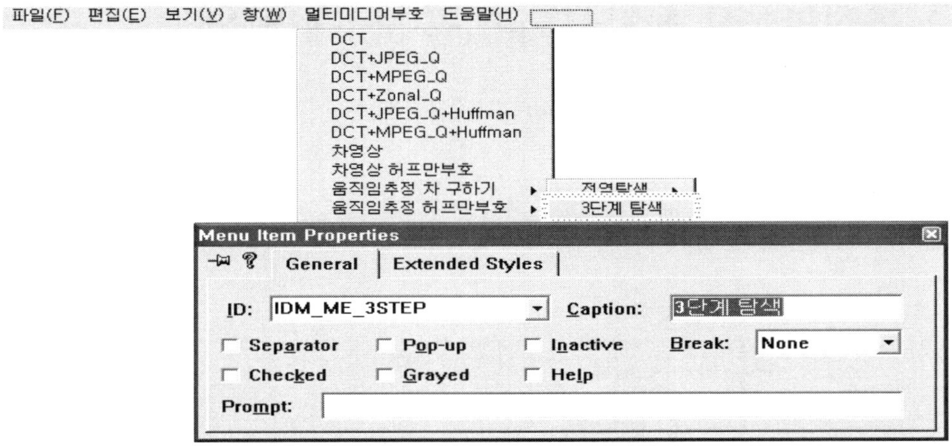

그림 7-15. 3단계 탐색메뉴를 만들기

7.4.2 메뉴 연결함수 추가

Step 1. 3단계탐색메뉴에서 마우스 오른쪽 클릭하고 나서 팝업 문맥 메뉴에서 ClassWizard를 선택한다.

Step 2. 그림 7-16과 같이 MFC 클래스위저드가 열리면 Object ID리스트에서 IDM_ME_3STEP가 선택된 상태에서, 메시지 리스트에서 COMMAND를 선택한다.

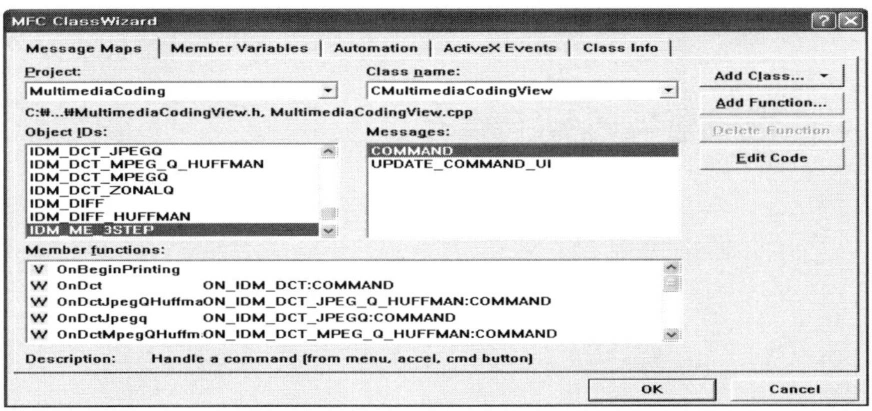

그림 7-16. MFC 클래스위저드

Step 3. COMMAND에서 마우스를 왼쪽 더블 클릭하고 그림 7-17과 같이 Add Member Function 다이얼로그 박스가 나온다. 다음, OK 버튼을 누른다.

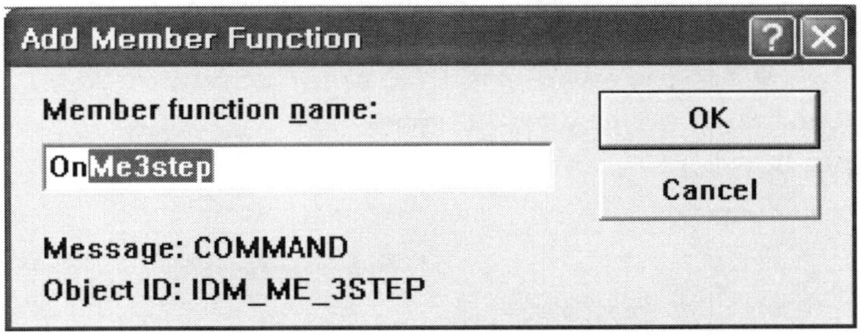

그림 7-17. Add Member Function 다이얼로그 박스

Step 4. 그림 7-18은 함수를 추가한 상태이다.

Member Function 리스트에서 OnMe3step에서 마우스를 왼쪽 더블 클릭하고 해당 함수가 있는 소스 코드가 에디터 영역에서 열리면서 커서가 정확하게 위치한다.

TODO 주석문 뒤에서 리스트 7-5에 따라서 코드를 입력하면 된다.

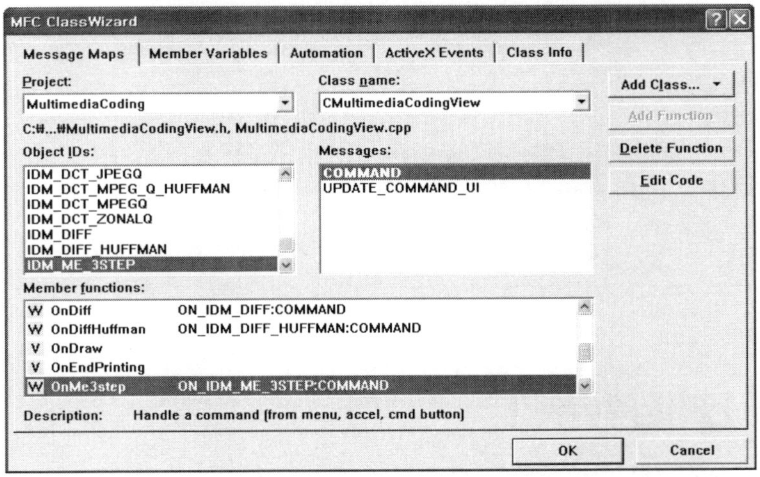

그림 7-18. 함수를 추가한 상태

리스트 7-5

```
void CMultimediaCodingView::OnMe3step()
{
    // TODO: Add your command handler code here
    //도큐멘터 클래스를 참조하기 위해
    CMultimediaCodingDoc* pDoc = GetDocument();
    ASSERT_VALID(pDoc);
    pDoc->m_NoInImg = 2;
    pDoc->m_NoOutImg = 1;
    pDoc->m_ImgME_3step(288, 352);
     double mse=0;
     for(int i=0; i<288; i++)
     {
      for(int j=0; j<352; j++)
      {
       unsigned char OutVal = pDoc->m_OutImg[0][i][j];
       mse += (double)OutVal*OutVal;
       }
      }
      mse /= (288.*352.);
      CString str;
      str.Format("원신호와 이전신호간 차신호의 mse는 %f입니다.", mse);
      AfxMessageBox(str);
      Invalidate(FALSE);
  }
```

7.4.3 멤버함수 추가

m_ImgME_3step 멤버함수 추가: 그림 7-19과 같은 Add Member Function 다이얼로그 박스가 나온다. 이 다이얼로그 박스에서 멤버함수를 추가한다. TODO 주석문 뒤에서 리스트 7-6에 따라서 코드를 입력하면 된다.

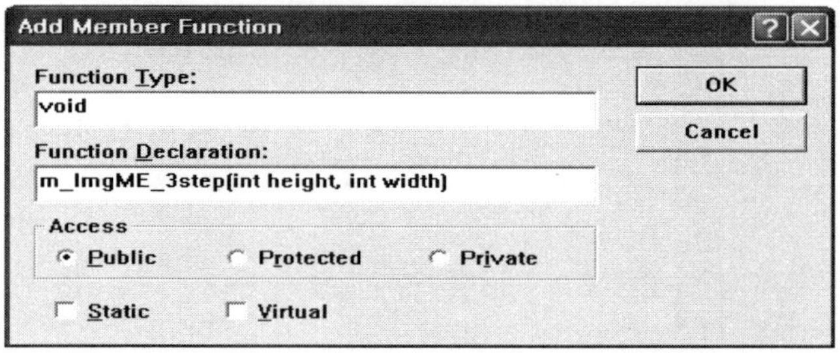

그림 7-19. Add Member Function 다이얼로그 박스

리스트 7-6

```
void CMultimediaCodingDoc::m_ImgME_3step(int height, int width)
{
    int size;
    int fmae, fmaemin, fmvk, fmvl, k, l, m, ktemp, ltemp;
    int i, j, searchsize, localsearch;
    float tmae=0;
    int complexity=0;
    if(m_medlg.DoModal()==IDOK)
    {
       size = m_medlg.m_mesize;
       searchsize = m_medlg.m_searchrange;
    }
    for(i=0; i<height; i+=size)
     for(j=0; j<width; j+=size)
       {
         fmaemin = 1000000;
         ktemp = 0;
         ltemp = 0;
         localsearch = searchsize;
         do{
          localsearch = (int)((localsearch + 1)/2.);
          for(k=-localsearch; k<=localsearch; k+=localsearch)
          {
```

```
        for(l=-localsearch; l<=localsearch; l+=localsearch)
        {
          if ((i+k+ktemp >= 0) && (i+k+ktemp <= height-size)
              && (j+l+ltemp >= 0) && (j+l+ltemp <= width-size))
        {
          fmae = FSAE(i, j, i+k+ktemp, j+l+ltemp, size, fmaemin);
          complexity++;
          if(fmae < fmaemin)
          {
            fmaemin=fmae;
            fmvk = k;
            fmvl = l;
          }
        }
      }
    }
    ktemp += fmvk;
    ltemp += fmvl;
   }while(localsearch>1);
   fmv[j/size+(i/size)*(width/size)].x=ltemp;
   fmv[j/size+(i/size)*(width/size)].y=ktemp;
   for( k=0; k<size; k++)
   for(l=0; l<size; l++)
    {
      int temp = m_InImg[1][i+k][j+l]
                 - m_InImg[0][i+ktemp+k][j+ltemp+l];
      m_DiffImg[i+k][j+l] = temp;
      temp = temp <0 ? -temp : temp;
      tmae += temp;
      temp = temp>255 ? 255 : (temp<0? 0: temp);
      m_OutImg[0][i+k][j+l] = (unsigned char)temp;
    }
 }
```

```
    tmae /= (height * width);
    CString str;
    str.Format("탐색수는 %d이고, MAE는 %f입니다.",complexity, tmae);
    AfxMessageBox(str);
}
```

7.4.4 실행결과

3단계 움직임 탐색방식을 적용한 결과를 그림 7-20에 나타내며, 움직임 추정 블록크기는 16이고, 움직임 추정 탐색영역 크기는 7로 설정한 것이다. 전역탐색 결과인 그림 7-12와 비교하면, 3단계 움직임 탐색방식은 차신호에 대한 mae 및 mse값이 더 커지지만, 움직임추정 탐색수는 크게 줄이고 있음을 알 수 있다.

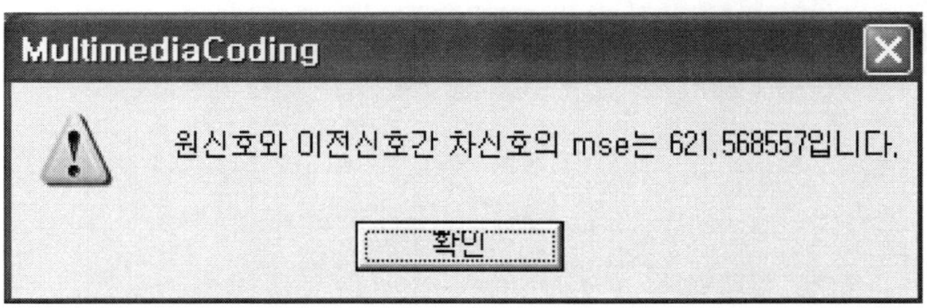

그림 7-20. 실행결과

움직임추정 차영상 부호화

Chapter 8

이 장에서는 움직임추정 차영상 부호화에 대해 구현한다. 또한, 화면간 및 화면내 모드 결정 방법을 설명하고 구현한다. 7장에서 움직임추정 차영상을 구하는 방법을 설명하였고, 차영상을 부호화하기 위하여 이산연현변환, 양자화, 가변길이 부호화 과정을 수행하는데, 부호화 모드에 따라 양자화 가중행렬이 서로 다른점을 주목해야 한다.

8.1 움직임추정 차영상 부호화 구현하기

8.1.1 움직임추정 허프만부호 메뉴 만들기

Resource View를 클릭한 후, 새로운 메뉴를 삽입한다.
하위메뉴로 , ID에 IDM_ME_HUFFMAN을 입력한다.

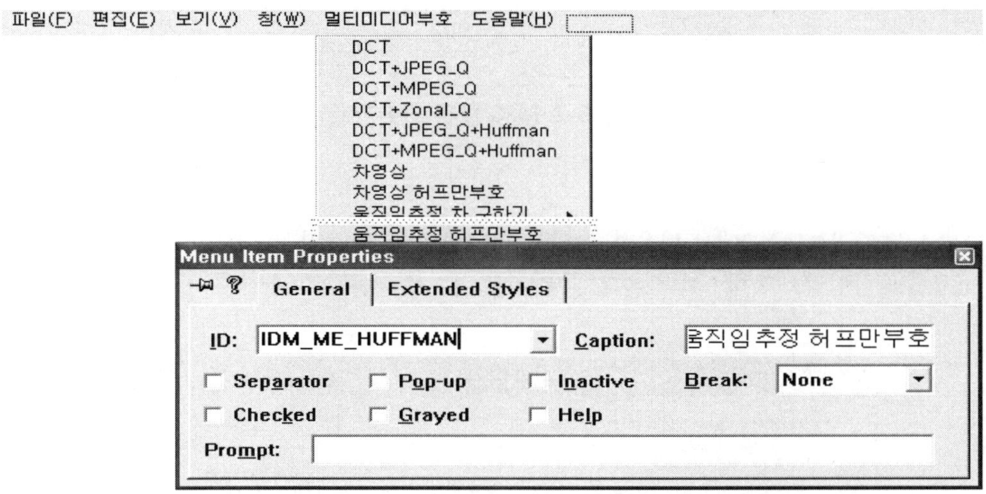

그림 8-1. 움직임추정 허프만부호메뉴를 만들기

8.1.2 메뉴 연결함수 추가

Step 1. 움직임추정 허프만부호메뉴에서 마우스 오른쪽 클릭하고 나서 팝업 문맥 메뉴에서 ClassWizard를 선택한다.

Step 2. 그림 8-2과 같이 MFC 클래스위저드가 열리면 Object ID리스트에서 IDM_ME_HUFFMAN가 선택된 상태에서, 메시지 리스트에서 COMMAND를 선택한다.

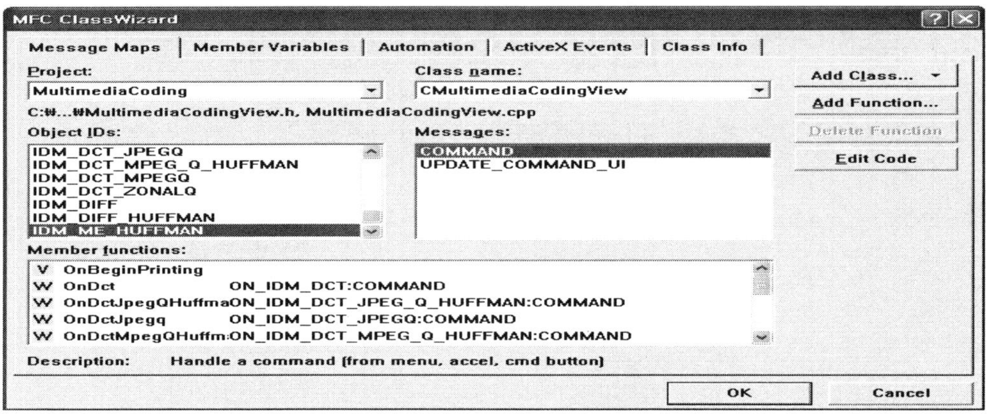

그림 8-2. MFC 클래스위저드

Step 3. COMMAND에서 마우스를 왼쪽 더블 클릭하면 그림 8-3와 같이 Add Member Function 다이얼로그 박스가 나온다. 다음, OK 버튼을 누른다.

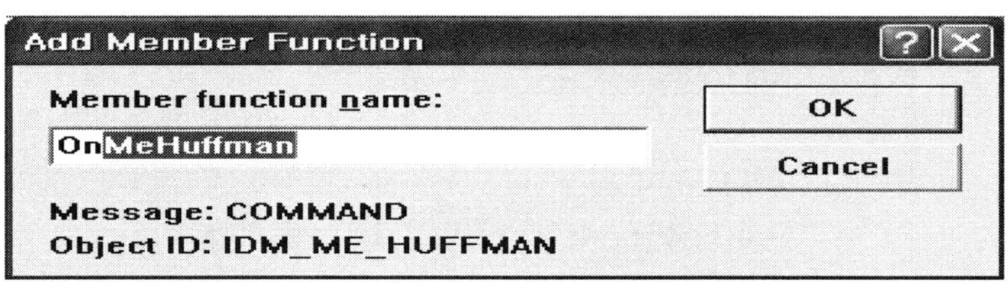

그림 8-3. Add Member Function 다이얼로그 박스

Step 4 그림 8-4 Fuction이 추가된 상태이다.

Member Function 리스트에서 OnMeHuffman에서 마우스를 왼쪽 더블 클릭하면 해당 함수가 있는 소스 코드가 에디터 영역에서 열리면서 커서가 정확하게 위치한다. TODO 주석문 뒤에서 리스트 8-1에 따라서 코드를 입력하면 된다.

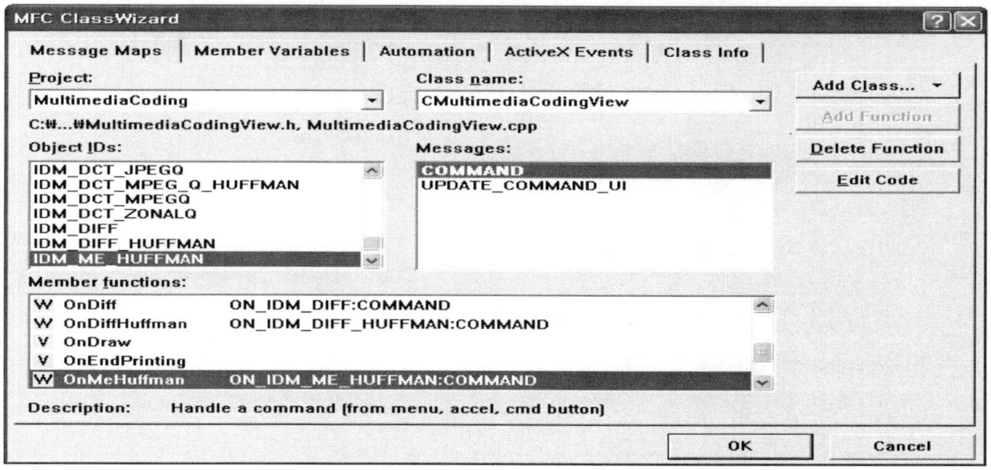

그림 8-4. Function이 추가된 상태

리스트 8-1

```
void CMultimediaCodingView::OnMeHuffman()
{
    // TODO: Add your command handler code here
    //도큐멘터 클래스를 참조하기 위해
    CMultimediaCodingDoc* pDoc = GetDocument();
    ASSERT_VALID(pDoc);
    pDoc->m_Initiate();
    pDoc->m_codemode = 1;

    pDoc->m_NoInImg = 2;
    pDoc->m_NoOutImg = 1;
    pDoc->m_ME_HUFFMAN(288, 352);
```

```
    double mse=0, psnr;
    for(int i=0; i<288; i++)
    {
       for(int j=0; j<352; j++)
       {
         unsigned char InVal = pDoc->m_InImg[1][i][j];
         unsigned char OutVal = pDoc->m_OutImg[0][i][j];
         mse += (double)(InVal-OutVal)*(InVal-OutVal);
       }
    }
    mse /= (288.*352.);
    psnr = 10*log10(255*255/mse);
    CString str;
    str.Format("원신호와 복원신호간 오차신호의 PSNR은 %f입니다.", psnr);
    AfxMessageBox(str);
    Invalidate(FALSE);
}
```

8.1.3 멤버함수 추가

Step 1. m_ME_HUFFMAN멤버함수 추가: 그림 8-5과 같은 Add Member Function 다이얼로그 박스가 나온다. 이 다이얼로그 박스에서 멤버함수를 추가하게 된다. TODO 주석문 뒤에서 리스트 8-2에 따라서 코드를 입력하면 된다.

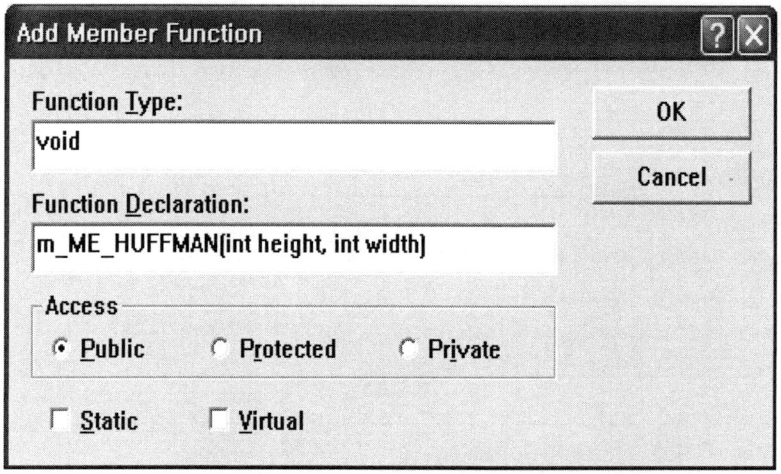

그림 8-5. Add Member Function 다이얼로그 박스

리스트 8-2

```
void CMultimediaCodingDoc::m_ME_HUFFMAN(int height, int width)
{
    int u, v, zigzagimg[64], qsize;
    if(m_QuantDlg.DoModal() == IDOK)
    {
      qsize = m_QuantDlg.m_Qsize;
    }
    if(qsize==0) {qsize=1;}
    int mesize = m_motionestimation(height, width);
    for(u=0 ; u<height ; u+=8)
    {
     for(v=0 ; v<width ; v+=8)
     {
       m_DCT64_DIFF(u, v);
       m_MPEG_Q(u, v, qsize);
       m_zigzag(u, v, zigzagimg);
       m_calrunvalue_mpeg(zigzagimg, v);
```

```
      m_MPEG_IQ(u, v, qsize);
      m_IDCT64(u, v);
     }
    }
    m_ADD_ME(height, width, mesize);
    m_runvaluedlg.m_nobits = 0.;
    m_runvaluedlg.m_nobits += m_calbit_dc_mpeg();  //DC 비트
     m_runvaluedlg.m_nobits += m_calbit_ac_mpeg(); //AC 비트
    m_runvaluedlg.m_nobits /= (double)((height/8)*(width/8)*64);
    m_runvaluedlg.DoModal();
}
```

- 이 함수에서 전체 부호화과정이 나타난다.

Step 2. m_ADD_ME멤버함수 추가: 그림 8-6과 같은 Add Member Function 다이얼로그 박스가 나온다. 이 다이얼로그 박스에서 멤버함수를 추가하게 된다. TODO 주석문 뒤에서 리스트 8-3에 따라서 코드를 입력하면 된다.

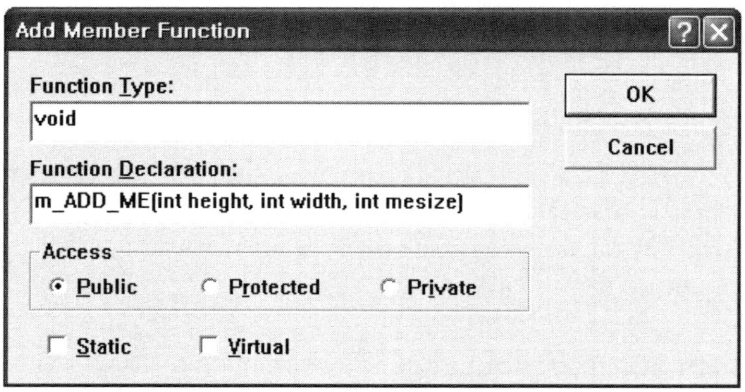

그림 8-6. Add Member Function 다이얼로그 박스

리스트 8-3

```
void CMultimediaCodingDoc::m_ADD_ME(int height, int width, int mesize)
{
    for(int u=0 ; u<height ; u+=mesize)
    {
       for(int v=0 ; v<width ; v+=mesize)
       {
         int point = v/mesize+(u/mesize)*(width/mesize);
         for(int i=0; i<mesize; i++)
            for(int j=0; j<mesize; j++)
           {
              int temp=m_IDCTOut[u+i][v+j] +
                              m_InImg[0][u+i+fmv[point].y][v+j+fmv[point].x];
            temp = temp>255 ? 255: (temp<0? 0:temp);
            m_OutImg[0][u+i][v+j] = (unsigned char)temp;
           }
       }
    }
}
```

- 이 함수는 복원영상을 만든다. 역 이산연현변환을 마치면 복호화 단에서 움직임추정 차 영상을 복원하고나서 참조영상을 더 하면 이 화면을 복원할 수 있다.

8.2 모드결정

한 화면 내에서 화면에 따라 각 블록을 어떤 종류로 부호화하는지 정해져야 된다. 보통 I-화면에는 화면 내 부호화를 적용하며 P-화면에는 화면 내 부호화를 하고 순방향예측을 하는 방법도 적용하고 그중에서 하나를 선택하고, B-화면에는 화면 내, 순방향, 역방향, 양방향 예측방법 다 적용한 뒤 하나를 선택한다. 이제 각 화면에서 어떻게 모드를 결정하는지 방법을 설명하도록 하겠다.

블록 별로 움직임 보상이 없을 때에는 블록은 휘도차이와 움직임 보상으로 얻은 블록 간 휘도 차이의 평균을 비교해서 그림8-7와 같은 기준에 의해 움직임 보상 여부를 선택할 수 있다.

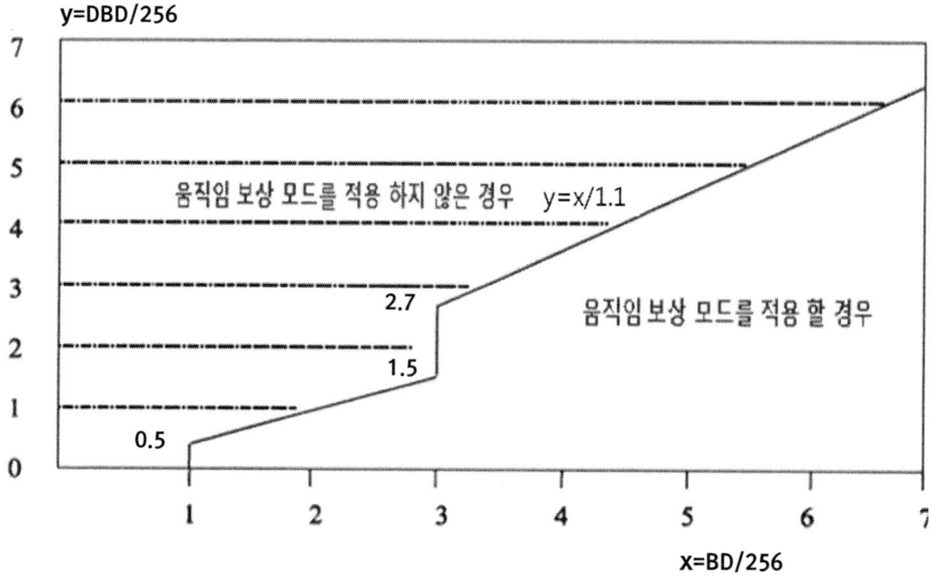

그림 8-7. 차신호 및 움직임차신호 결정

DBD는 움직임 보상을 적용한 예측 블록과 현 블록 간의 화소별 휘도 차이의 합을 나타낸다. BD는 움직임 보상을 안 쓰는 경우, 즉 움직임벡터가 '0'인 경우와 같이 현 블록과 예측블록에서 공간방향으로 같은 위치에 있는 블록 간 휘도 차이의 합을 나타낸다.

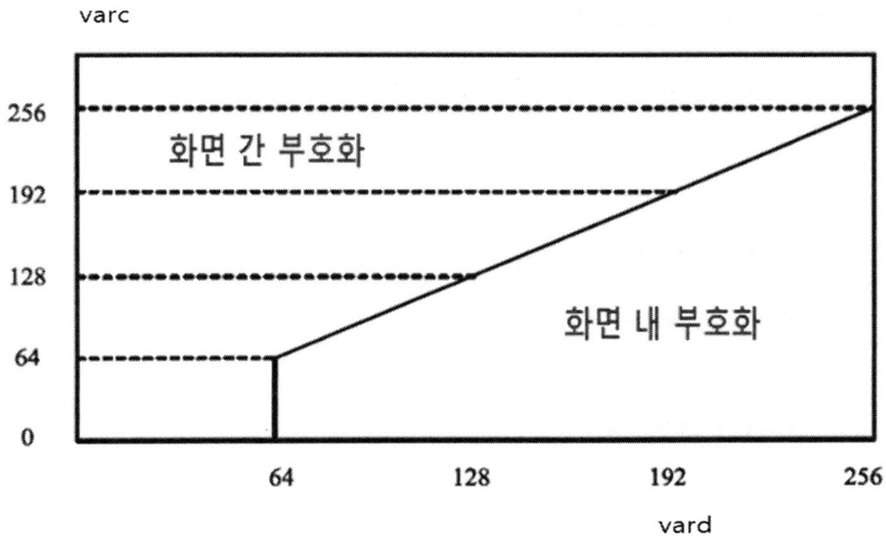

그림 8-8. 화면간 또는 화면내 부호화를 결정

움직임 보상방법을 선택한 다음에 화면간 부호화와 화면내 부호화, 이 두 가지 방법 중에 한 가지를 결정하는데, 그 기준은 휘도 성분의 원신호에 대한 분산값(varc)과 움직임보상 차신호에 대한 분산값(vard)을 비교하는 것을 통해서 결정하는 것이다.

예를 들면, 움직임보상 차신호에 대한 분산값이 64보다 작으면 화면 간 부호화를 쓰면 된다. 움직임보상 차신호에 대한 분산값이 64보다 클 경우에는 두 가지 분산값 중에서 서로 작은 값을 갖는 경우로 모드를 결정한다.

8.2.1 멤버변수 추가

DOC클래스에 정수형의 m_flagIntra[10000] 멤버변수를 추가한다.

8.2.2 멤버함수 추가

m_MODE_DECISION 멤버함수 추가: DOC 클래스에 그림 8-9와 같은 Add Member Function 다이얼로그 박스를 띄운다. 이 다이얼로그 박스에서 멤버함수를 추가하게 된다. TODO 주석문 뒤에서 리스트 8-4에 따라서 코드를 입력하면 된다.

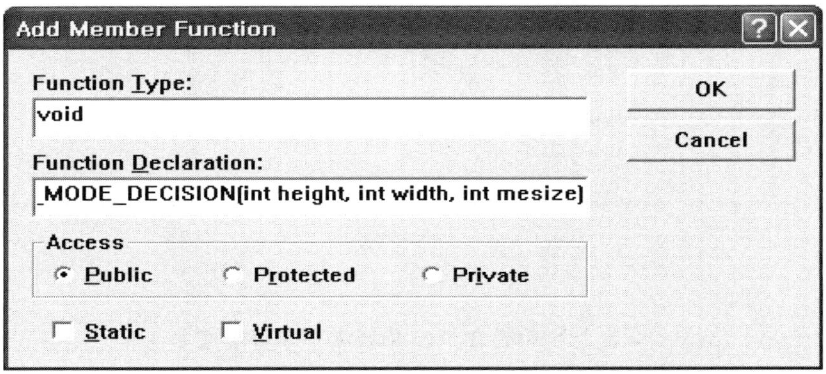

그림 8-9. Add Member Function 다이얼로그 박스

리스트 8-4

```
void CMultimediaCodingDoc::m_MODE_DECISION(int height, int width, int mesize)
{
      int flagMC;
      int i, j, u, v, point;
      for(u=0 ; u<height ; u+=mesize)
      {
       for(v=0 ; v<width ; v+=mesize)
       {
         float mae_NoMC = 0;
         float mae_MC = 0;
         int point = v/mesize+(u/mesize)*(width/mesize);
         for(i=0; i<mesize; i++)
           for(j=0; j<mesize; j++)
           {
```

```
        int temp_NoMC=(m_InImg[1][u+i][v+j]
                                        - m_InImg[0][u+i][v+j]);
        if (temp_NoMC < 0) mae_NoMC -= temp_NoMC;
        else mae_NoMC += temp_NoMC;
        int temp_MC = m_DiffImg[u+i][v+j];
        if (temp_MC < 0) mae_MC -= temp_MC;
        else mae_MC += temp_MC;
    }
    mae_NoMC /= (mesize*mesize);
    mae_MC /= (mesize*mesize);
    if((mae_NoMC > 1 && mae_NoMC <= 3) && (mae_MC < mae_NoMC*0.5)) //MC
    {
       flagMC = 1;
    }
    else if((mae_NoMC > 3) && (mae_MC  < mae_NoMC/1.1)) //MC
    {
      flagMC = 1;
    }
    else  //NOMC
    {
      flagMC = 0;
      fmv[point].y = 0;
      fmv[point].x = 0;
      for(i=0; i<mesize; i++)
        for(j=0; j<mesize; j++)
        {
          int temp = m_InImg[1][u+i][v+j]
                    - m_InImg[0][u+i][v+j];
          m_DiffImg[u+i][v+j] = temp;
          temp = temp <0 ? -temp : temp;
          temp = temp>255 ? 255 : (temp<0? 0: temp);
          m_OutImg[0][u+i][v+j] = (unsigned char)temp;
```

```
            }
          }
        }
    }
    for(u=0 ; u<height ; u+=mesize)
    {
      for(v=0 ; v<width ; v+=mesize)
      {
          float sum = 0;
          float vard = 0;
          float varc = 0;
          point = v/mesize+(u/mesize)*(width/mesize);
          for(i=0; i<mesize; i++)
            for(j=0; j<mesize; j++)
           {
              sum += m_InImg[1][u+i][v+j];
              varc += m_InImg[1][u+i][v+j]*m_InImg[1][u+i][v+j];
              vard += m_DiffImg[u+i][v+j]*m_DiffImg[u+i][v+j];
           }
           vard /= (mesize*mesize);
           varc = varc/(mesize*mesize)
                  - (sum/(mesize*mesize))*(sum/(mesize*mesize));
          if((vard > 64) && (varc < vard)) //Intra
          {
             m_flagIntra[point] = 1;
             for(i=0; i<mesize; i++)
               for(j=0; j<mesize; j++)
              {
                 m_DiffImg[u+i][v+j] = m_InImg[1][u+i][v+j];
                 m_OutImg[0][u+i][v+j] =m_DiffImg[u+i][v+j];
              }
          }
```

```
   else //Inter
   {
     m_flagIntra[point] = 0;
    }
   }
  }

 }
```

8.2.3 멤버함수 수정하기

m_ME_HUFFMAN()함수를 수정한다.

리스트 8-5

```
void CMultimediaCodingDoc::m_ME_HUFFMAN(int height, int width)
{
...........
   int mesize = m_motionestimation(height, width);
   m_MODE_DECISION(height, width, mesize);
.......
}
```

m_ADD_ME()함수를 수정한다.

리스트 8-6

```
void CMultimediaCodingDoc::m_ADD_ME(int height, int width, int mesize)
{
    int temp;
    for(int u=0 ; u<height ; u+=mesize)
    {
     for(int v=0 ; v<width ; v+=mesize)
     {
       int point = v/mesize+(u/mesize)*(width/mesize);
       for(int i=0; i<mesize; i++)
          for(int j=0; j<mesize; j++)
          {
            if(m_flagIntra[point]==0)
            {
              temp=m_IDCTOut[u+i][v+j]  +
                                m_InImg[0][u+i+fmv[point].y][v+j+fmv[point].x];

            }
            else
           {
              temp=m_IDCTOut[u+i][v+j];
           }
           temp = temp>255 ? 255: (temp<0? 0:temp);
           m_OutImg[0][u+i][v+j] = (unsigned char)temp;
    }
   }
  }
}
```

8.2.4 OnDraw 함수 수정하기

모드결정을 통하여 화면 내 부호화 모드로 결정된 경우에는 현재 화면 출력부에서 해당되는 블록을 네모로 그리기 위하여 OnDraw 함수를 수정한다.

리스트 8-7

```
void CMultimediaCodingView::OnDraw(CDC* pDC)
{
      .....

  for(i=0; i<288; i+=localmesize)
  {
        for(j=0; j<352; j+=localmesize)
        {
                dc.SelectObject(&lpen);
                int point = (j+352*i/localmesize)/localmesize;
                dc.MoveTo(j+localmesize/2, i+localmesize/2);
                dc.LineTo(j+localmesize/2+pDoc->fmv[point].x,
                        i+localmesize/2+pDoc->fmv[point].y);
                if(pDoc->m_flagIntra[point]==1)
                {
                        dc.MoveTo(j+353, i);
                        dc.LineTo(j+353+localmesize, i);
                        dc.MoveTo(j+353+localmesize, i);
                        dc.LineTo(j+353+localmesize, i+localmesize);
                        dc.MoveTo(j+353+localmesize, i+localmesize);
                        dc.LineTo(j+353, i+localmesize);
                        dc.MoveTo(j+353, i+localmesize);
                        dc.LineTo(j+353, i);
                }
        }
  }
}
```

8.3 실행결과

움직임추정 및 모드결정에 의해 부호화한 경우에 대한 실행결과를 그림 8-10에 나타낸다. 화소당 8비트의 원신호를 화소당 약0.11비트로 압축하고, 약30dB의 PSNR(화질)이 나타남을 확인할 수 있다.

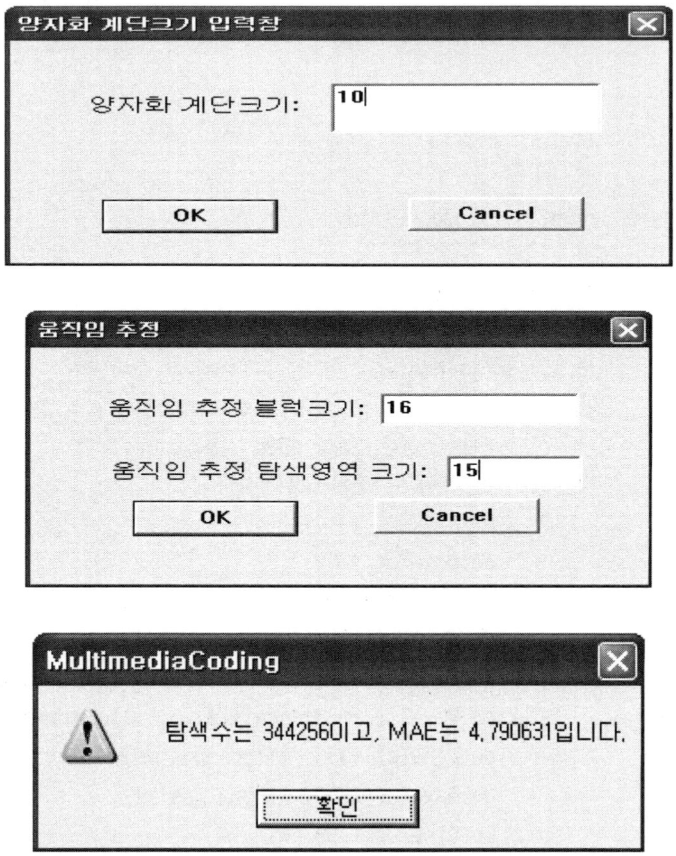

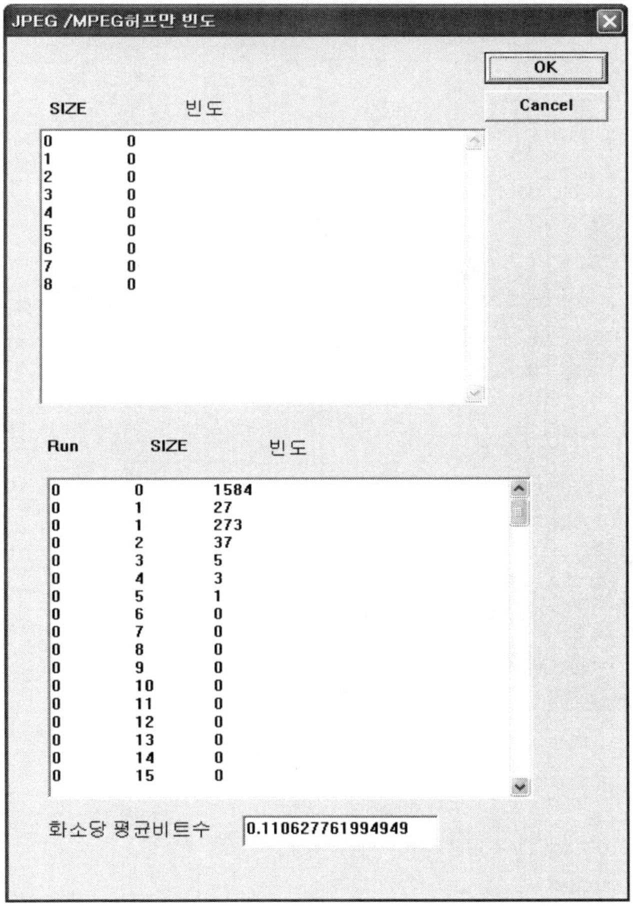
JPEG /MPEG허프만 빈도
OK
Cancel
SIZE 빈도
0 0
1 0
2 0
3 0
4 0
5 0
6 0
7 0
8 0
Run SIZE 빈도
0 0 1584
0 1 27
0 1 273
0 2 37
0 3 5
0 4 3
0 5 1
0 6 0
0 7 0
0 8 0
0 9 0
0 10 0
0 11 0
0 12 0
0 13 0
0 14 0
0 15 0
화소당 평균비트수
0.110627761994949

multimedia
원신호와 복원신호간 오차신호의 PSNR은 29.930465입니다.
확인

그림 8-10. 실행결과

부화소단위 움직임추정 차영상 부호화

Chapter 9

이 장에서는 부화소단위 움직임추정 차영상을 구하는 방법과 부호화내용을 프로그램으로 구현한다.

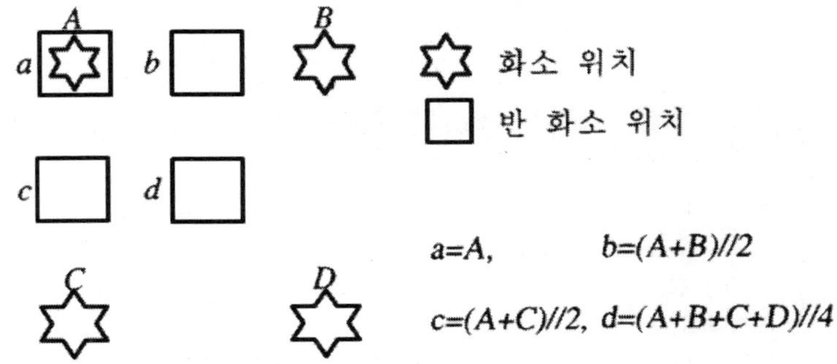

그림 9-1. 부화소 (½ 화소) 보간 과정

½화소 단위의 움직임 추정은 복호화된 이전영상을 사용한다. 이때 탐색영역은 화소 단위의 움직임 추정에서 구해진 움직임벡터를 중심으로 ½화소 단위로 ±1이 된다. ½화소 위치의 성분은 그림 9-1에 나타난 바와 같이 보간처리에 의하여 구한다.
최종적으로 구해지는 움직임 벡터는 ½화소 단위로 차신호에 대한 평가척도를 거쳐 최소가 되는 움직임벡터 성분이다.

9.1 부화소단위 움직임추정 차영상 구하기

9.1.1 정수화소 탐색 메뉴 만들기

하위메뉴(움직임추정 차 구하기)의 세부메뉴(전역탐색)의 세세부메뉴로 정수화소탐색을 만들고, ID로 IDM_ME_FULL을 연결한다.

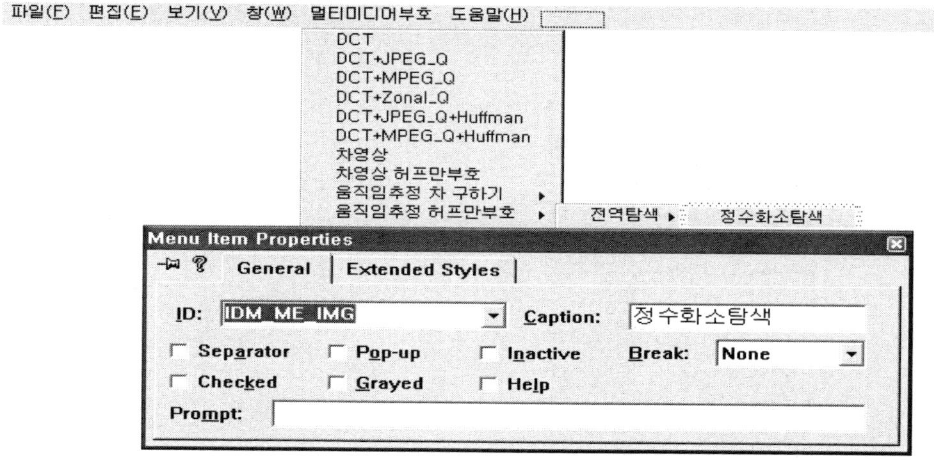

그림 9-2. 정수 화소탐색 메뉴 만들기

9.1.2 부화소 탐색 메뉴 만들기

하위메뉴(움직임추정 차 구하기)의 세부메뉴(전역탐색)의 세세부메뉴로 부화소 탐색을 만들고, ID로 IDM_ME_HALFPEL을 입력한다.

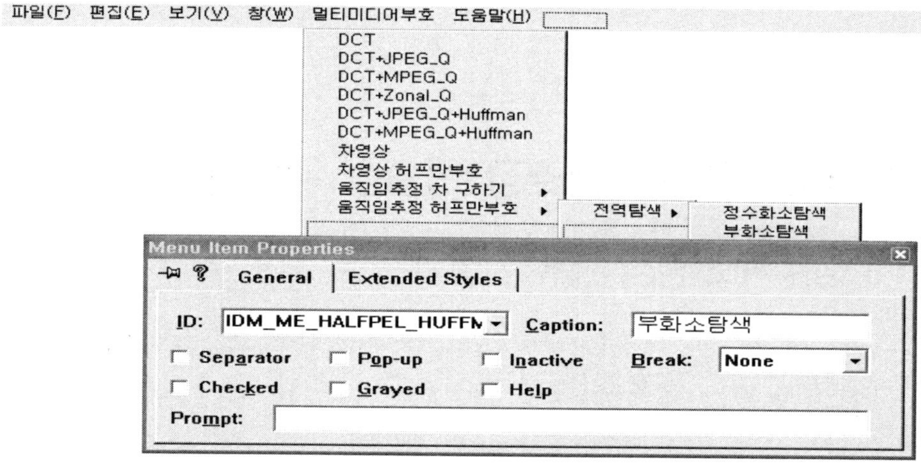

그림 9-3. 부화소 탐색메뉴를 만들기

9.1.3 메뉴 연결함수 추가

Step 1. 움직임추정 허프만부호메뉴에서 마우스 오른쪽 클릭하고 나서 팝업 문맥 메뉴에서 ClassWizard를 선택한다.

Step 2. 그림 9-4과 같이 MFC 클래스위저드가 열리면 Object ID리스트에서 IDM_ME_HALFPEL이 선택된 상태에서, 메시지 리스트에서 COMMAND를 선택한다.

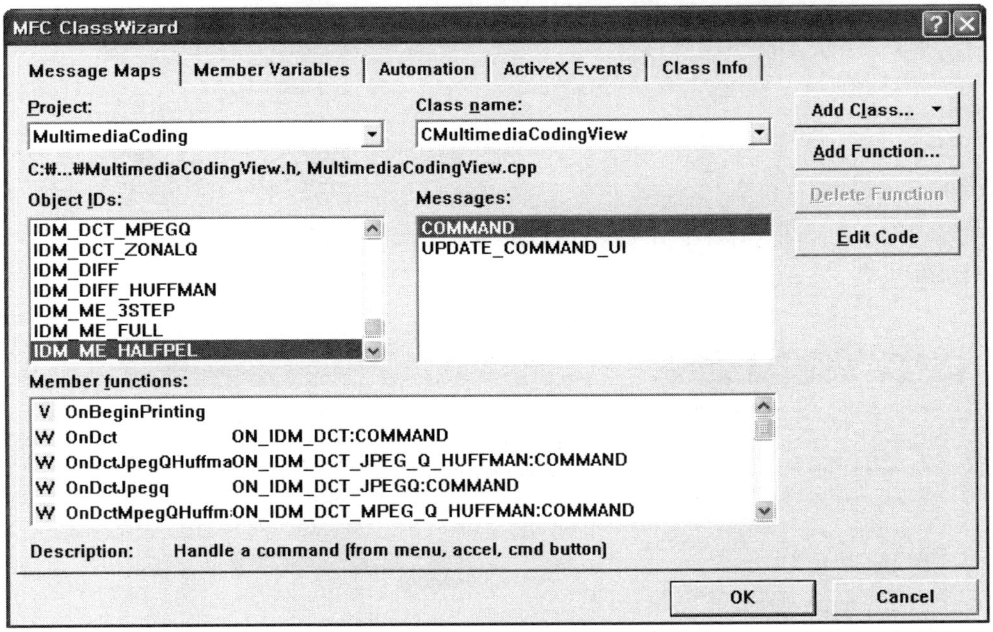

그림 9-4. MFC 클래스위저드

Step 3. COMMAND에서 마우스를 왼쪽 더블 클릭하면 그림 9-5과 같이 Add Member Function 다이얼로그 박스가 나온다. 다음, OK 버튼을 누른다.

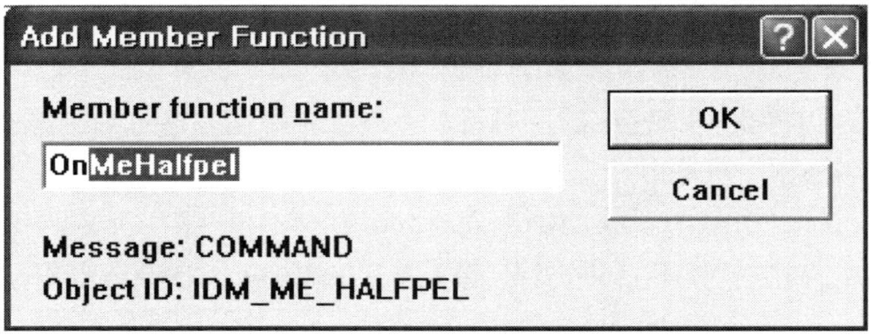

그림 9-5. Add Member Function 다이얼로그 박스

Step 4. 그림 9-6은 Function이 추가된 상태이다. Member Function 리스트에서 OnMeHalfpel에서 마우스를 왼쪽 더블 클릭하면 해당 함수가 있는 소스 코드가 에디터 영역에서 열리면서 커서가 정확하게 위치한다. TODO 주석문 뒤에서 리스트 9-1에 따라서 코드를 입력하면 된다.

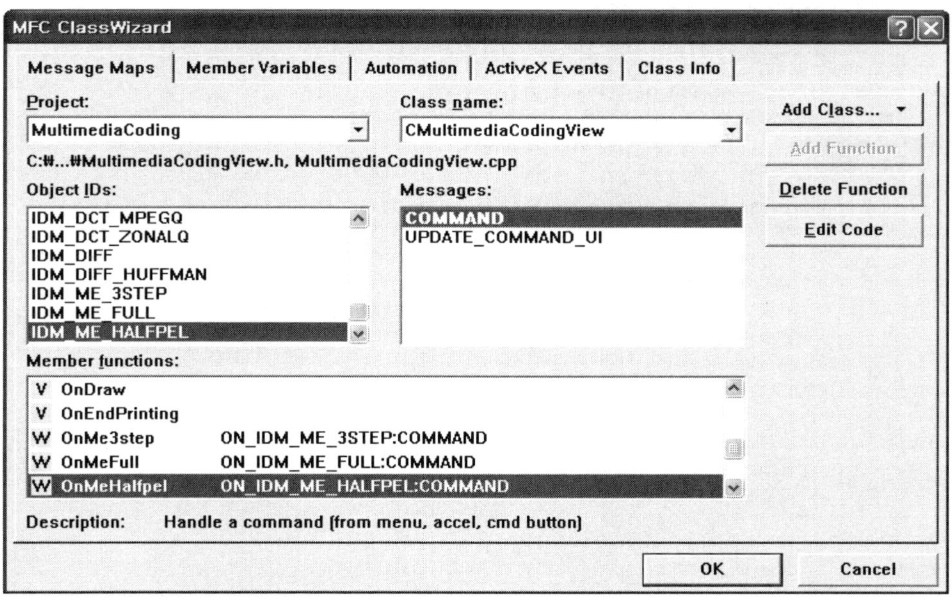

그림 9-6. 함수를 추가한 상태

리스트 9-1

```
void CMultimediaCodingView::OnMeHalfpel()
{
    // TODO: Add your command handler code here
    //도큐멘터 클래스를 참조하기 위해
    CMultimediaCodingDoc* pDoc = GetDocument();
    ASSERT_VALID(pDoc);
    pDoc->m_NoInImg = 2;
    pDoc->m_NoOutImg = 1;
    pDoc->m_motionestimation_halfpel(288, 352);
    double mse=0;
    for(int i=0; i<288; i++)
    {
      for(int j=0; j<352; j++)
      {
          unsigned char OutVal = pDoc->m_OutImg[0][i][j];
          mse += (double)OutVal*OutVal;
      }
    }
    mse /= (288.*352.);
    CString str;
    str.Format("원신호와 이전신호간 차신호의 mse는 %f입니다.", mse);
    AfxMessageBox(str);
    Invalidate(FALSE);
}
```

9.1.4 멤버변수 추가

그림 9-7과 같은 Add Member Variable 다이얼로그 박스가 나온다. 이 다이얼로그 박스에서 멤버변수를 추가하게 된다.

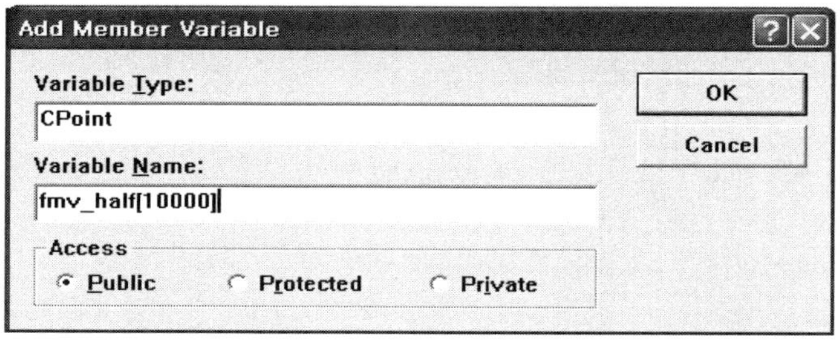

그림 9-7. Add Member Variable 다이얼로그 박스

9.1.5 멤버함수 추가

Step 1. m_motionestimation_halfpel 멤버함수 추가: 그림 9-8과 같은 Add Member Function 다이얼로그 박스가 나온다. 이 다이얼로그 박스에서 멤버함수를 추가하게 된다. TODO 주석문 뒤에서 리스트 9-2에 따라서 코드를 입력하면 된다.

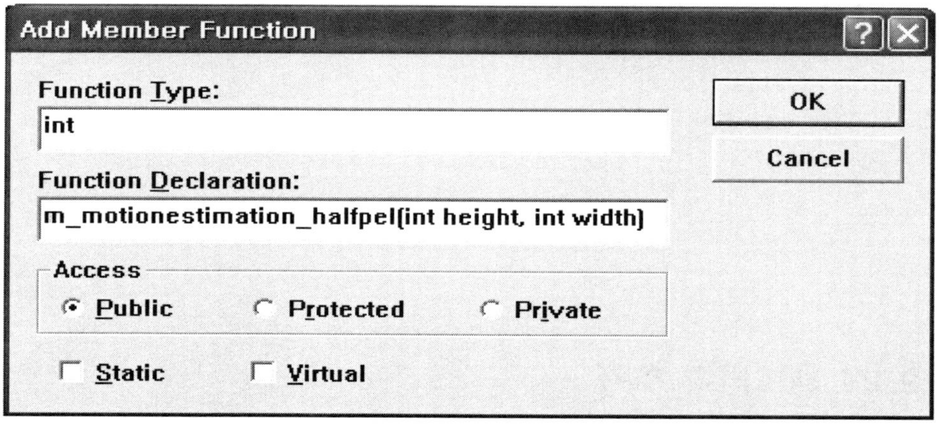

그림 9-8. Add Member Function 다이얼로그 박스

리스트 9-2

```
int CMultimediaCodingDoc::m_motionestimation_halfpel(int height, int width)
{
   int size;
   int fmae, fmaemin, fmvk, fmvl, k, l, i, j;
   float tmae=0;

   size = m_motionestimation(height, width);
   for(i=0; i<height; i+=size)
      for(j=0; j<width; j+=size)
      {
         int index = j/size+(i/size)*(width/size);
         fmaemin = 1000000;
         for(k=-1; k<=1; k++)
         {
            for(l=-1; l<=1; l++)
            {
               if ((i+k >= 0) && (i+k <= height-size) &&
               (j+l >= 0) && (j+l <= width-size))
               {
                  fmae = FSAE_HALF(i, j, i+fmv[index].y,
                                 j+fmv[index].x, k, l, size);
                  if(fmae < fmaemin)
                  {
                     fmaemin=fmae;
                     fmvk = k;
                     fmvl = l;
                  }
               }
            }
         }
         fmv_half[index].x=fmvl;
         fmv_half[index].y=fmvk;
```

```
        for( k=0; k<size; k++)
          for(l=0; l<size; l++)
          {
            int halfpel
              =   (m_InImg[0][i+k+fmv[index].y][j+l+fmv[index].x]
            + m_InImg[0][i+k+fmv[index].y+fmv_half[index].y][j+l+fmv[index].x]
            +m_InImg[0][i+k+fmv[index].y][j+l+fmv[index].x+fmv_half[index].x]
            +m_InImg[0][i+k+fmv[index].y+fmv_half[index].y][j+l+fmv[index].x
              +fmv_half[index].x] + 2)/4;

            int temp = (int)m_InImg[1][i+k][j+l] - halfpel;
            m_DiffImg[i+k][j+l] = temp;
            temp = temp <0 ? -temp : temp;
            tmae += temp;
            temp = temp>255 ? 255 : (temp<0? 0: temp);
            m_OutImg[0][i+k][j+l] = (unsigned char)temp;
          }
      }

  tmae /= (height * width);
  CString str;
  str.Format("MAE는 %f입니다.", tmae);
  AfxMessageBox(str);
  return size;
}
```

Step 2. FSAE_HALF멤버함수 추가: 그림 9-9과 같은 Add Member Function 다이얼로그 박스가 나온다. 이 다이얼로그 박스에서 멤버함수를 추가하게 된다. TODO 주석문 뒤에서 리스트 9-3에 따라서 코드를 입력하면 된다.

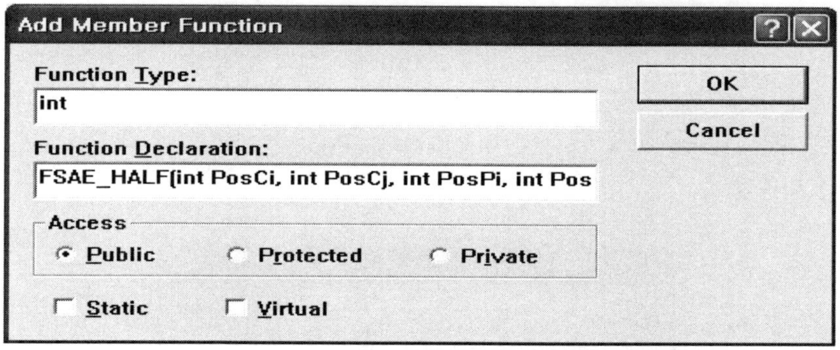

그림 9-9. Add Member Function 다이얼로그 박스

리스트 9-3

```
int  CMultimediaCodingDoc::FSAE_HALF(int  PosCi,  int  PosCj,  int  PosPi,  int
PosPj, int halfpi, int halfpj, int size)
{
  int halfpel, temp, sum=0;
  for(int i=0; i<size; i++)
   for(int j=0; j<size; j++)
    {
      halfpel = (m_InImg[0][PosPi+i][PosPj+j]
                 +m_InImg[0][PosPi+i+halfpi][PosPj+j]
                 +m_InImg[0][PosPi+i][PosPj+j+halfpj]
                 +m_InImg[0][PosPi+i+halfpi][PosPj+j+halfpj]+2)/4;
      temp = (int)m_InImg[1][PosCi+i][PosCj+j]  - halfpel;
      if(temp<0) sum -= temp;
      else sum += temp;
     }
   return sum;
}
```

9.1.6 실행결과

부화소 단위 움직임 추정을 적용한 결과를 그림 9-10에 나타내며, 정수화소 단위 움직임 추정에 대한 결과인 그림 7-12와 비교하여 움직임 추정 차신호에 대한 mae, mse값이 줄어듬을 확인할 수 있다.

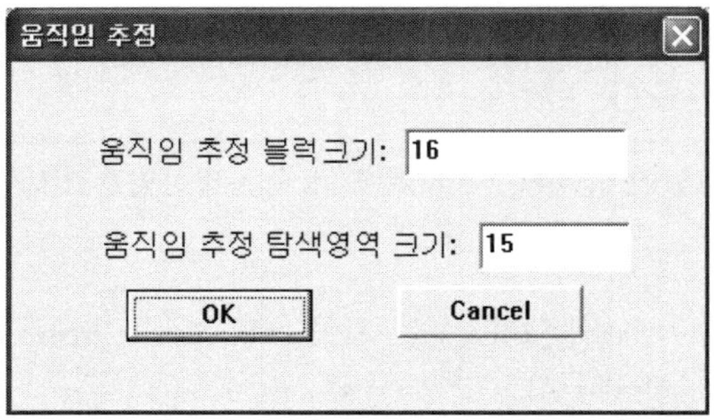

MultimediaCoding - [flower_cif.yuv]
파일(F) 편집(E) 보기(V) 창(W) 멀티미디어부호 도움말(H)

그림 9-10. 실행결과

9.2 부화소단위 움직임추정 차영상 부호화 구현하기

9.2.1 정수화소 탐색 허프만 부호 메뉴 만들기

하위메뉴(움직임추정 허프만부호)의 세부메뉴(전역탐색)의 세세부메뉴로 정수화소탐색을 만들고, ID로 IDM_ME_HUFFMAN을 연결한다.

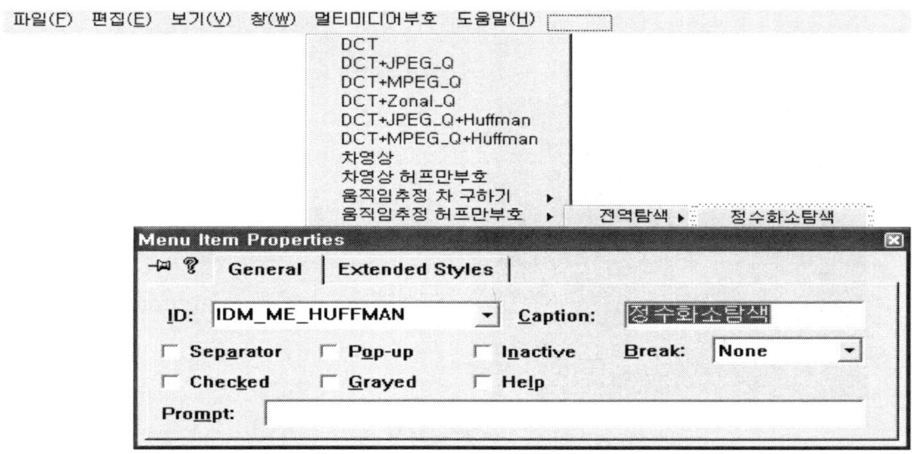

그림 9-11. 정수 화소탐색 메뉴 만들기

9.2.2 부화소 탐색 허프만 부호 메뉴 만들기

하위메뉴(움직임추정 허프만부호)의 세부메뉴(전역탐색)의 세세부메뉴로 부화소탐색을 만들고, ID로 IDM_ME_HALFPEL_HUFFMAN을 입력한다.

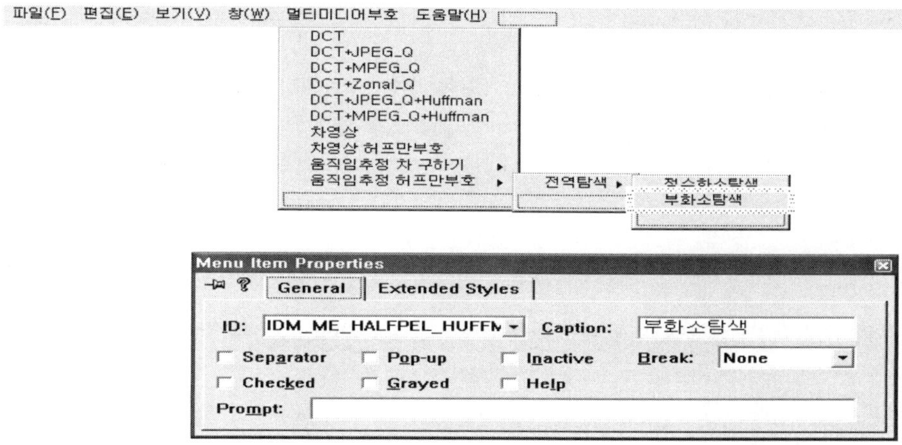

그림 9-12. 부 화소탐색 메뉴 만들기

9.2.3 메뉴 연결함수 추가

Step 1. 움직임추정 허프만부호메뉴에서 마우스 오른쪽 클릭하고 나서 팝업 문맥 메뉴에서 ClassWizard를 선택한다.

Step 2. 그림 9-13과 같이 MFC 클래스위저드가 열리면 Object ID리스트에서 IDM_ME_HALFPEL_HUFFMAN가 선택된 상태에서, 메시지 리스트에서 COMMAND를 선택한다.

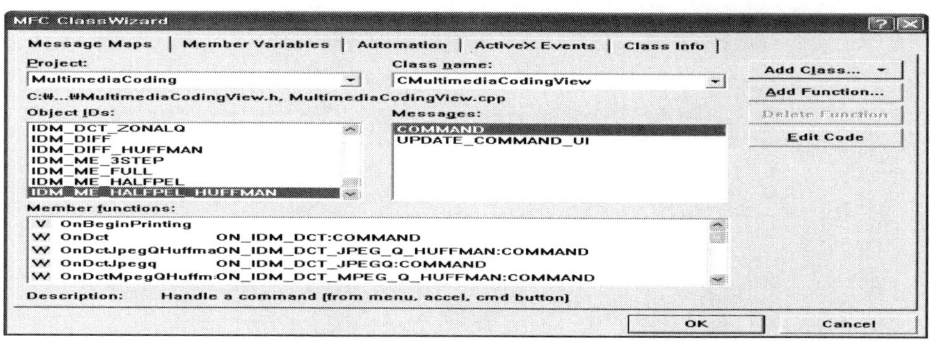

그림 9-13. MFC 클래스위저드

Step 3. 그림 9-14는 함수를 추가한 상태이다. Member Function 리스트에서 OnMeHalfpelHuffman에서 마우스를 왼쪽 더블 클릭하면 해당 함수가 있는 소스 코드가 에디터 영역에서 열리면서 커서가 정확하게 위치한다. TODO 주석문 뒤에서 리스트 9-4에 따라서 코드를 입력하면 된다.

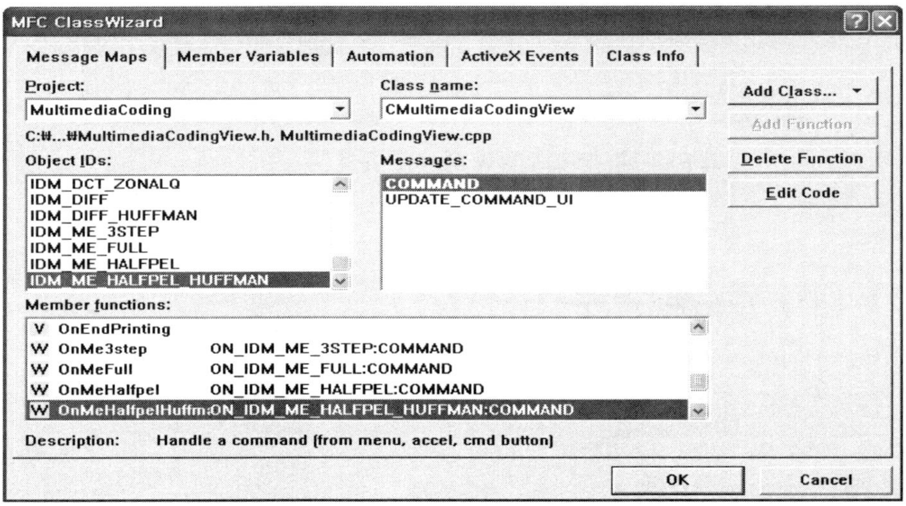

그림 9-14. 함수를 추가한 상태

리스트 9-4

```
void CMultimediaCodingView::OnMeHalfpelHuffman()
{
        // TODO: Add your command handler code here
        //도큐멘터 클래스를 참조 하기 위해
        CMultimediaCodingDoc* pDoc = GetDocument();
        ASSERT_VALID(pDoc);
        pDoc->m_Initiate();
        pDoc->m_codemode = 1;
        pDoc->m_NoInImg = 2;
        pDoc->m_NoOutImg = 1;
        pDoc->m_ME_HALFPEL_HUFFMAN(288, 352);
        double mse=0, psnr;
        for(int i=0; i<288; i++)
        {
          for(int j=0; j<352; j++)
          {
            unsigned char InVal = pDoc->m_InImg[1][i][j];
            unsigned char OutVal = pDoc->m_OutImg[0][i][j];
            mse += (double)(InVal-OutVal)*(InVal-OutVal);
          }
        }
        mse /= (288.*352.);
        psnr = 10*log10(255*255/mse);
        CString str;
        str.Format("원신호와 복원신호간 오차신호의 PSNR은 %f입니다.", psnr);
        AfxMessageBox(str);
        Invalidate(FALSE);
}
```

9.2.4 멤버함수 추가

Step 1. m_ME_HALFPEL_HUFFMAN 멤버함수 추가: 그림 9-15와 같은 Add Member Function 다이얼로그 박스가 나온다. 이 다이얼로그 박스에서 멤버함수를 추가하게 된다. TODO 주석문 뒤에서 리스트 9-5에 따라서 코드를 입력하면 된다.

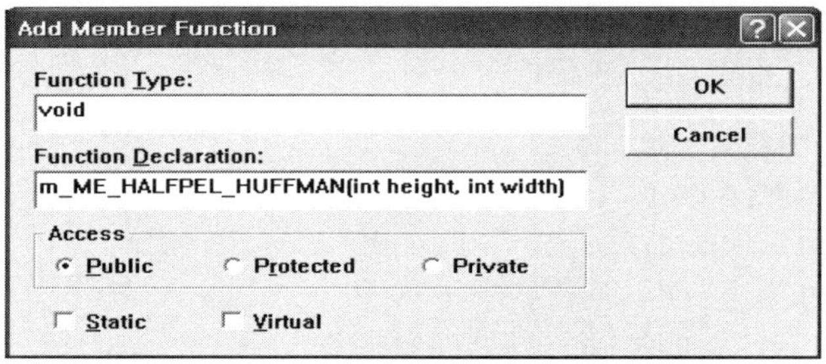

그림 9-15. Add Member Function 다이얼로그 박스

리스트 9-5

```
void CMultimediaCodingDoc::m_ME_HALFPEL_HUFFMAN(int height, int width)
{
     int u, v, zigzagimg[64], qsize;
     if(m_QuantDlg.DoModal() == IDOK)
     {
       qsize = m_QuantDlg.m_Qsize;
     }
     if(qsize==0) {qsize=1;}
     int mesize = m_motionestimation_halfpel(height, width);
     m_MODE_DECISION(height, width, mesize);
     for(u=0 ; u<height ; u+=8)
     {
      for(v=0 ; v<width ; v+=8)
      {
           m_DCT64_DIFF(u, v);
           m_MPEG_Q(u, v, qsize);
```

```
            m_zigzag(u, v, zigzagimg);
            m_calrunvalue_mpeg(zigzagimg, v);
            m_MPEG_IQ(u, v, qsize);
            m_IDCT64(u, v);
        }
      }
      m_ADD_ME_halfpel(height, width, mesize);
      m_runvaluedlg.m_nobits = 0.;
      m_runvaluedlg.m_nobits += m_calbit_dc_mpeg();  //DC 비트
      m_runvaluedlg.m_nobits += m_calbit_ac_mpeg(); //AC 비트
      m_runvaluedlg.m_nobits /= (double)((height/8)*(width/8)*64);
      m_runvaluedlg.DoModal();
}
```

Step 2. m_ADD_ME_halfpel 멤버함수 추가: 그림 9-15과 같은 Add Member Function 다이얼로그 박스가 나온다. 이 다이얼로그 박스에서 멤버함수를 추가하게 된다.

TODO 주석문 뒤에서 리스트 9-6에 따라서 코드를 입력하면 된다.

리스트 9-6

```
void CMultimediaCodingDoc::m_ADD_ME_halfpel(int height, int width, int mesize)
{
    int temp;
    for(int u=0 ; u<height ; u+=mesize)
    {
      for(int v=0 ; v<width ; v+=mesize)
      {
        int point = v/mesize+(u/mesize)*(width/mesize);
         for(int i=0; i<mesize; i++)
          for(int j=0; j<mesize; j++)
          {
            if(m_flagIntra[point]==0)
            {
                int halfpel= (m_InImg[0][u+i+fmv[point].y][v+j+fmv[point].x]
```

```
            +m_InImg[0][u+i+fmv[point].y+fmv_half[point].y][v+j+fmv[point].x]
            +m_InImg[0][u+i+fmv[point].y][v+j+fmv[point].x+fmv_half[point].x]
            +m_InImg[0][u+i+fmv[point].y+fmv_half[point].y]
                                    [v+j+fmv[point].x+fmv_half[point].x]+2)/4;
            temp=m_IDCTOut[u+i][v+j] + halfpel;
        }
        else
        {
          temp=m_IDCTOut[u+i][v+j];
        }
        temp = temp>255 ? 255: (temp<0? 0:temp);
        m_OutImg[0][u+i][v+j] = (unsigned char)temp;
         }
       }
   }
}
```

9.2.5 모드결정 함수 수정하기

모드결정을 위한 m_MODE_DECISION 함수를 수정한다.

리스트 9-7

```
void CMultimediaCodingDoc::m_MODE_DECISION(int height, int width, int mesize)
{
................
    else  //NOMC
    {
       flagMC = 0;
       fmv[point].y = 0;
       fmv[point].x = 0;
```

```
        fmv_half[point].y = 0;
        fmv_half[point].x = 0;
 .........................
 }
```

9.2.6 실행결과

부화소 단위 움직임 추정 신호에 대한 부호화 결과를 그림 9-16에 나타내며, 정수화소 단위 움직임 추정 신호에 대한 부호화결과인 그림 8-10에 비하여 PSNR(화질)이 더 좋음을 확인할 수 있다.

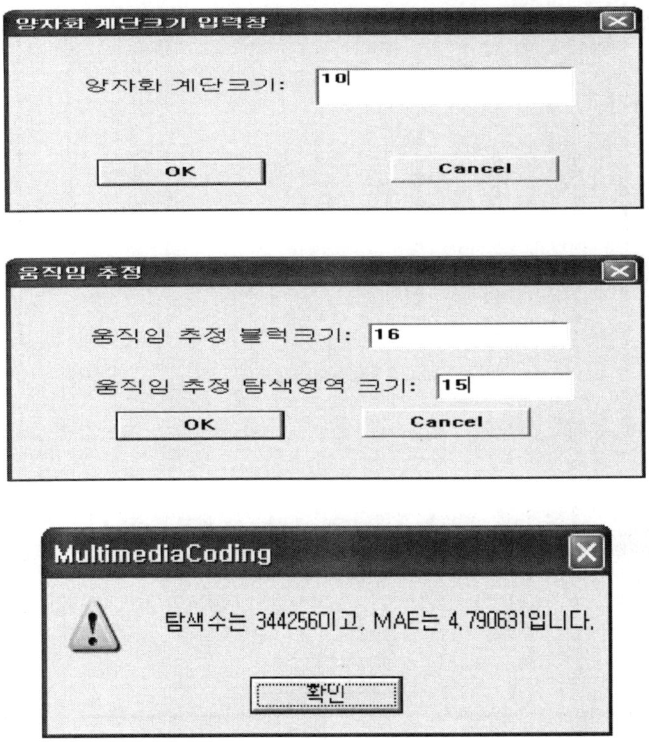

MultimediaCoding
MAE는 4.040809입니다.
확인

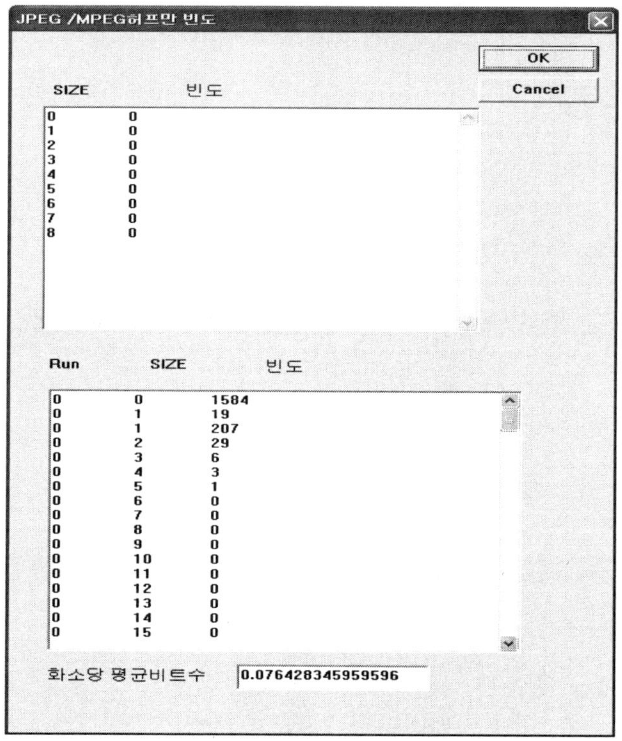
JPEG /MPEG허프만 빈도
OK
Cancel
SIZE 빈도
0 0
1 0
2 0
3 0
4 0
5 0
6 0
7 0
8 0
Run SIZE 빈도
0 0 1584
0 1 19
0 1 207
0 2 29
0 3 6
0 4 3
0 5 1
0 6 0
0 7 0
0 8 0
0 9 0
0 10 0
0 11 0
0 12 0
0 13 0
0 14 0
0 15 0
화소당 평균비트수 0.076428345959596

MultimediaCoding
원신호와 복원신호간 오차신호의 PSNR은 31.326867입니다.
확인

그림 9-16. 실행결과

역방향 움직임추정 차영상 부호화

Chapter 10

이 장에서는 역방향 움직임추정 차영상 부호화에 대해서 다룬다.

역방향 움직임 추정은 움직임 추정을 위한 참조 화면으로 현재화면보다 이후에 존재하는 미래 화면을 사용하는 방식이다. 즉 그림 10-1에서 현재 2번 화면을 부호화할 경우에 이후에 있는 4번 화면을 참조화면으로 사용하여 움직임 추정시 사용한다. 마찬가지로 3번 화면을 부호화할 경우에 4번 화면을 참조화면으로 사용할 수 있다. 이와 같이 이후 시간에 존재하는 화면을 움직임 추정의 참조화면으로 사용하는 것이 역방향 움직임 추정방식이다.

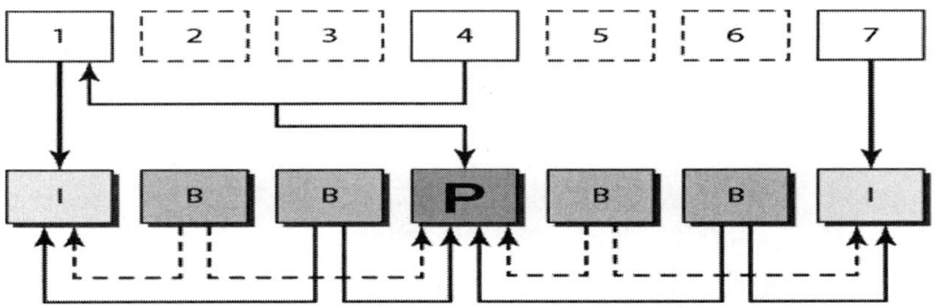

그림 10-1. 역방향 움직임 예측과정

10.1 정수 화소 역방향 움직임추정 차영상 부호화

10.1.1 Serialize 함수 수정하기

역방향 움직임 추정을 위하여 3장의 화면을 입력한다.

리스트 10-1

```
void CMultimediaCodingDoc::Serialize(CArchive& ar)
{
    .......
    ar.Read(temp, 352*144);
    ar.Read(m_InImg[2], 352*288);
}
```

10.1.2 움직임추정 다이얼로그 수정하기

Step 1. 다이얼로그에서 그룹박스와 체크박스를 넣고 그림. 10-2에 따라서 설치하면 된다.

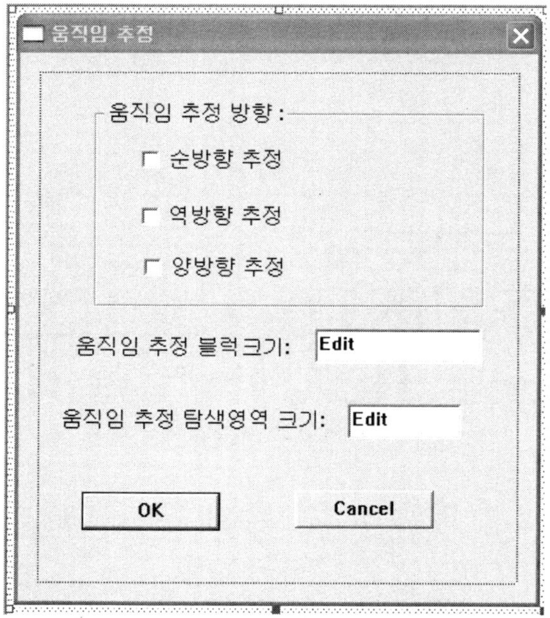

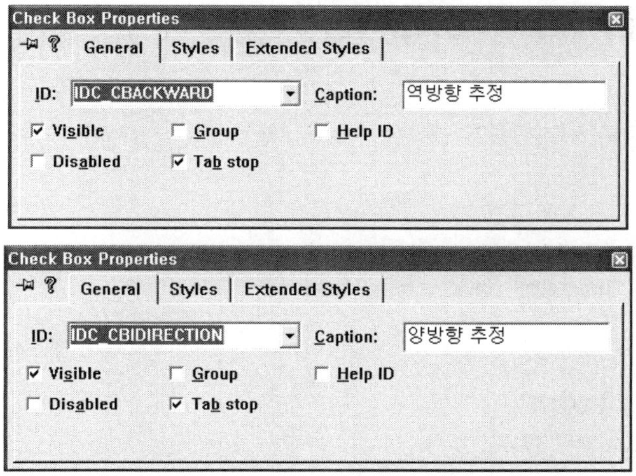

그림 10-2. 그룹박스와 체크박스

Step 2. 그림 10-3에 따라서 변수를 물려둔다.

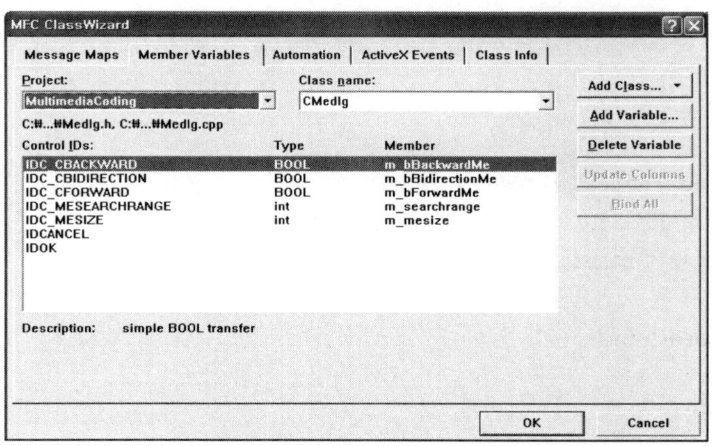

그림 10-3. 변수를 물려두기

10.1.3 움직임 추정 멤버함수 수정하기

리스트 10-2

```
int CMultimediaCodingDoc::m_motionestimation(int height, int width)
{
  int size;
  int fmae, fmaemin, fmvk, fmvl, k, l;
  int bmae, bmaemin, bmvk, bmvl, temp;
..............
  fmaemin = 1000000;
  bmaemin = 1000000;
  fmae = bmae  = 1000000;
..................
if(m_medlg.m_bForwardMe==TRUE)
  fmae = FSAE(i, j, i+k, j+l, size, fmaemin);
  if(fmae < fmaemin)
  {
    fmaemin=fmae;
    fmvk = k;
    fmvl = l;
   }

 if(m_medlg.m_bBackwardMe == TRUE)
   bmae = BSAE(i, j, i+k, j+l, size,bmaemin);
   if(bmae < bmaemin)
   {
     bmaemin=bmae;
     bmvk = k;
     bmvl = l;
   }
  }
 }
 }
```

```
fmv[j/size+(i/size)*(width/size)].x=fmvl;
fmv[j/size+(i/size)*(width/size)].y=fmvk;
bmv[j/size+(i/size)*(width/size)].x=bmvl;
bmv[j/size+(i/size)*(width/size)].y=bmvk;
for( k=0; k<size; k++)
  for(l=0; l<size; l++)
  {
    if(fmaemin <= bmaemin)
    {
      temp = m_InImg[1][i+k][j+l] - m_InImg[0][i+fmvk+k][j+fmvl+l];
     m_medirection[[j/size+(i/size)*(width/size)] = 1; //순방향 예측
    }
    else
    {
       temp = m_InImg[1][i+k][j+l] - m_InImg[2][i+bmvk+k][j+bmvl+l];
      m_medirection[[j/size+(i/size)*(width/size)] = 2; //역방향 예측
    }
    m_DiffImg[i+k][j+l] = temp;
    temp = temp <0 ? -temp : temp;
    tmae += temp;
    temp = temp>255 ? 255 : (temp<0? 0: temp);
    m_OutImg[0][i+k][j+l] = (unsigned char)temp;
    }
  }
......................
}
```

BASE함수는 역방향 움직임 예측비용을 계산한다.

10.1.4 멤버변수 및 멤버함수 추가하기

Doc 클래스에 역방향 움직임벡터를 저장하기 위해서 CPoint 타입의 멤버변수 bmv를 추가한다.

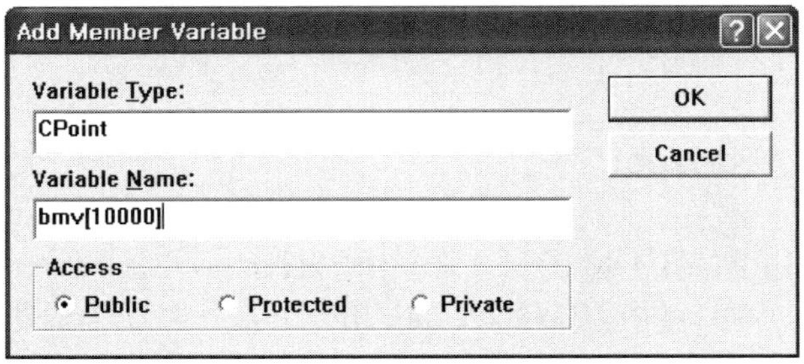

그림 10-4. 변수를 추가하기

또한, Doc 클래스에 양방향 움직임추정 모드를 설정하기 위한 int형 멤버변수 m_medirection 변수를 추가한다.

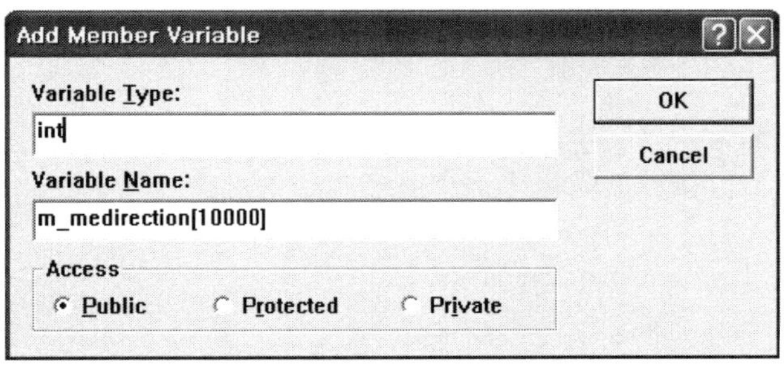

그림 10-5. 변수를 추가하기

또한, Doc 클래스에 BSAE함수를 추가하여 코드를 입력한다.

리스트 10-3

```
int CMultimediaCodingDoc::BSAE(int PositionCi, int PositionCj, int PositionPi,
int PositionPj, int size, int maemin)
{
  int temp, sum=0;
  for(int i=0; i<size; i++)
    for(int j=0; j<size; j++)
    {
      temp = m_InImg[1][PositionCi+i][PositionCj+j]
                                    - m_InImg[2][PositionPi+i][PositionPj+j];
      if(temp<0) sum -= temp;
      else sum += temp;
      if(sum > maemin) break;
    }
    return sum;
}
```

10.1.5 다양한 멤버함수 수정 하기

m_ADD_ME() 함수에서 역방향 추정을 고려하여 수정한다.

리스트 10-4

```
void CMultimediaCodingDoc::m_ADD_ME(int height, int width, int mesize)
{
  int temp;
  for(int u=0 ; u<height ; u+=mesize)
  {
    for(int v=0 ; v<width ; v+=mesize)
   {
   ........................
```

```
        if(m_flagIntra[point]==0)
        {
          if(m_medirection[point] == 1)  //순방향 움직임 보상
          temp=m_IDCTOut[u+i][v+j] +
               m_InImg[0][u+i+fmv[point].y][v+j+fmv[point].x];
          else if(m_medirection[point] == 2)  //역방향 움직임 보상
          temp=m_IDCTOut[u+i][v+j] +
               m_InImg[2][u+i+bmv[point].y][v+j+bmv[point].x];
        }
        else
        {
          temp=m_IDCTOut[u+i][v+j];
        }
        temp = temp>255 ? 255: (temp<0? 0:temp);
        m_OutImg[0][u+i][v+j] = (unsigned char)temp;
      }
    }
  }
}
```

또한, m_MODE_DECISION() 함수를 수정한다.

리스트 10-5

```
void CMultimediaCodingDoc::m_MODE_DECISION(int height, int width, int mesize)
{
  int flagMC;
  int i, j, u, v, point, temp_NoMC, temp_MC, temp;

  for(u=0 ; u<height ; u+=mesize)
  {
    for(v=0 ; v<width ; v+=mesize)
    {
```

```
float mae_NoMC = 0;// 차영상
float mae_MC = 0;// 움직임 차영상
int point = v/mesize+(u/mesize)*(width/mesize);
for(i=0; i<mesize; i++)
 for(j=0; j<mesize; j++)
 {
    // 차영상구하기
   if(m_medirection[point] == 1)
   temp_NoMC=(m_InImg[1][u+i][v+j] - m_InImg[0][u+i][v+j]);
   else if(m_medirection[point] == 2)
   temp_NoMC=(m_InImg[1][u+i][v+j] - m_InImg[2][u+i][v+j]);
   if (temp_NoMC < 0) mae_NoMC -= temp_NoMC;
   else mae_NoMC += temp_NoMC;
   temp_MC = m_DiffImg[u+i][v+j];
   if (temp_MC < 0) mae_MC -= temp_MC;
   else mae_MC += temp_MC;
 }
 mae_NoMC /= (mesize*mesize);
 mae_MC /= (mesize*mesize);
 ..............................
 else  //NOMC
 {
flagMC = 0;
fmv[point].y = 0;
fmv[point].x = 0;
fmv_half[point].y = 0;
fmv_half[point].x = 0;
bmv[point].y = 0;
bmv[point].x = 0;
bmv_half[point].y = 0;
bmv_half[point].x = 0;
for(i=0; i<mesize; i++)
```

```
          {
            if(m_medirection[point] == 1)
              temp = m_InImg[1][u+i][v+j] - m_InImg[0][u+i][v+j];
            else if(m_medirection[point] == 2)
              temp = m_InImg[1][u+i][v+j] - m_InImg[2][u+i][v+j];
           m_DiffImg[u+i][v+j] = temp;
           temp = temp <0 ? -temp : temp;
           temp = temp>255 ? 255 : (temp<0? 0:temp);
           m_OutImg[0][u+i][v+j] = (unsigned char)temp;
          }
        }
    }
  }
  ........
}
```

또한, 역방향 움직임벡터를 표시해주기 위하여 OnDraw 함수를 수정한다.

리스트 10-6

```
void CMultimediaCodingView::OnDraw(CDC* pDC)
{
      .....
  CPen lpen(PS_SOLID, 1, RGB(255, 0, 0));
  dc.SelectObject(&lpen);
  int localmesize = pDoc->m_medlg.m_mesize;
  if(localmesize == 0) localmesize = 16;
  for(i=0; i<288; i+=localmesize)
  {
    for(j=0; j<352; j+=localmesize)
    {
      int point = (j+352*i/localmesize)/localmesize;
      if(pDoc->m_medirection[point]==1)//순방향
      {
        dc.MoveTo(j+localmesize/2, i+localmesize/2);
        dc.LineTo(j+localmesize/2+pDoc->fmv[point].x,
```

```
            i+localmesize/2+pDoc->fmv[point].y);
        }
        if(pDoc->m_flagIntra[point]==1)//화면내
        {
         ...........
        }
      }
    }
  //역방향
  CPen kpen(PS_SOLID, 1, RGB(0, 0, 255));
  dc.SelectObject(&kpen);
  for(i=0; i<288; i+=localmesize)
  for(j=0; j<352; j+=localmesize)
  {
     int point = (j+352*i/localmesize)/localmesize;
     if(pDoc->m_medirection[point]==2)//역방향
     {
       dc.MoveTo(j+706+localmesize/2, i+localmesize/2);
       dc.LineTo(j+706+localmesize/2+pDoc->bmv[point].x,
        i+localmesize/2+pDoc->bmv[point].y);
     }
  }
  }
```

10.1.6 실행결과

역방향 움직임 추정만을 적용하여 부호화한 경우에 대한 실행결과를 그림 10-6에 나타내고 있으며, 순방향 움직임 추정만을 적용하여 부호화한 결과인 그림 8-10과 PSNR(화질)이 비슷함을 알 수 있다. 그러나, 순방향과 역방향 움직임 추정을 동시에 적용하여 부호화한 경우는 순방향 또는 역방향 움직임 추정 하나만을 적용하여 부호화한 경우보다 PSNR(화질)이 더 우수함을 알 수 있다.

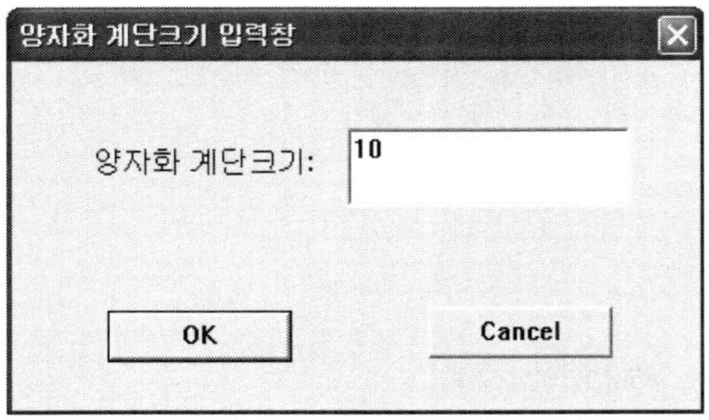
양자화 계단크기 입력창
양자화 계단크기:
10
OK
Cancel

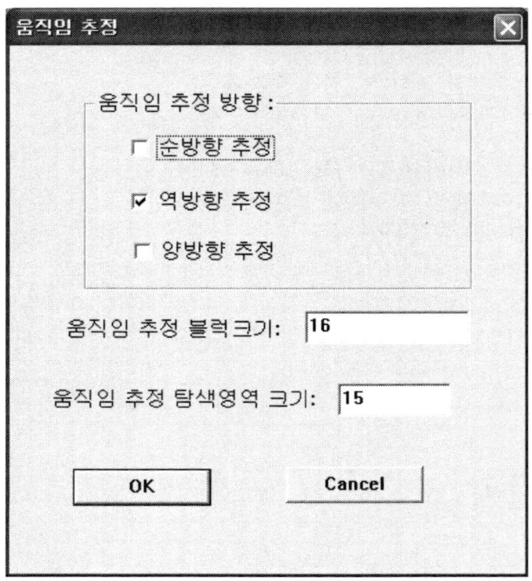
움직임 추정
움직임 추정 방향 :
순방향 추정
역방향 추정
양방향 추정
움직임 추정 블럭크기:
16
움직임 추정 탐색영역 크기:
15
OK
Cancel

MultimediaCoding
탐색수는 3442560이고, MAE는 5.234237입니다.
확인

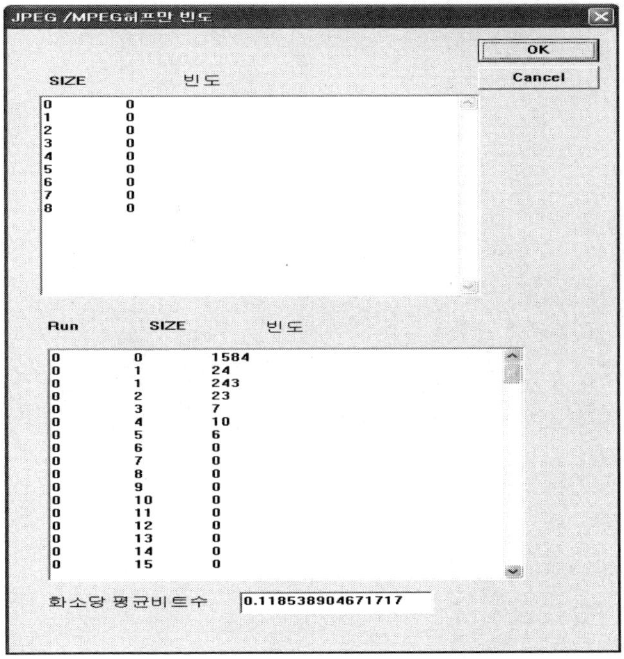
JPEG /MPEG허프만 빈도
OK
Cancel
SIZE 빈도
0 0
1 0
2 0
3 0
4 0
5 0
6 0
7 0
8 0
Run SIZE 빈도
0 0 1584
0 1 24
0 1 243
0 2 23
0 3 7
0 4 10
0 5 6
0 6 0
0 7 0
0 8 0
0 9 0
0 10 0
0 11 0
0 12 0
0 13 0
0 14 0
0 15 0
화소당 평균비트수 0.118538904671717

MultimediaCoding
원신호와 복원신호간 오차신호의 PSNR은 29.424555입니다.
확인

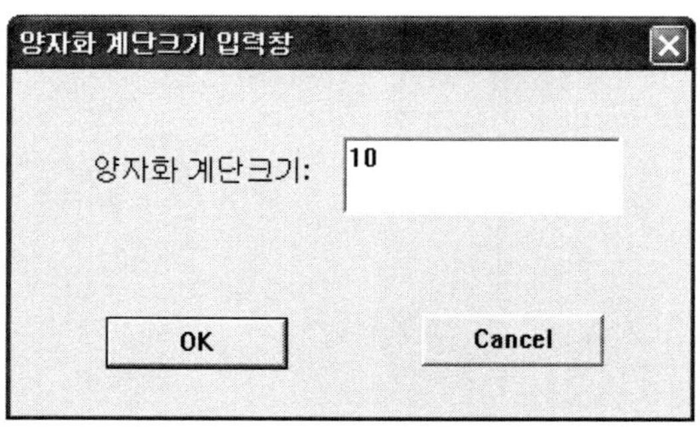
양자화 계단크기 입력창
양자화 계단크기:
10
OK
Cancel

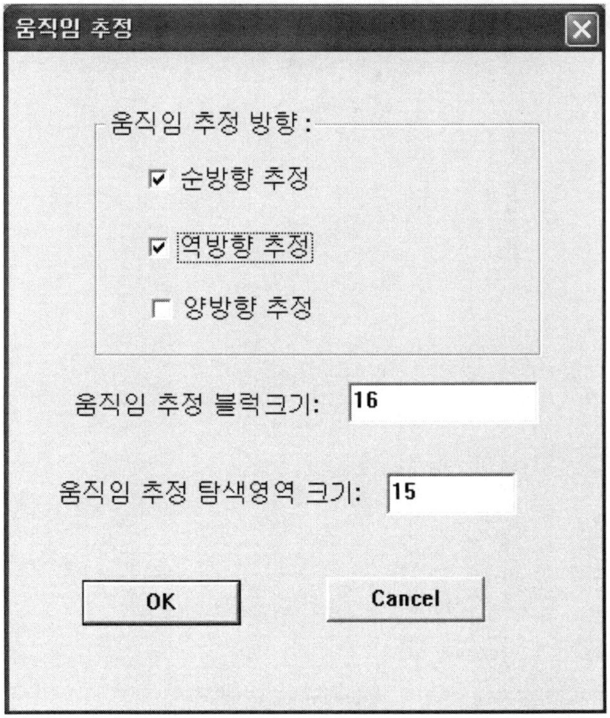
움직임 추정
움직임 추정 방향 :
순방향 추정
역방향 추정
양방향 추정
움직임 추정 블럭크기:
16
움직임 추정 탐색영역 크기:
15
OK
Cancel

MultimediaCoding
탐색수는 3442560이고, MAE는 4.368766입니다.
확인

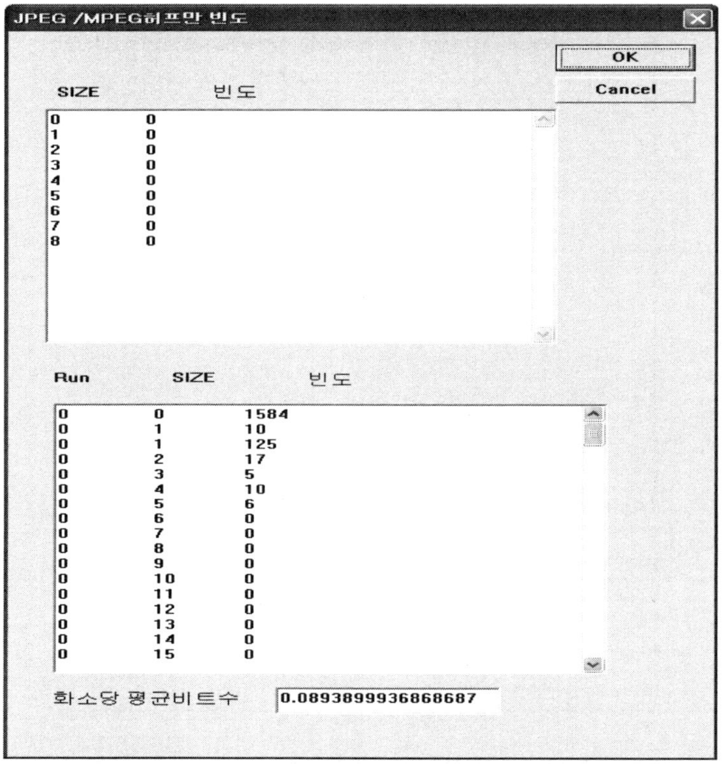
JPEG /MPEG허프만 빈도
OK
Cancel
SIZE 빈도
0 0
1 0
2 0
3 0
4 0
5 0
6 0
7 0
8 0
Run SIZE 빈도
0 0 1584
0 1 10
0 1 125
0 2 17
0 3 5
0 4 10
0 5 6
0 6 0
0 7 0
0 8 0
0 9 0
0 10 0
0 11 0
0 12 0
0 13 0
0 14 0
0 15 0
화소당 평균비트수
0.0893899936868687

MultimediaCoding
원신호와 복원신호간 오차신호의 PSNR은 30.471886입니다.
확인

그림 10-6. 실행결과

10.2 부화소 역방향 움직임추정 차영상 부호화

10.2.1 부화소 움직임추정을 위한 멤버함수 수정하기

m_motionestimation_halfpel() 함수를 수정한다.

리스트 10-7

```
int CMultimediaCodingDoc::m_motionestimation_halfpel(int height, int width)
{
  int size;
  int fmae, fmaemin, fmvk, fmvl, k, l;
   int bmae, bmaemin, bmvk, bmvl, halfpel;
   .........
   fmaemin = 1000000;
   bmaemin = 1000000;
   fmae = bmae = 1000000;
  ..........
  if(m_medlg.m_bForwardMe == TRUE)
   fmae = FSAE_HALF(i, j, i+fmv[index].y,j+fmv[index].x, k, l, size);
   if(fmae < fmaemin)
  {
    fmaemin=fmae;
    fmvk = k;
    fmvl = l;
  }
  if(m_medlg.m_bBackwardMe == TRUE)
    bmae = BSAE_HALF(i, j, i+bmv[index].y,j+bmv[index].x, k, l, size);
 if(bmae < bmaemin)
 {
  bmaemin=bmae;
  bmvk = k;
  bmvl = l;
   }
  }
 }
```

```
}
fmv_half[index].x=fmvl;
fmv_half[index].y=fmvk;
bmv_half[index].x=bmvl;
bmv_half[index].y=bmvk;
   for( k=0; k<size; k++)
      for(l=0; l<size; l++)
      {
       if(fmaemin <= bmaemin)
       {
         halfpel = (m_InImg[0][i+k+fmv[index].y][j+l+fmv[index].x]
         + m_InImg[0][i+k+fmv[index].y+fmv_half[index].y][j+l+fmv[index].x]
         + m_InImg[0][i+k+fmv[index].y][j+l+fmv[index].x+fmv_half[index].x]
         +m_InImg[0][i+k+fmv[index].y+fmv_half[index].y][j+l+fmv[index].x+fmv_half
                                                            [index].x]+ 2)/4;
         m_medirection[index] = 1; //순방향 예측
       }
      else
      {
        halfpel = (m_InImg[2][i+k+bmv[index].y][j+l+bmv[index].x]
        + m_InImg[2][i+k+bmv[index].y+bmv_half[index].y][j+l+bmv[index].x]
        + m_InImg[2][i+k+bmv[index].y][j+l+bmv[index].x+bmv_half[index].x]
        + m_InImg[2][i+k+bmv[index].y+bmv_half[index].y][j+l+bmv[index].x+bmv_half
                                                            [index].x]+ 2)/4;
        m_medirection[index] = 2; //역방향 예측
       }
      int temp = (int)m_InImg[1][i+k][j+l] - halfpel;
      m_DiffImg[i+k][j+l] = temp;
      temp = temp <0 ? -temp : temp;
      tmae += temp;
      temp = temp>255 ? 255 : (temp<0? 0: temp);
      m_OutImg[0][i+k][j+l] = (unsigned char)temp;
      }
    }
........
}
```

m_ADD_ME_halfpel() 함수를 수정한다.

리스트 10-8

```
int CMultimediaCodingDoc::m_ADD_ME_halfpel(int height, int width, int mesize)
{
  int temp, halfpel;
  ................
 if(m_flagIntra[point]==0)
 {
   if(m_medirection[point] == 1)
     halfpel=(m_InImg[0][u+i+fmv[point].y][v+j+fmv[point].x]
     +m_InImg[0][u+i+fmv[point].y+fmv_half[point].y][v+j+fmv[point].x]
     +m_InImg[0][u+i+fmv[point].y][v+j+fmv[point].x+fmv_half[point].x]
   +m_InImg[0][u+i+fmv[point].y+fmv_half[point].y][v+j+fmv[point].x
                                                        +fmv_half[point].x]+2)/4;
   else if(m_medirection[point] == 2)
     halfpel=(m_InImg[2][u+i+bmv[point].y][v+j+bmv[point].x]
     +m_InImg[2][u+i+bmv[point].y+bmv_half[point].y][v+j+bmv[point].x]
     +m_InImg[2][u+i+bmv[point].y][v+j+bmv[point].x+bmv_half[point].x]
     +m_InImg[2][u+i+bmv[point].y+bmv_half[point].y][v+j+bmv[point].x
                                                      +bmv_half[point].x]+2)/4;
  temp=m_IDCTOut[u+i][v+j] + halfpel;
   ..........
}
```

10.2.2 역방향 부화소 움직임추정 함수 추가

BSAE_HALF() 함수를 추가하고 코드를 입력한다.

리스트 10-9

```
int CMultimediaCodingDoc::BSAE_HALF(int PosCi, int PosCj, int PosPi, int
PosPj, int halfpi, int halfpj, int size)
{
  int halfpel, temp, sum=0;
  for(int i=0; i<size; i++)
   for(int j=0; j<size; j++)
   {
     halfpel = (m_InImg[2][PosPi+i][PosPj+j]
     +m_InImg[2][PosPi+i+halfpi][PosPj+j]
     +m_InImg[2][PosPi+i][PosPj+j+halfpj]
     +m_InImg[2][PosPi+i+halfpi][PosPj+j+halfpj]+2)/4;
     temp = (int)m_InImg[1][PosCi+i][PosCj+j]  - halfpel;
     if(temp<0) sum -= temp;
     else sum += temp;
   }
   return sum;
}
```

10.2.3 실행결과

부화소 단위까지 고려하여 순방향과 역방향 움직임 추정을 동시에 적용하여 부호화한 경우에 대한 결과를 그림 10-7에 나타내며, 정수화소 단위 움직임 추정에 대한 부호화 결과인 그림 10-6의 PSNR(화질) 보다 더 높은 값을 가짐을 알 수 있다.

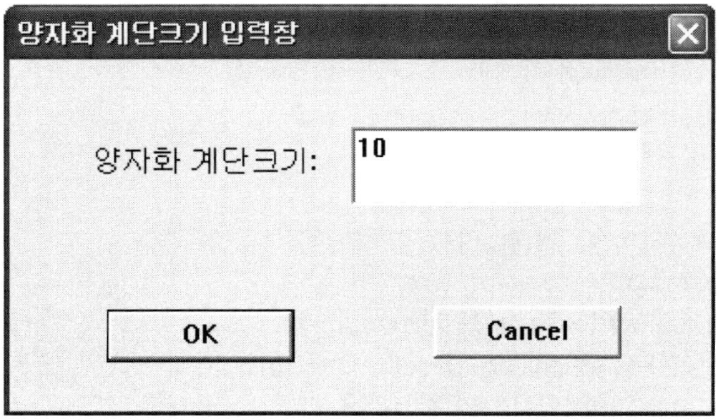

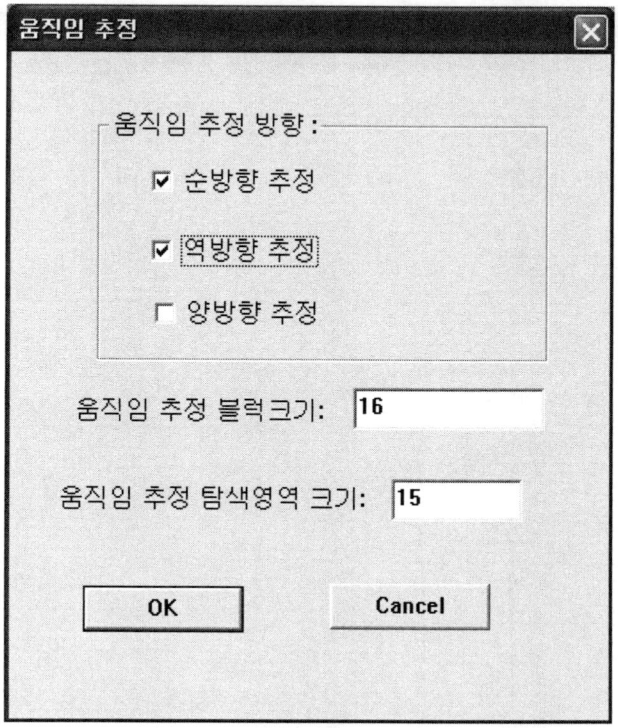
움직임 추정
움직임 추정 방향 :
순방향 추정
역방향 추정
양방향 추정
움직임 추정 블럭크기:
16
움직임 추정 탐색영역 크기:
15
OK
Cancel

MultimediaCoding
탐색수는 344256이고, MAE는 4.368766입니다.
확인

MultimediaCoding
MAE는 3.590229입니다.
확인

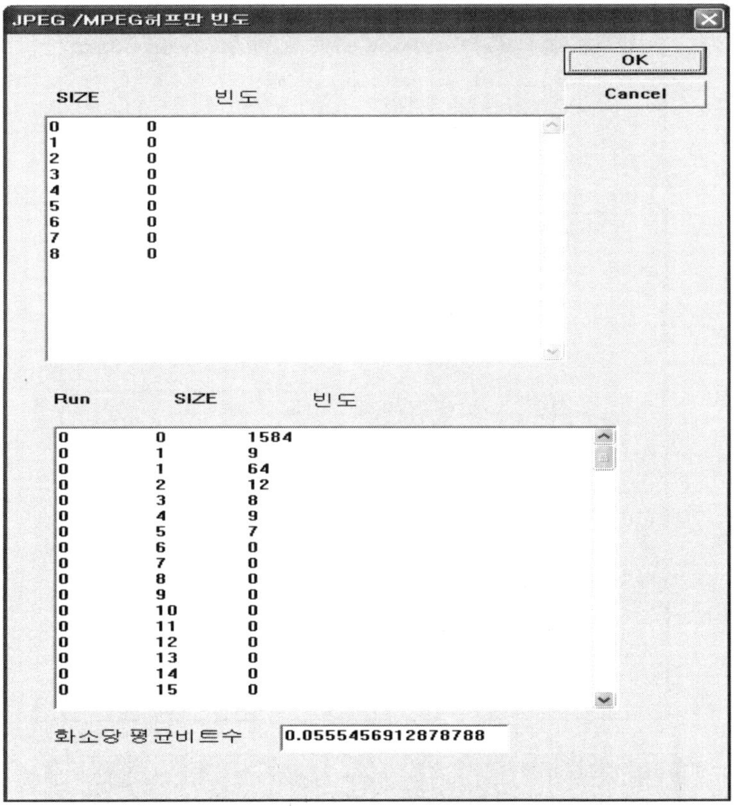
JPEG /MPEG허프만 빈도
OK
Cancel
SIZE 빈도
0 0
1 0
2 0
3 0
4 0
5 0
6 0
7 0
8 0
Run SIZE 빈도
0 0 1584
0 1 9
0 1 64
0 2 12
0 3 8
0 4 9
0 5 7
0 6 0
0 7 0
0 8 0
0 9 0
0 10 0
0 11 0
0 12 0
0 13 0
0 14 0
0 15 0
화소당 평균비트수
0.0555456912878788

MultimediaCoding
원신호와 복원신호간 오차신호의 PSNR은 32,204551입니다.
확인

그림 10-7. 실행결과

양방향 움직임추정 차영상 부호화

Chapter 11

이 장에서는 움직임 추정에서 이전화면으로부터 순방향추정, 이후화면으로부터 역방향추정, 순방향 및 역방향을 동시에 수행하는 양방향 추정에 대해 살펴보고, 추정된 신호를 부호화하는 부분을 구현한다.

11.1 정수화소 양방향 움직임추정 차영상 부호화

11.1.1 멤버함수 수정하기

m_motionestimation 함수를 수정한다.

리스트 11-1

```
int CMultimediaCodingDoc::m_motionestimation(int height, int width)
{
  int size, point;
  int fmae, fmaemin, fmvk, fmvl, k, l;
  int bmae, bmaemin, bmvk, bmvl, temp;
  int bimae;
  int i, j, searchsize;
  .............
  fmaemin = 1000000;
  bmaemin = 1000000;
  fmae = bmae = bimae = 1000000;
 .................
  bmv[point].x=bmvl;
  bmv[point].y=bmvk;
  if(m_medlg.m_bBidirectionMe == TRUE)
    bimae = BIDIRECTION_SAE(i, j, i+fmvk, j+fmvl,i+bmvk, j+bmvl, size);
  for( k=0; k<size; k++)
    for(l=0; l<size; l++)
    {
```

```
    if((bimae < fmaemin) && (bimae < bmaemin))
    {
      temp = m_InImg[1][i+k][j+l]
           -  (m_InImg[0][i+fmvk+k][j+fmvl+l]+m_InImg[2][i+bmvk+k][j+bmvl+l]+1)/2;
      m_medirection[point] = 0; //양방향 예측
    }
   else if(fmaemin <= bmaemin)
   {
     temp = m_InImg[1][i+k][j+l] - m_InImg[0][i+fmvk+k][j+fmvl+l];
     m_medirection[point] = 1; //순방향 예측
   }
   else
  {
    temp = m_InImg[1][i+k][j+l]  - m_InImg[2][i+bmvk+k][j+bmvl+l];
    m_medirection[point] = 2; //역방향 예측
  }
 ...........
}
```

또한, m_ADD_ME() 함수를 수정한다.

리스트 11-2

```
void CMultimediaCodingDoc::m_ADD_ME(int height, int width, int mesize)
{
  int temp;
  for(int u=0 ; u<height ; u+=mesize)
  {
   for(int v=0 ; v<width ; v+=mesize)
   {
     ....................
     if(m_flagIntra[point]==0)
     {
       //양방향 움직임보상
       if(m_medirection[point] == 0)
       temp=m_IDCTOut[u+i][v+j]+ (m_InImg[0][u+i+fmv[point].y]
```

```
      [v+j+fmv[point].x]+m_InImg[2][u+i+bmv[point].y][v+j+bmv[point].x]
                                                    +1)/2;
      //순방향 움직임 보상
     else if(m_medirection[point] == 1)
       temp=m_IDCTOut[u+i][v+j]
       + m_InImg[0][u+i+fmv[point].y][v+j+fmv[point].x];
       //역방향 움직임 보상
    else if(m_medirection[point] == 2)
      temp=m_IDCTOut[u+i][v+j] +
                          m_InImg[2][u+i+bmv[point].y][v+j+bmv[point].x];
    }
   else
   {
     temp=m_IDCTOut[u+i][v+j];
   }
   ..................
}
```

m_MODE_DECISION() 함수를 수정한다.

리스트 11-3

```
void CMultimediaCodingDoc::m_MODE_DECISION(int height, int width, int mesize)
{
  int flagMC;
  int i, j, u, v, point, temp_NoMC, temp_MC, temp;
  for(int u=0 ; u<height ; u+=mesize)
  {
   for(int v=0 ; v<width ; v+=mesize)
   {
     float mae_NoMC = 0;
     float mae_MC = 0;
    int point = v/mesize+(u/mesize)*(width/mesize);
    for(i=0; i<mesize; i++)
     for(j=0; j<mesize; j++)
```

```
    {
      if(m_medirection[point] == 0)
        temp_NoMC=(m_InImg[1][u+i][v+j]
                  - (m_InImg[0][u+i][v+j]+m_InImg[2][u+i][v+j]+1)/2);
       else if(m_medirection[point] == 1)
         temp_NoMC=(m_InImg[1][u+i][v+j] - m_InImg[0][u+i][v+j]);
       else if(m_medirection[point] == 2)
        temp_NoMC=(m_InImg[1][u+i][v+j] - m_InImg[2][u+i][v+j]);
.............................
  else  //NOMC
  {
  flagMC = 0;
  fmv[point].y = 0;
  fmv[point].x = 0;
  fmv_half[point].y = 0;
   fmv_half[point].x = 0;
   for(i=0; i<mesize; i++)
     for(j=0; j<mesize; j++)
     {
       if(m_medirection[point] == 0)
          temp= m_InImg[1][u+i][v+j] -
          (m_InImg[0][u+i][v+j]+m_InImg[2][u+i][v+j]+1)/2;
       else if(m_medirection[point] == 1)
          temp= m_InImg[1][u+i][v+j] - m_InImg[0][u+i][v+j];
       else if(m_medirection[point] == 2)
          temp = m_InImg[1][u+i][v+j] - m_InImg[2][u+i][v+j];
......
}
```

11.1.2 양방향 움직임추정 함수 추가

BIDIRECTION_SAE 함수를 추가하고, 코드를 입력한다.

리스트 11-4

```
int CMultimediaCodingDoc::BIDIRECTION_SAE(int PosCi, int PosCj, int PosPi, int
PosPj, int PosNi, int PosNj, int size)
{
   int temp, sum=0;
   for(int i=0; i<size; i++)
    for(int j=0; j<size; j++)
    {
       temp = m_InImg[1][PosCi+i][PosCj+j]
             -(m_InImg[0][PosPi+i][PosPj+j]+m_InImg[2][PosNi+i][PosNj+j]+1)/2;
       if(temp<0) sum -= temp;
       else sum += temp;
    }
    return sum;
}
```

11.1.3 양방향 움직임벡터 표시 위해 함수 수정하기

리스트 11-5

```
void CMultimediaCodingView::OnDraw(CDC* pDC)
{
    .....
  CPen lpen(PS_SOLID, 1, RGB(255, 0, 0));
  dc.SelectObject(&lpen);
  int localmesize = pDoc->m_medlg.m_mesize;
if(localmesize == 0) localmesize = 16;
  for(i=0; i<288; i+=localmesize)
  {
    for(j=0; j<352; j+=localmesize)
    {
      int point = (j+352*i/localmesize)/localmesize;
      if(pDoc->m_medirection[point]==1)//순방향
      {
        dc.MoveTo(j+localmesize/2, i+localmesize/2);
        dc.LineTo(j+localmesize/2+pDoc->fmv[point].x,
           i+localmesize/2+pDoc->fmv[point].y);
      }
      if(pDoc->m_medirection[point]==2)//역방향
      {
         dc.MoveTo(j+720+localmesize/2, i+localmesize/2);
         dc.LineTo(j+720+localmesize/2+pDoc->bmv[point].x,
                 i+localmesize/2+pDoc->bmv[point].y);
     }
      if(pDoc->m_flagIntra[point]==1)//화면내
      {
         ...........
      }
    }
  }
  CPen kpen(PS_SOLID, 1, RGB(0, 0, 255));
  dc.SelectObject(&kpen);
  for(i=0; i<288; i+=localmesize)
    for(j=0; j<352; j+=localmesize)
   {
```

```
      int point = (j+352*i/localmesize)/localmesize;
      if(pDoc->m_medirection[point] == 0) //양방향
     {
        dc.MoveTo(j+360+localmesize/2, i+localmesize/2);
        dc.LineTo(j+360+localmesize/2+pDoc->fmv[point].x,
          i+localmesize/2+pDoc->fmv[point].y);

        dc.MoveTo(j+360+localmesize/2, i+localmesize/2);
        dc.LineTo(j+360+localmesize/2+pDoc->bmv[point].x,
        i+localmesize/2+pDoc->bmv[point].y);
     }
   }
}
```

11.1.4 실행결과

순방향, 역방향, 양방향 움직임 추정을 동시에 적용하여 부호화한 경우에 대한 결과를 그림 11-1에 나타내며, 세가지 움직임 추정을 모두 적용한 경우가 한가지 또는 두가지 움직임 추정만을 적용하여 부호화하는 경우에 비하여 PSNR(화질)이 가장 좋음을 알 수 있다.

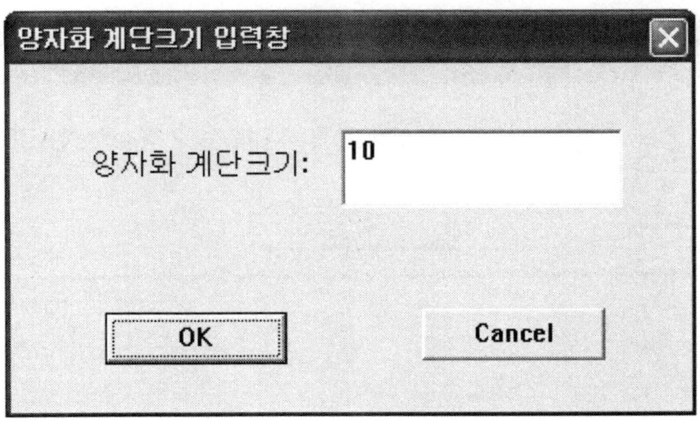

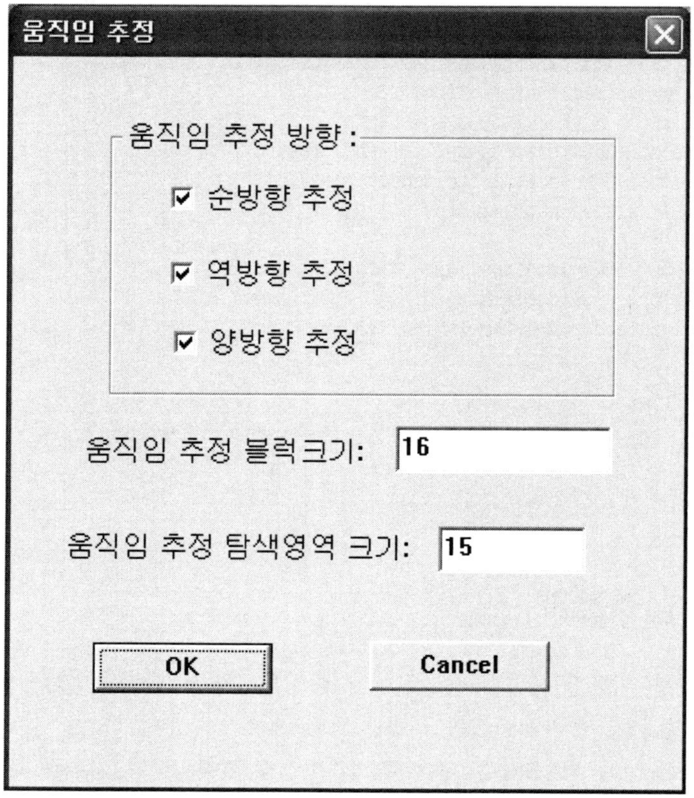
움직임 추정
움직임 추정 방향 :
순방향 추정
역방향 추정
양방향 추정
움직임 추정 블럭크기:
16
움직임 추정 탐색영역 크기:
15
OK
Cancel

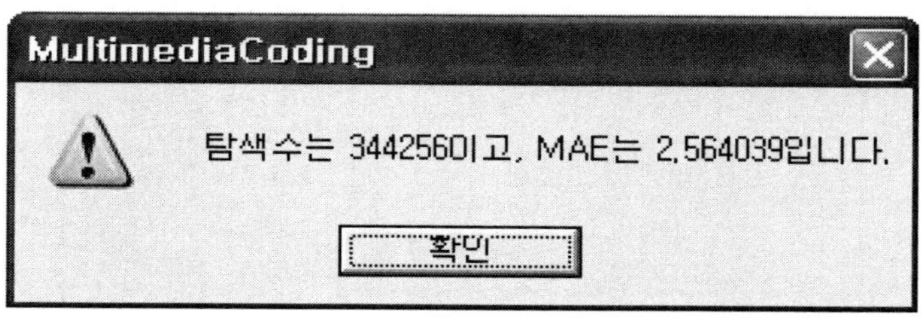
MultimediaCoding
탐색수는 344256이고, MAE는 2.564039입니다.
확인

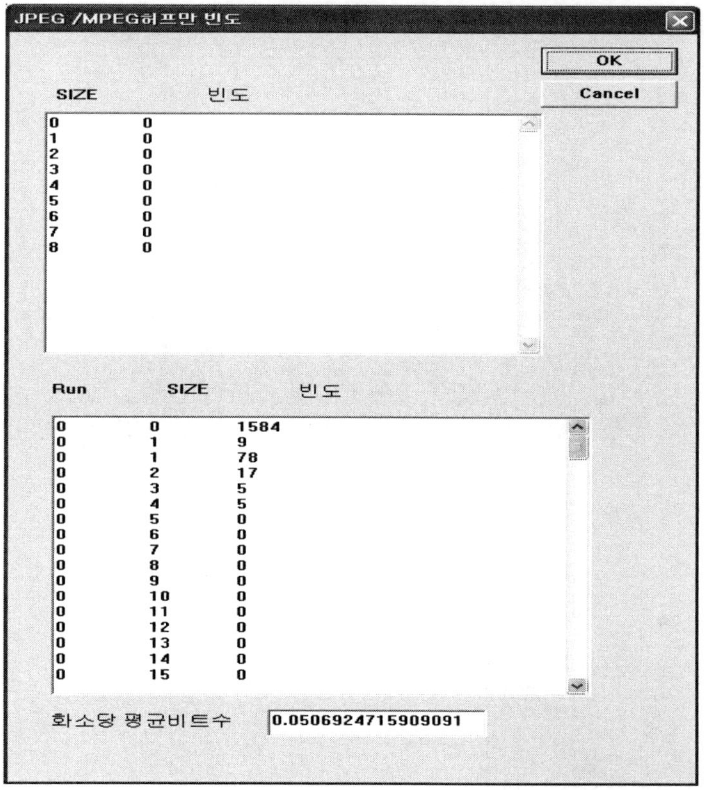
JPEG /MPEG허프만 빈도
OK
Cancel
SIZE 빈도
0 0
1 0
2 0
3 0
4 0
5 0
6 0
7 0
8 0
Run SIZE 빈도
0 0 1584
0 1 9
0 1 78
0 2 17
0 3 5
0 4 5
0 5 0
0 6 0
0 7 0
0 8 0
0 9 0
0 10 0
0 11 0
0 12 0
0 13 0
0 14 0
0 15 0
화소당 평균비트수 0.0506924715909091

MultimediaCoding
원신호와 복원신호간 오차신호의 PSNR은 34.542860입니다.
확인

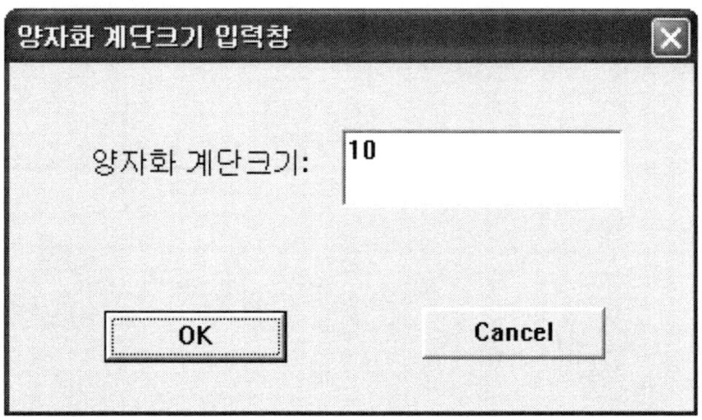
양자화 계단크기 입력창
양자화 계단크기:
10
OK
Cancel

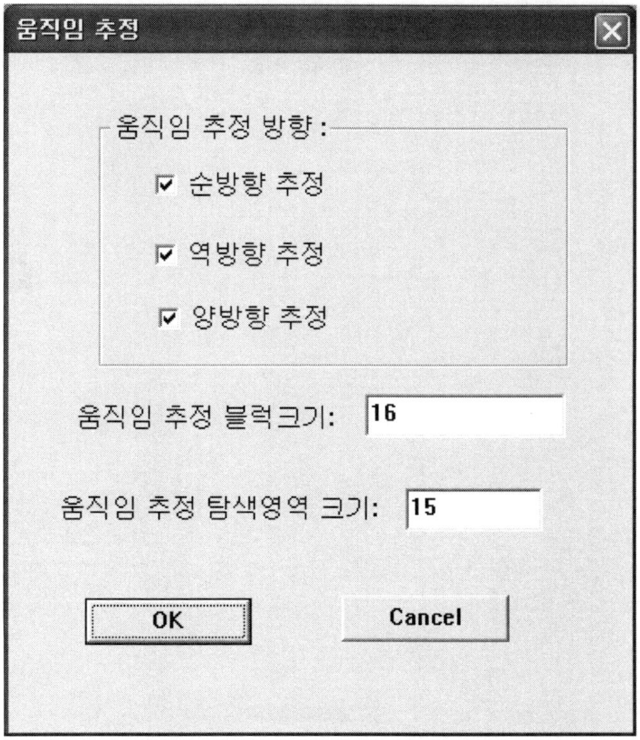
움직임 추정
움직임 추정 방향 :
순방향 추정
역방향 추정
양방향 추정
움직임 추정 블럭크기:
16
움직임 추정 탐색영역 크기:
15
OK
Cancel

MultimediaCoding
탐색수는 344256이고, MAE는 4.793807입니다.
확인

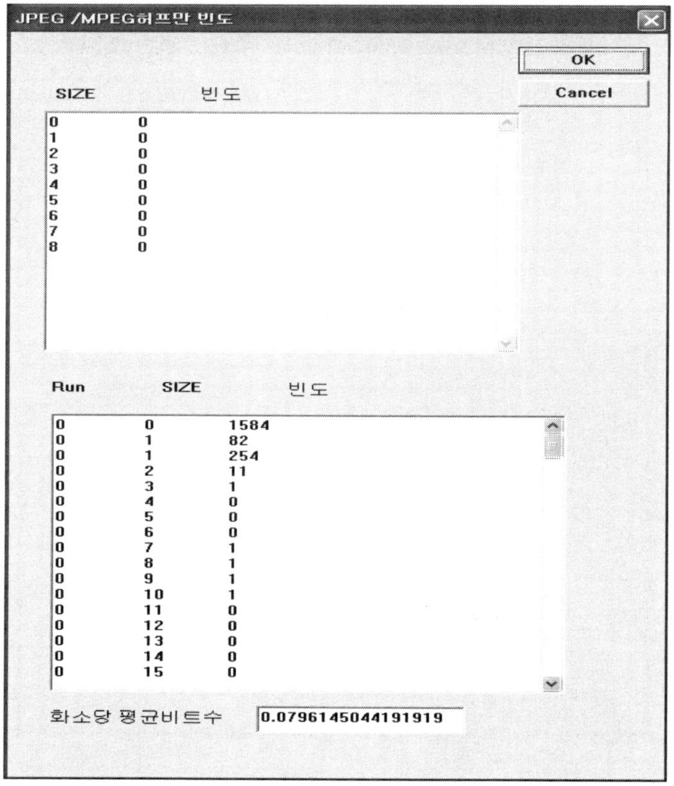
JPEG /MPEG허프만 빈도
OK
Cancel
SIZE 빈도
0 0
1 0
2 0
3 0
4 0
5 0
6 0
7 0
8 0
Run SIZE 빈도
0 0 1584
0 1 82
0 1 254
0 2 11
0 3 1
0 4 0
0 5 0
0 6 0
0 7 1
0 8 1
0 9 1
0 10 1
0 11 0
0 12 0
0 13 0
0 14 0
0 15 0
화소당 평균비트수
0.0796145044191919

MultimediaCoding
원신호와 복원신호간 오차신호의 PSNR은 31.415551입니다.
확인

그림 11-1. Flower, Bus실행결과

11.2 부화소 양방향 움직임추정 차영상 부호화

11.2.1 다양한 멤버함수 수정하기

m_motionestimation_halfpel() 함수를 수정한다.

리스트 11-6

```
int CMultimediaCodingDoc::m_motionestimation_halfpel(int height, int width)
{
  int size;
  int fmae, fmaemin, fmvk, fmvl, k, l;
  int bmae, bmaemin, bmvk, bmvl, halfpel, halfpelprev, halfpelnext;
```

```
int bimae;
.........
fmaemin = 1000000;
bmaemin = 1000000;
fmae = bmae = bimae = 1000000;
..........
bmv_half[index].x=bmvl;
bmv_half[index].y=bmvk;
if(m_medlg.m_bBidirectionMe == TRUE)
  bimae = BIDIRECTION_SAE_HALF(i, j, i+fmv[index].y, j+fmv[index].x,
                    fmvk, fmvl,i+bmv[index].y, j+bmv[index].x, bmvk, bmvl, size);
for( k=0; k<size; k++)
  for(l=0; l<size; l++)
 {
   if((bimae < fmaemin) && (bimae < bmaemin))
   {
      halfpelprev =(m_InImg[0][i+k+fmv[index].y][j+l+fmv[index].x]
      +m_InImg[0][i+k+fmv[index].y+fmv_half[index].y][j+l+fmv[index].x]
      +m_InImg[0][i+k+fmv[index].y][j+l+fmv[index].x+fmv_half[index].x]
      +m_InImg[0][i+k+fmv[index].y+fmv_half[index].y]
                              [j+l+fmv[index].x+fmv_half[index].x]+ 2)/4;
      halfpelnext =(m_InImg[2][i+k+bmv[index].y][j+l+bmv[index].x]
       + m_InImg[2][i+k+bmv[index].y+bmv_half[index].y][j+l+bmv[index].x]
       + m_InImg[2][i+k+bmv[index].y][j+l+bmv[index].x+bmv_half[index].x]
       +m_InImg[2][i+k+bmv[index].y+bmv_half[index].y][j+l+bmv[index].x+
                                                  bmv_half[index].x]+ 2)/4;
       halfpel = (halfpelprev + halfpelnext + 1) / 2;
       m_medirection[index] = 0; //양방향 예측
    }

  else if(fmaemin <= bmaemin)
  {
    halfpel = (m_InImg[0][i+k+fmv[index].y][j+l+fmv[index].x]
            + m_InImg[0][i+k+fmv[index].y+fmv_half[index].y][j+l+fmv[index].x]
            + m_InImg[0][i+k+fmv[index].y][j+l+fmv[index].x+fmv_half[index].x]
    + m_InImg[0][i+k+fmv[index].y+fmv_half[index].y][j+l+fmv[index].x
```

```
                                                        +fmv_half[index].x]+ 2)/4;
      m_medirection[index] = 1; //순방향 예측
     }
     else
    {
       halfpel = (m_InImg[2][i+k+bmv[index].y][j+l+bmv[index].x]
              + m_InImg[2][i+k+bmv[index].y+bmv_half[index].y][j+l+bmv[index].x]
              + m_InImg[2][i+k+bmv[index].y][j+l+bmv[index].x+bmv_half[index].x]
     + m_InImg[2][i+k+bmv[index].y+bmv_half[index].y][j+l+bmv[index].x
                                                        +bmv_half[index].x]+ 2)/4;
       m_medirection[index] = 2; //역방향 예측
     }
.............
}
```

또한, m_ADD_ME_halfpel 함수를 수정한다.

리스트 11-7

```
void CMultimediaCodingDoc::m_ADD_ME_halfpel(int height, int width, int mesize)
{
  int temp, halfpel, halfpelprev, halfpelnext;
  ..................
  if(m_flagIntra[point]==0)
  {
    if(m_medirection[point] == 0)
    {
     halfpelprev = (m_InImg[0][u+i+fmv[point].y][v+j+fmv[point].x]
     +m_InImg[0][u+i+fmv[point].y+fmv_half[point].y][v+j+fmv[point].x]
     +m_InImg[0][u+i+fmv[point].y][v+j+fmv[point].x+fmv_half[point].x]
     +m_InImg[0][u+i+fmv[point].y+fmv_half[point].y][v+j+fmv[point].x
                                                   +fmv_half[point].x]+2)/4;
     halfpelnext = (m_InImg[2][u+i+bmv[point].y][v+j+bmv[point].x]
     +m_InImg[2][u+i+bmv[point].y+bmv_half[point].y][v+j+bmv[point].x]
     +m_InImg[2][u+i+bmv[point].y][v+j+bmv[point].x+bmv_half[point].x]
```

```
     +m_InImg[2][u+i+bmv[point].y+bmv_half[point].y][v+j+bmv[point].x
                                                        +bmv_half[point].x]+2)/4;
     halfpel = (halfpelprev + halfpelnext + 1) / 2;
    }
    else if(m_medirection[point] == 1)
       halfpel=(m_InImg[0][u+i+fmv[point].y][v+j+fmv[point].x]
       +m_InImg[0][u+i+fmv[point].y+fmv_half[point].y][v+j+fmv[point].x]
       +m_InImg[0][u+i+fmv[point].y][v+j+fmv[point].x+fmv_half[point].x]
       +m_InImg[0][u+i+fmv[point].y+fmv_half[point].y][v+j+fmv[point].x
                                                        +fmv_half[point].x]+2)/4;
   else if(m_medirection[point] == 2)
        halfpel=(m_InImg[2][u+i+bmv[point].y][v+j+bmv[point].x]
        +m_InImg[2][u+i+bmv[point].y+bmv_half[point].y][v+j+bmv[point].x]
        +m_InImg[2][u+i+bmv[point].y][v+j+bmv[point].x+bmv_half[point].x]
        +m_InImg[2][u+i+bmv[point].y+bmv_half[point].y][v+j+bmv[point].x
                                                        +bmv_half[point].x]+2)/4;
   temp=m_IDCTOut[u+i][v+j] + halfpel;
   }
............
}
```

11.2.2 양방향 부화소 움직임추정 함수 추가

BIDIRECTION_BSAE_HALF() 함수를 추가하고 코드를 입력한다.

리스트 11-8

```
int CMultimediaCodingDoc::BIDIRECTION_SAE_HALF(int PosCi, int PosCj, int PosPi, int
PosPj, int halfpi, int halfpj, int PosNi, int PosNj, int halfni, int halfnj, int size)
{
   int halfpelprev, halfpelnext, temp, sum=0;
   for(int i=0; i<size; i++)
    for(int j=0; j<size; j++)
```

```
    {
      halfpelprev = (m_InImg[0][PosPi+i][PosPj+j]+m_InImg[0][PosPi+i+halfpi][PosPj+j]
      +m_InImg[0][PosPi+i][PosPj+j+halfpj]+m_InImg[0][PosPi+i+halfpi]
                                                      [PosPj+j+halfpj]+2)/4;
      halfpelnext = (m_InImg[2][PosNi+i][PosNj+j]+m_InImg[2][PosNi+i+halfni][PosNj+j]
      +m_InImg[2][PosNi+i][PosNj+j+halfnj]+m_InImg[2][PosNi+i+halfni]
                                                      [PosNj+j+halfnj]+2)/4;
      temp = (int)m_InImg[1][PosCi+i][PosCj+j]  - (halfpelprev + halfpelnext +1)/2;
      if(temp<0) sum -= temp;
      else sum += temp;
     }
     return sum;
 }
```

11.2.3 실행결과

부화소 단위까지 순방향, 역방향, 양방향 움직임 추정을 동시에 적용하여 부호화한 경우에 대한 결과를 그림 11-2에 나타내며, 정수화소 단위 움직임 추정에 대한 결과인 그림 11-1에 비하여 부화소 단위까지 고려하면 부호화성능이 더 좋아짐을 알 수 있다.

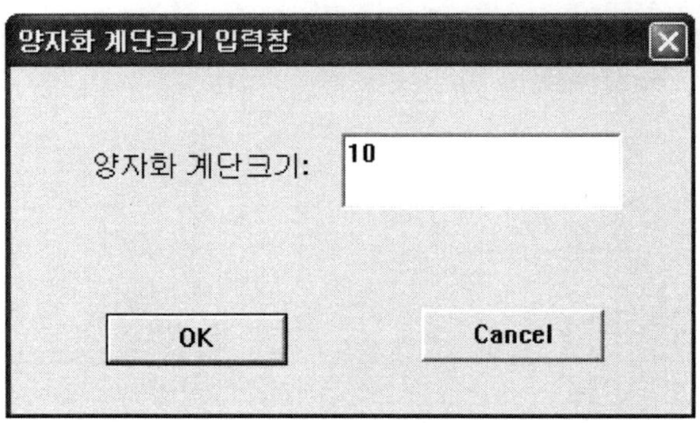

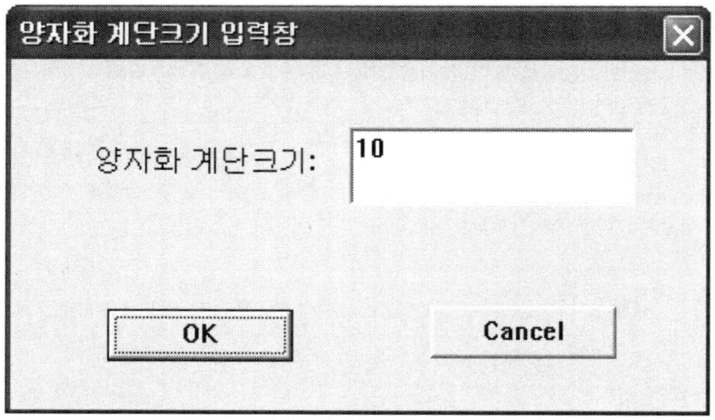
양자화 계단크기 입력창
양자화 계단크기:
10
OK
Cancel

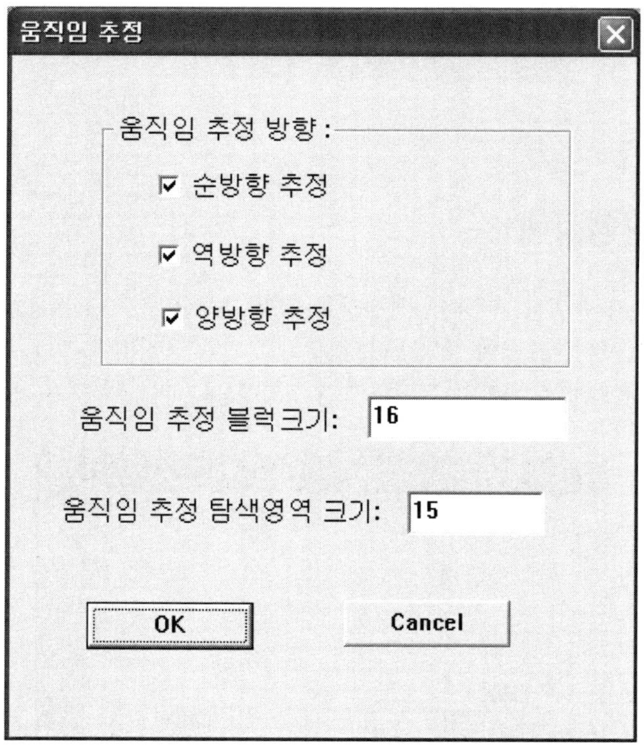
움직임 추정
움직임 추정 방향 :
순방향 추정
역방향 추정
양방향 추정
움직임 추정 블럭크기:
16
움직임 추정 탐색영역 크기:
15
OK
Cancel

MultimediaCoding
탐색수는 344256이고, MAE는 4.793807입니다.
확인

MultimediaCoding
MAE는 4.346315입니다.
확인

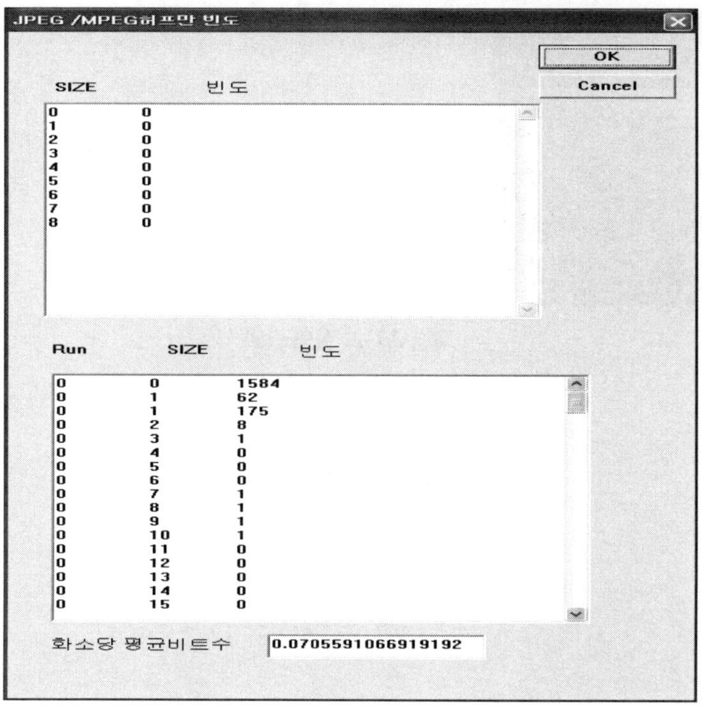
JPEG /MPEG허프만 빈도
OK
Cancel
SIZE 빈도
0 0
1 0
2 0
3 0
4 0
5 0
6 0
7 0
8 0
Run SIZE 빈도
0 0 1584
0 1 62
0 1 175
0 2 8
0 3 1
0 4 0
0 5 0
0 6 0
0 7 1
0 8 1
0 9 1
0 10 1
0 11 0
0 12 0
0 13 0
0 14 0
0 15 0
화소당 평균비트수
0.0705591066919192

그림 11-2. 실행결과

컬러 영상 부호화

Chapter 12

11장까지 주로 Y로 표시된 명도값에 대한 영상부호화 과정을 설명하였다. 이장에서는 UV로 표시된 색도값에 대한 부호화 과정을 설명한다.

12.1 컬러 영상을 위한 멤버변수 추가

영상 신호 규격이 4:2:0인 경우에는 각 색도신호는 명도신호에 비하여 수평 및 수직방향으로 화소수가 반으로 줄어든다. 다음과 같이 색도신호를 위한 8개의 변수를 DOC클래스에 추가한다.

```
unsigned char m_InImg_U1[144][176];
unsigned char m_InImg_V1[144][176];
unsigned char m_InImg_U2[144][176];
unsigned char m_InImg_V2[144][176];
unsigned char m_InImg_U3[144][176];
unsigned char m_InImg_V3[144][176];
unsigned char m_OutImg_U[144][176];
unsigned char m_OutImg_V[144][176];
```

12.2 영상입력 함수 수정하기

영상파일을 입,출력할 때 UV값을 포함하기 위하여 Serialize() 함수를 수정한다.

리스트 12-1

```
void CMultimediaCodingDoc::Serialize(CArchive& ar)
{
   if (ar.IsStoring())
   {
```

```
      // TODO: add storing code here
      ar.Write(m_OutImg, 352*288);
    }
  else
    {
     // TODO: add loading code here
     CFile *infile = ar.GetFile();
     ar.Read(m_InImg[1], 352*288);
     //동영상 한 화면의 크기가 수평 352화소, 수직 288화소인 경우
     ar.Read(m_InImg_U1, 176*144);
     ar.Read(m_InImg_V1, 176*144);
     ar.Read(m_InImg[2], 352*288);
     ar.Read(m_InImg_U2, 176*144);
     ar.Read(m_InImg_V2, 176*144);
     ar.Read(m_InImg[3], 352*288);
     ar.Read(m_InImg_U3, 176*144);
     ar.Read(m_InImg_V3, 176*144);
    }
}
```

12.3 멤버함수 추가

이산여현변환을 위한 m_DCT64_COLOR 함수를 추가한다.

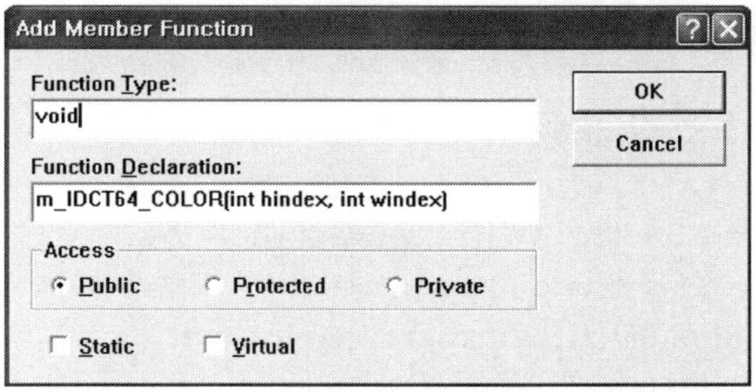

그림 12-1. m_DCT64_COLOR 함수 추가

리스트 12-2

```
void CMultimediaCodingDoc::m_DCT64_COLOR(int hindex, int windex)
{
   double K1, K2;
   int height = 8;
   int width = 8;
   int u, v, n, m;
    for(u=0 ; u<height ; u++)
    {
      for(v=0 ; v<width ; v++)
     {
         double tempa_u = 0,tempa_v = 0;
         for(n=0 ; n<height ; n++)
         {
            for(m=0 ; m<width ; m++)
           {
           tempa_u+= cos((2*n+1)*u*3.14159/(2*height))
           * cos((2*m+1)*v*3.14159/(2*width))* m_InImg_U1[n+hindex][m+windex];
           tempa_v+= cos((2*n+1)*u*3.14159/(2*height))
           * cos((2*m+1)*v*3.14159/(2*width))* m_InImg_V1[n+hindex][m+windex];
           }
      }
```

```
        if (u ==0 ) K1=1/sqrt(2.);
         else K1 = 1;
        if (v ==0 ) K2=1/sqrt(2.);
         else K2 = 1;
         tempa_u *= K1 * K2 * 4 / (height*width);
         tempa_v *= K1 * K2 * 4 / (height*width);
         m_DCTImg_U[u+hindex][v+windex] = tempa_u;
         m_DCTImg_V[u+hindex][v+windex] = tempa_v;
      }
    }
```

또한, 역방향 이산여현변환을 위한 m_IDCT64_COLOR 함수를 추가한다.

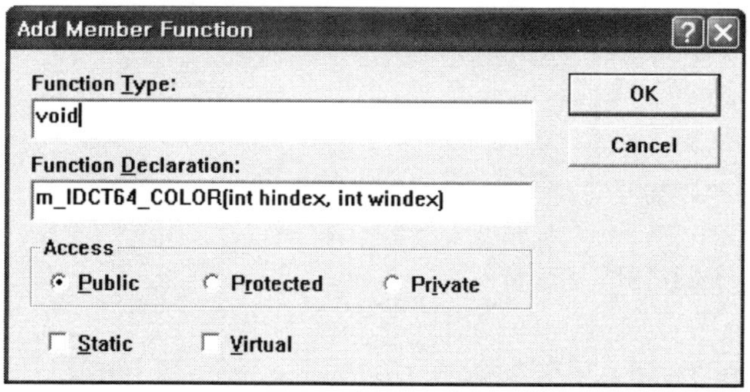

그림 12-2. m_IDCT64_COLOR 함수 추가

리스트 12-3

```
void CMultimediaCodingDoc::m_IDCT64_COLOR(int hindex, int windex)
{
   double K1, K2;
   int height = 8;
   int width = 8;
   int u, v, n, m;
   for(n=0 ; n<height ; n++)
```

```
  {
    for(m=0 ; m<width ; m++)
    {
     double tempa_u = 0;
     double tempa_v = 0;
     for(u=0 ; u<height ; u++)
     {
       for(v=0 ; v<width ; v++)
       {
        if (u ==0 ) K1=1/sqrt(2.);
        else K1 = 1;
        if (v ==0 ) K2=1/sqrt(2.);
        else K2 = 1;
        tempa_u += K1 * K2 * cos((2*n+1)*u*3.14159/(2*height)) *
        cos((2*m+1)*v*3.14159/(2*width))*m_DCTImg_U[u+hindex][v+windex];
       tempa_v += K1 * K2 *cos((2*n+1)*u*3.14159/(2*height)) *
       cos((2*m+1)*v*3.14159/(2*width))* m_DCTImg_V[u+hindex][v+windex];
       }
      }
     m_IDCTOut_U[n+hindex][m+windex] = (int)tempa_u;
     m_IDCTOut_V[n+hindex][m+windex] = (int)tempa_v;
     if ( tempa_u > 255 ) tempa_u = 255;
     else if (tempa_u < 0) tempa_u = 0;
     if ( tempa_v > 255 ) tempa_v = 255;
     else if (tempa_v < 0) tempa_v = 0;
     m_OutImg_U[n+hindex][m+windex] = (unsigned char) tempa_u;
     m_OutImg_V[n+hindex][m+windex] = (unsigned char) tempa_v;
    }
  }
}
```

JPEG 컬러 양자화를 위한 m_JPEG_Q_COLOR 함수를 추가한다.

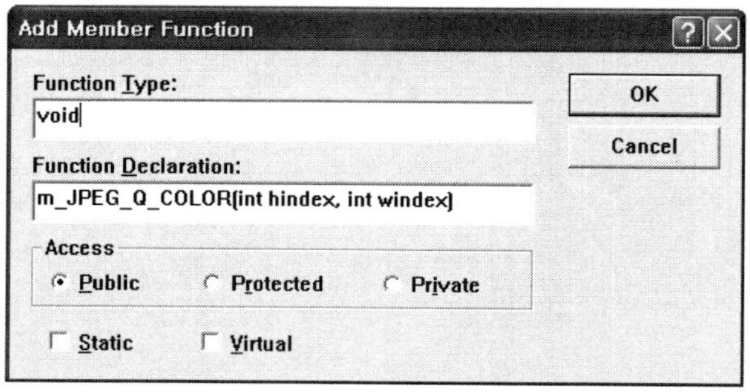

그림 12-3. m_JPEG_Q_COLOR 함수 추가

리스트 12-4

```
void CMultimediaCodingDoc::m_JPEG_Q_COLOR(int hindex, int windex)
{
   int jpegqmask_color[8][8]={{17, 18, 24, 47, 99, 99, 99, 99},
   {18, 21, 26, 66, 99, 99, 99, 99},
   {24, 26, 56, 99, 99, 99, 99, 99},
   {47, 66, 99, 99, 99, 99, 99, 99},
   {99, 66, 99, 99, 99, 99, 99, 99},
   {99, 66, 99, 99, 99, 99, 99, 99},
   {99, 66, 99, 99, 99, 99, 99, 99},
   {99, 66, 99, 99, 99, 99, 99, 99}};
   int height = 8;
   int width = 8;
   int n, m;
   int temp_u, temp_v;
   for(n=0 ; n<height ; n++)
   {
     for(m=0 ; m<width ; m++)
    {
   temp_u = (int)(m_DCTImg_U[n+hindex][m+windex]
                                    / (double)jpegqmask_color[n][m]/16.));
```

```
temp_v = (int)(m_DCTImg_V[n+hindex][m+windex]
                                  / ((double)jpegqmask_color[n][m]/16.));
m_DCTImg_U[n+hindex][m+windex] = temp_u;
m_DCTImg_V[n+hindex][m+windex] = temp_v;
            }
      }
}
```

JPEG 역양자화를 위한 m_JPEG_IQ_COLOR 함수를 추가한다.

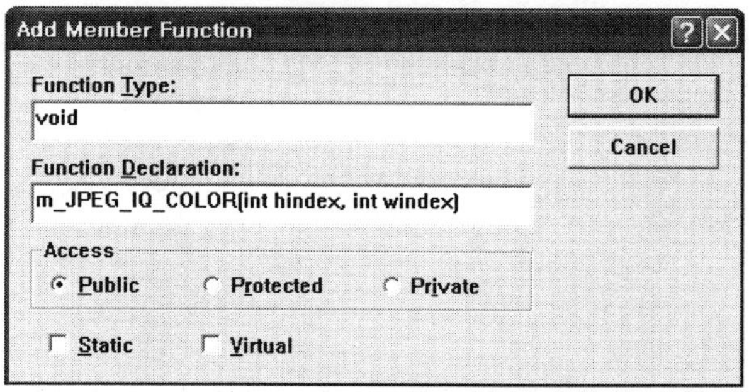

그림 12-4. m_JPEG_IQ_COLOR 함수 추가

리스트 12-5

```
void CMultimediaCodingDoc::m_JPEG_IQ_COLOR(int hindex, int windex)
{
  int jpegqmask_color[8][8]={{17, 18, 24, 47, 99, 99, 99, 99},
  {18, 21, 26, 66, 99, 99, 99, 99},
  {24, 26, 56, 99, 99, 99, 99, 99},
  {47, 66, 99, 99, 99, 99, 99, 99},
  {99, 66, 99, 99, 99, 99, 99, 99},
  {99, 66, 99, 99, 99, 99, 99, 99},
  {99, 66, 99, 99, 99, 99, 99, 99},
  {99, 66, 99, 99, 99, 99, 99, 99}};
```

```
    int height = 8;
    int width = 8;
    int n, m;
     for(n=0 ; n<height ; n++)
     {
       for(m=0 ; m<width ; m++)
      {
       m_DCTImg_U[n+hindex][m+windex]
                                        *= ((double)jpegqmask_color[n][m]/16.);
       m_DCTImg_V[n+hindex][m+windex]
                                        *= ((double)jpegqmask_color[n][m]/16.);
                    }
             }
  }
```

12.4 이산여현변환을 위한 멤버변수 추가

컬러 신호의 이산여현변환 값을 저장하기 위한 멤버변수를 DOC 클래스에 추가한다.

```
double m_DCTImg_U[144][176];
double m_DCTImg_V[144][176];
double m_IDCTOut_U [144][176];
double m_IDCTOut_V [144][176];
```

12.5 멤버함수 수정하기

컬러신호를 처리하기 위하여 m_DCT_JPEG_Q() 함수를 수정한다.

리스트 12-6

```
void CMultimediaCodingDoc::m_DCT_JPEG_Q(int height, int width)
{
  ...........
  int u, v;
  double avr_Qsize = 0;
  for(u=0 ; u<8 ; u++)
    for(v=0 ; v<8 ; v++)
    {
      avr_Qsize += (double)(jpegqmask[u][v]/16.);
    }
   avr_Qsize /= 64.;
   CString str;
   str.Format("평균 양자화 계단크기는 %f 입니다.",avr_Qsize);
   AfxMessageBox(str);
   for(u=0 ; u<height ; u+=8)
   {
    for(v=0 ; v<width ; v+=8)
    {
      m_DCT64(u, v);
      m_JPEG_Q(u, v);
      m_JPEG_IQ(u, v);
      m_IDCT64(u, v);
     }
    }
    for(u=0 ; u<height/2 ; u+=8)
    {
     for(v=0 ; v<width/2 ; v+=8)
    {
         m_DCT64_COLOR(u, v);
         m_JPEG_Q_COLOR(u, v);
         m_JPEG_IQ_COLOR(u, v);
```

```
        m_IDCT64_COLOR(u, v);
                }
        }
}
```

12.6 화면 출력함수 수정하기

컬러신호를 화면에 출력하기 위하여 OnDraw() 함수를 수정한다.

리스트 12-7

```
void CMultimediaCodingView::OnDraw(CDC* pDC)
{
  ...........
  int i, j;
  int r1, g1, b1, y1, u1, v1;
  int r2, g2, b2, y2, u2, v2;
  int r3, g3, b3, y3, u3, v3;
  int r, g, b, y, u, v;
  int localmesize;
  for(i=0; i<288; i++)
   for(j=0; j<352; j++)
  {
    y1=pDoc->m_InImg[1][i][j];
    u1=pDoc->m_InImg_U1[i>>1][j>>1];
    v1=pDoc->m_InImg_V1[i>>1][j>>1];

   r1=y1+1.596*(v1-128);
   g1=y1-0.813*(u1-128)-0.391*(v1-128);
   b1=y1+2.018*(u1-128);
```

```
r1=(r1>255? 255: (r1<0? 0: r1));
g1=(g1>255? 255: (g1<0? 0: g1));
b1=(b1>255? 255: (b1<0? 0: b1));
y2=pDoc->m_InImg[2][i][j];
u2=pDoc->m_InImg_U2[i>>1][j>>1];
v2=pDoc->m_InImg_V2[i>>1][j>>1];
r2=y2+1.596*(v2-128);
g2=y2-0.813*(u2-128)-0.391*(v2-128);
b2=y2+2.018*(u2-128);
r2=(r2>255? 255: (r2<0? 0: r2));
g2=(g2>255? 255: (g2<0? 0: g2));
b2=(b2>255? 255: (b2<0? 0: b2));
y3=pDoc->m_InImg[3][i][j];
u3=pDoc->m_InImg_U3[i>>1][j>>1];
v3=pDoc->m_InImg_V3[i>>1][j>>1];
r3=y3+1.596*(v3-128);
g3=y3-0.813*(u3-128)-0.391*(v3-128);
b3=y3+2.018*(u3-128);
r3=(r3>255? 255: (r3<0? 0: r3));
g3=(g3>255? 255: (g3<0? 0: g3));
b3=(b3>255? 255: (b3<0? 0: b3));
y=pDoc->m_OutImg[0][i][j];
u=pDoc->m_OutImg_U[i>>1][j>>1];
v=pDoc->m_OutImg_V[i>>1][j>>1];
r=y+1.596*(v-128);
g=y-0.813*(u-128)-0.391*(v-128);
b=y+2.018*(u-128);
r=(r>255? 255: (r<0? 0: r));
g=(g>255? 255: (g<0? 0: g));
b=(b>255? 255: (b<0? 0: b));
pDC->SetPixel(j, i, RGB(r1, g1, b1));
pDC->SetPixel(j+360, i, RGB(r2, g2, b2));
```

```
      pDC->SetPixel(j+720, i, RGB(r3, g3, b3));
      pDC->SetPixel(j, i+290, RGB(r, g, b));
      }
  .............
  }
```

12.7 실행 결과

컬러영상에 대한 부호화 결과 화면을 그림 12-5에 나타낸다.

그림 12-5. 실행결과

프로젝트 구현

Chapter 13

이번 장에서는 한팀을 4-5명으로 구성하고, 동영상 처리 및 전송과 관련된 텀프로젝트의 예를 나타낸다.

네트워크로 서로 연결된 서버측 및 클라이언트측에서 서버측에서 카메라로 동영상을 입력받아 H.264 부호화 방법으로 압축하여 비트열로 만든다. 클라이언트측에서 서버측에 연결하면 비트열이 네트워크를 통하여 클라이언트측으로 전달되면서, H.264 복호화 방법으로 압축된 비트열을 복원하여 클라이언트측 화면에 재생시킨다.

13.1 네트워크 연결 H.264 부호화기

서버측에 구현된 화면은 다음과 같다.

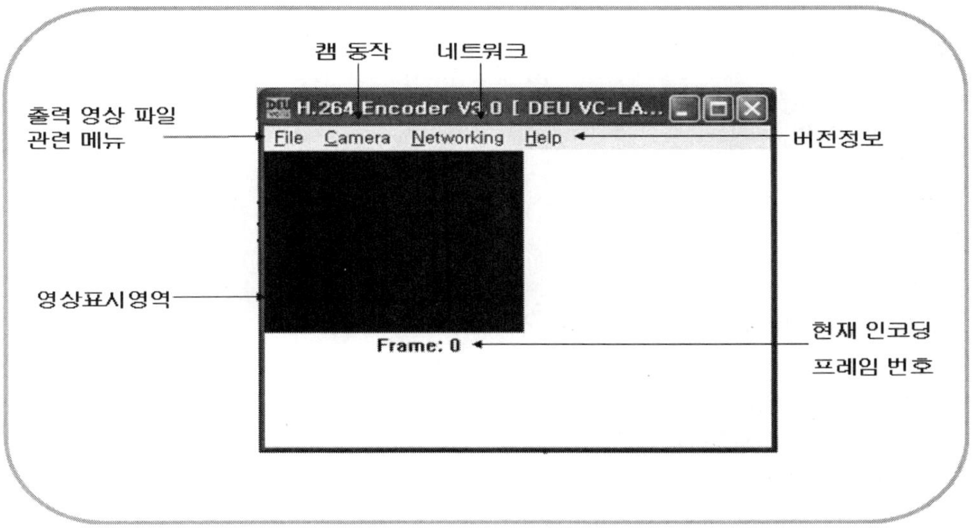

그림 13-1. 서버측에 구현 화면

개발자들은 프로젝트에서 H.264 부호화 및 복호화는 국제표준화기구에서 공개한 JM 소프트웨어 및 그 외 공개된 소프트웨어를 이용하고, 카메라 인터페이스, 재생 화면, 네트워크 연결 등과 관련하여 필요한 프로그램을 구현한 것이다.

13.1.1 서버측 Server 함수 구현

- 클라이언트가 접속하면 인코딩 된 영상 데이터를 RTP 패킷 형태로 실시간 전송해 주기 위해 독립적으로 동작하는 쓰레드 함수이다.
- UDP 소켓을 생성하여 로컬 주소를 바인딩 시키고, 클라이언트로부터 'S' 패킷을 전송 받을 때까지 대기하다가 전송 받으면 인코딩을 시작하고 동시에 실시간으로 패킷을 전송해주는 역할을 한다.

리스트 13-1

```
DWORD WINAPI Server(LPVOID arg)
{
   int retval;
   WSADATA wsa;
   SOCKADDR_INserveraddr;
   int addrlen;
   char start[5];
   if(WSAStartup(MAKEWORD(2,2), &wsa) != 0)
     return -1;
   sock = socket(AF_INET, SOCK_DGRAM, 0);
   if(sock == INVALID_SOCKET)
     err_quit("socket()");
  ZeroMemory(&serveraddr, sizeof(serveraddr));
  serveraddr.sin_family = AF_INET;
  serveraddr.sin_port = htons(9000);
  serveraddr.sin_addr.s_addr = htonl(INADDR_ANY);
  retval = bind(sock, (SOCKADDR*)&serveraddr, sizeof(serveraddr));
```

```
    retval = bind(sock, (SOCKADDR*)&serveraddr, sizeof(serveraddr));
    if(retval == SOCKET_ERROR)
      err_quit("bind()");

    while(1)
   {
     addrlen = sizeof(clientaddr);
     retval = recvfrom(sock, start, 2, 0, (SOCKADDR*)&clientaddr,&addrlen);
     if((retval != 2) && strcmp(start, "S") != 0)
       continue;
     mains(filenames);
     }

    closesocket(sock)
    WSACleanup();
    return 0;
 }
```

프로그램에 대한 구체적인 내용은 다음과 같다.

if(WSAStartup(MAKEWORD(2,2), &wsa) != 0)

    return -1;

- 윈속 버전을 요청하여 윈속 라이브러리(ws2_32.dll)을 초기화하는 역할을 한다.

sock = socket(AF_INET, SOCK_DGRAM, 0);

- UDP 소켓을 생성한다.

retval = bind(sock, (SOCKADDR*)&serveraddr, sizeof(serveraddr));

- 주소 구조체를 바인딩 시킨다.(로컬주소)

while(1){}

- while문은 하나의 클라이언트 요청을 처리하고 나면 다음 클라이언트의 요청을 처리할 수 있도록 계속 반복된다.

retval = recvfrom(sock, start, 2, 0, (SOCKADDR*)&clientaddr, &addrlen);

◆ 서버는 이 함수에 의해 계속 대기 상태에 있다가 클라이언트로부터 패킷이 오기를 기다린다.

if((retval != 2) && strcmp(start, "S") != 0)

continue

◆ recvfrom()함수에서 받은 패킷은 전송 시작을 알리는 "S" 데이터가 들어있는 패킷이어야만 인코더를 동작시키며, 다른 패킷일 경우 다시 while 루프로 돌아가 대기상태로 들어간다.

mains(filenames);

◆ 앞에서 정상적으로 "S"(시작을 알림)패킷을 받았다면 인코더를 동작시킨다.

13.1.2 서버측 send_packet 함수 구현

int send_packet(unsigned int *packetlen, byte *packet)

◆ 네트워크 모드에서 인코딩을 시작하면 한 프레임이 인코딩 될 때마다 데이터를 RTP 패킷으로 생성하게 되는데, 그때마다 호출되어 연결된 클라이언트로 RTP 패킷을 UDP방식으로 전송해주는 역할을 한다.

리스트 13-2

```
int send_packet(unsigned int *packetlen, byte *packet)
{
  int retval;
  if(*packetlen == 0 || *packetlen < 0)
    return 0;
  while(1)
  {
    retval = sendto(sock, (char*)packetlen, sizeof(packetlen), 0,
             (SOCKADDR*)&clientaddr, sizeof(clientaddr));
    if(retval == SOCKET_ERROR)
```

```
      {
          err_display("sendto()");
          continue;
       }
      else
        break;
    }
  while(1)
  {
    retval = sendto(sock, (char*)packet, *packetlen, 0,
                                  (SOCKADDR*)&clientaddr,sizeof(clientaddr));
    if(retval == SOCKET_ERROR)
    {
      err_display("sendto()");
      continue;
     }
    else
      break;
  }
  return 0;
}
```

프로그램에 대한 구체적인 내용은 다음과 같다.

if(*packetlen == 0 || *packetlen < 0)
return 0;

- 패킷크기가 0이거나 작은경우는 보낼 패킷이 없는 경우이므로 함수를 리턴한다.

while(1){}

- 2개의 while문이 존재하는데, sendto()함수로 데이터를 전송한 후에, 문제가 발생하거나 소켓 에러가 생겼을 때 데이터를 재전송 해주기 위함이다.

```
retval = sendto(sock, (char*)packetlen, sizeof(packetlen), 0,
         (SOCKADDR*)&clientaddr, sizeof(clientaddr));
```

- 앞서 시작을 알리는 패킷("S")을 받았을 때 클라이언트의 주소를 알게 되는데, 그 주소로 패킷을 전송해준다.
- 인코더에서는 2개의 패킷을 차례대로 전송해 주는데, 먼저 패킷의 크기를 전송해준다.
- packetlen은 패킷 크기 주소를 가리키고 있는 포인터이다.

```
retval = sendto(sock, (char*)packet, *packetlen, 0,
         (SOCKADDR*)&clientaddr, sizeof(clientaddr));
```

- 위와같이 연결된 클라이언트 주소로 RTP 패킷을 전송한다.
- packet은 패킷을 가리키고 있는 포인터이다.

```
if(retval == SOCKET_ERROR)
{
         err_display("sendto()");
         continue;
}
else
   break;
```

- 데이터 전송 후에 소켓 에러가 발생하면 데이터를 재전송 하고, 정상적으로 전송했으면 while문을 빠져나간다.
- UDP 소켓을 사용하기 때문에 데이터의 신뢰성을 보장해 줄 수 없어 코드상으로 신뢰성을 구현하였다.

13.1.3 서버측 send_packet_end 함수 구현

```
void send_packet_end()
```

- 인코더에서 인코딩이 끝나고, 모든 RTP패킷을 다 전송하고 나면 끝났음을 디코더쪽

에 알려줘야 하는데, 이 함수가 "END" 패킷을 디코더 쪽으로 보냄으로써 모든 과정이 종료되었음을 알려주는 역할을 한다.

- 정확한 "END"패킷이 전송될 때까지 반복하며, 디코더에서 패킷의 크기와 패킷을 따로 전송 받으므로, 보낼 때에도 패킷의 크기와 패킷을 별도록 전송해야 한다.
- 그러므로 패킷 크기와 패킷이 잘못 전송되면 다시 while()문으로 돌아가서 계속 반복작업을 하고, 정상적으로 전송하게 되면 종료한다.

리스트 13-3

```
void send_packet_end()
{
   int retval;
   char *end = "END";
   int length = 4;
   while(1)
   {
     retval = sendto(sock, (char*)&length, sizeof(length), 0,
                                  (SOCKADDR*)&clientaddr, sizeof(clientaddr));
      if(retval == SOCKET_ERROR)
        continue;
     retval = sendto(sock, (char*)end, sizeof(end), 0,
                                  (SOCKADDR*)&clientaddr, sizeof(clientaddr));
     if(retval == SOCKET_ERROR)
       continue;
     else
       break;
   }
}
```

프로그램에 대한 구체적인 내용은 다음과 같다.

```
retval = sendto(sock, (char*)&length, sizeof(length), 0, (SOCKADDR*)&clientaddr,
          sizeof(clientaddr));
```

- 패킷 크기를 먼저 전송한다.

```
retval = sendto(sock, (char*)end, sizeof(end), 0, (SOCKADDR*)&clientaddr,
          sizeof(clientaddr));
if(retval == SOCKET_ERROR)
          continue;
else
          break;
```

- 패킷을 전송하며, 전송 오류면 다시 처음부터 전송하고, 정상적으로 전송이 완료되면 종료한다.

13.1.4 서버측 오류처리 함수 구현

(1) void err_quit(char *msg)

- 파라미터로 받은 문자열을 에러 메시지로 출력한 뒤 프로그램을 종료시킨다.

리스트 13-4

```
void err_quit(char *msg)
{
   LPVOID lpMsgBuf
   FormatMessage(FORMAT_MESSAGE_ALLOCATE_BUFFER | FORMAT_MESSAGE_FROM_SYSTEM,
   NULL, WSAGetLastError(),MAKELANGID(LANG_NEUTRAL, SUBLANG_DEFAULT),
                                              (LPTSTR)&lpMsgBuf, 0, NULL);
   MessageBox(NULL, (LPCTSTR)lpMsgBuf, msg, MB_ICONERROR);
   LocalFree(lpMsgBuf);
   exit(-1);
}
```

(2) void err_display(char *msg)

- 파라미터로 받은 문자열을 에러 메시지로 출력하지만 종료는 시키지 않는다.

리스트 13-5

```
void err_display(char *msg)
{
    LPVOID lpMsgBuf;
    FormatMessage(FORMAT_MESSAGE_ALLOCATE_BUFFER | FORMAT_MESSAGE_FROM_SYSTEM,
    NULL, WSAGetLastError(),MAKELANGID(LANG_NEUTRAL, SUBLANG_DEFAULT),
                                                (LPTSTR)&lpMsgBuf, 0, NULL);
    printf("[%s] %s", msg, (LPCTSTR)lpMsgBuf);
    LocalFree(lpMsgBuf);
}
```

13.1.5 시비측 WndProc 함수 구현

LRESULT CALLBACK WndProc()

- 윈도우 프로시저 함수로써 여러 윈도우 메시지를 처리해주는 함수이다.

리스트 13-6

```
LRESULT CALLBACK WndProc(HWND hWnd,UINT iMessage,WPARAM wParam,LPARAM lparam)
{
  OPENFILENAME OFN;
  char lpstrFile[100]="";
  HDC hdc;
  HMENU hMenu;
  PAINTSTRUCT ps;
  UINT uState;
  int check;
  RECT rect2;
  RECT rect = {0,0,700,700};
```

```
static DWORD ThreadId;
static HANDLE hServerThread;
hMenu = GetMenu(hWnd);
switch(iMessage)
 {
   case WM_CREATE :
     CheckMenuItem(hMenu, ID_CAM_STOP, MF_BYCOMMAND | MF_CHECKED);
     EnableMenuItem(hMenu, IDM_ENCODING_SERVER, MF_BYCOMMAND |
                   MF_ENABLED);
     EnableMenuItem(hMenu, ID_CAM_STOP, MF_BYCOMMAND | MF_GRAYED);
     EnableMenuItem(hMenu, ID_ENCODE, MF_BYCOMMAND | MF_GRAYED);
     EnableMenuItem(hMenu, ID_CHANGE_OPTION, MF_BYCOMMAND | MF_GRAYED);
     break;
   case WM_DESTROY:
     PostQuitMessage(0);
     return 0;
 case WM_COMMAND:
   switch(LOWORD(wParam))
   {
     case ID_OPEN:
       memset(&OFN, 0, sizeof(OPENFILENAME));
       OFN.lStructSize = sizeof(OPENFILENAME);
       OFN.hwndOwner=hWnd;
       OFN.lpstrFilter="yuv File(*.yuv)₩0*.yuv₩0AllFiles(*.*)₩0*.*₩0"
       OFN.lpstrFile=lpstrFile;
       OFN.nMaxFile=256;
       OFN.lpstrInitialDir="";
       if (GetOpenFileName(&OFN)!=0)
       {
         strcpy(filenames,OFN.lpstrFile);
         SendMessage(hWnd,WM_COMMAND,LOWORD(ID_ENCODE),NULL);
       }
```

```
        break;
      case ID_FILE_EXIT :
        DestroyWindow(hWnd);
        break;
      case ID_ABOUT_DLG :
        hOption= DialogBox(g_hInst,MAKEINTRESOURCE(IDD_ABOUT_DLG), hWnd,
                 DlgProc);
        break;
      case ID_ENCODE:
        c_frame=0;
//NAL_mode = 1;
hOption = DialogBox(g_hInst,MAKEINTRESOURCE(IDD_OPTION),hWnd,OptProc);
SetWindowPos(hWnd,HWND_NOTOPMOST,0,0,nx,ny,SWP_NOMOVE);
GetWindowRect(hWnd,&rect2);
GetClientRect(hWnd,&rect);
nx=nwidth;
ny=nheight;
SetWindowPos(hWnd,HWND_NOTOPMOST,0,0,rect2.right-rect2.left
            -rect.right + nx,rect2 .bottom-rect2.top
            - rect.bottom + ny + 25,SWP_NOMOVE);
hHistory = CreateDialog(g_hInst,MAKEINTRESOURCE(IDD_HISTORY)
           ,hWnd,HistoryProc);
hList = CreateWindow("listbox",NULL,WS_CHILD | WS_VISIBLE |
          WS_BORDER | WS_VSCROLL |LBS_NOTIFY,10,10,
          740,220,hHistory,(HMENU)9,g_hInst,NULL);
ShowWindow(hHistory,SW_SHOW);
          GetWindowRect(hWnd,&rect);
          SetWindowPos(hHistory,HWND_NOTOPMOST,rect.left,
                                            rect.bottom,0,0,SWP_NOSIZE);
          if(net_mode == 0)
             hplaysThread = CreateThread(NULL, 0, plays, NULL, 0, &playsID);
             break;
```

```
    case ID_CAM:
     uState = GetMenuState(hMenu, ID_CAM, MF_BYCOMMAND);
     if(uState & MF_CHECKED)
     {
       CheckMenuItem(hMenu, ID_CAM, MF_BYCOMMAND | MF_UNCHECKED);
       EnableMenuItem(hMenu, ID_CAM, MF_BYCOMMAND | MF_ENABLED);
  EnableMenuItem(hMenu, ID_CAM_STOP, MF_BYCOMMAND | MF_GRAYED);
  EnableMenuItem(hMenu, ID_ENCODE, MF_BYCOMMAND | MF_GRAYED);
  EnableMenuItem(hMenu, ID_CHANGE_OPTION, MF_BYCOMMAND |MF_GRAYED);
}
else
{
   CheckMenuItem(hMenu, ID_CAM, MF_BYCOMMAND | MF_CHECKED);
   CheckMenuItem(hMenu, ID_CAM_STOP, MF_BYCOMMAND | MF_UNCHECKED);
   EnableMenuItem(hMenu, ID_CAM, MF_BYCOMMAND | MF_GRAYED);
   EnableMenuItem(hMenu, ID_CAM_STOP, MF_BYCOMMAND |  MF_ENABLED);
   EnableMenuItem(hMenu, ID_ENCODE, MF_BYCOMMAND | MF_ENABLED);
   EnableMenuItem(hMenu, ID_CHANGE_OPTION, MF_BYCOMMAND | MF_ENABLED);
}
m_hWnd=capCreateCaptureWindow("Capture Window",
                              WS_CHILD|WS_VISIBLE,0,0,640,480,hWnd,NULL);
if(capSetCallbackOnFrame(m_hWnd,capCallbackOnFrame)==FALSE)
   return FALSE;
if(capDriverConnect(m_hWnd,0)==FALSE)
   return FALse;
capGetVideoFormat(m_hWnd,&BmInfo,sizeof(BITMAPINFO));
nx = BmInfo.bmiHeader.biWidth;
ny = BmInfo.bmiHeader.biHeight;
pbmi->bmiHeader.biWidth = nx;
pbmi->bmiHeader.biHeight = ny;
check=SetWindowPos(hWnd,HWND_TOPMOST,0,0,nx,ny,SWP_NOMOVE);
GetWindowRect(hWnd,&rect2);
```

```
GetClientRect(hWnd,&rect);
SetWindowPos(hWnd,HWND_TOPMOST,0,0,rect2.right-rect2.left
             -rect.right + nx,rect2 .bottom-rect2.top
             - rect.bottom + ny,SWP_NOMOVE);
if(BmInfo.bmiHeader.biCompression == RGB24)
{
  graphic_compress_mode = 1;
}
if(BmInfo.bmiHeader.biCompression == I420)
{
  graphic_compress_mode = 0;
}
capSetVideoFormat(m_hWnd,&BmInfo,sizeof(BITMAPINFO));
capPreviewRate(m_hWnd,33);
capOverlay(m_hWnd,FALSE);
capPreview(m_hWnd,TRUE);
isCamera=1;
break;
case ID_CAM_STOP:
  uState = GetMenuState(hMenu, ID_CAM_STOP, MF_BYCOMMAND);
  capDriverDisconnect(m_hWnd);
  if(uState & MF_CHECKED)
  {
    CheckMenuItem(hMenu, ID_CAM_STOP, MF_BYCOMMAND |  MF_CHECKED);
    EnableMenuItem(hMenu, ID_CAM, MF_BYCOMMAND | MF_GRAYED);
    EnableMenuItem(hMenu, ID_CAM_STOP, MF_BYCOMMAND | MF_ENABLED);
    EnableMenuItem(hMenu, ID_ENCODE, MF_BYCOMMAND |  MF_ENABLED);
    EnableMenuItem(hMenu, ID_CHANGE_OPTION, MF_BYCOMMAND | MF_ENABLED);
  }
 else
 {
    CheckMenuItem(hMenu, ID_CAM, MF_BYCOMMAND |   MF_UNCHECKED);
```

```
    CheckMenuItem(hMenu, ID_CAM_STOP, MF_BYCOMMAND |   MF_CHECKED);
    EnableMenuItem(hMenu, ID_CAM, MF_BYCOMMAND | MF_ENABLED);
EnableMenuItem(hMenu, ID_CAM_STOP, MF_BYCOMMAND | MF_GRAYED);
EnableMenuItem(hMenu, ID_ENCODE, MF_BYCOMMAND | MF_GRAYED);
EnableMenuItem(hMenu, ID_CHANGE_OPTION, MF_BYCOMMAND | MF_GRAYED);
}
break;
case ID_CHANGE_OPTION:
  capDlgVideoFormat(m_hWnd);
  capGetVideoFormat(m_hWnd,&BmInfo,sizeof(BITMAPINFO));
  nx = BmInfo.bmiHeader.biWidth;
  ny = BmInfo.bmiHeader.biHeight;
  if((nx == 176 && ny == 144) || (nx == 352 && ny == 288))
    EnableMenuItem(hMenu, ID_ENCODE, MF_BYCOMMAND |   MF_ENABLED);
  else
    EnableMenuItem(hMenu, ID_ENCODE, MF_BYCOMMAND |  MF_GRAYED);
  pbmi->bmiHeader.biWidth = nx;
  pbmi->bmiHeader.biHeight = ny;
  check=SetWindowPos(hWnd,HWND_TOPMOST,0,0,nx,ny,SWP_NOMOVE);
  GetWindowRect(hWnd,&rect2);
  GetClientRect(hWnd,&rect);
  SetWindowPos(hWnd,HWND_TOPMOST,0,0,rect2.right
              -rect2.left - rect.right + nx,rect2 .bottom
              -rect2.top - rect.bottom + ny,SWP_NOMOVE);
  if(check==0)
  {
    MessageBox(NULL,"조정실패","aa",MB_OK);

  }
  if(BmInfo.bmiHeader.biCompression == RGB24)
  {
     graphic_compress_mode = 1;
```

```
  }
if(BmInfo.bmiHeader.biCompression == I420)
{
  graphic_compress_mode = 0;
}
capSetVideoFormat(m_hWnd,&BmInfo,sizeof(BITMAPINFO));
InvalidateRect(hWnd,&rect,TRUE); break;
case IDM_ENCODING_SERVER:
  uState = GetMenuState(hMenu, IDM_ENCODING_SERVER, MF_BYCOMMAND);
 if(uState & MF_CHECKED)
 {
   net_mode = 0;
   CheckMenuItem(hMenu, IDM_ENCODING_SERVER, MF_BYCOMMAND |  MF_UNCHECKED);
   EnableMenuItem(hMenu, IDM_CAM_SERVER, MF_BYCOMMAND | MF_ENABLED);
   TerminateThread(hServerThread, TRUE);
   closesocket(sock);
   WSACleanup();
 }
 else
 {
   net_mode =1;
   SendMessage(hWnd,WM_COMMAND,LOWORD(ID_OPEN),NULL);
   CheckMenuItem(hMenu, IDM_ENCODING_SERVER, MF_BYCOMMAND |  MF_CHECKED);
   EnableMenuItem(hMenu, IDM_CAM_SERVER, MF_BYCOMMAND |  MF_GRAYED);
   hServerThread = CreateThread(NULL, 0, Server, NULL, 0,&ThreadId);
   if(hServerThread == NULL)
     MessageBox(hWnd, "서버를 시작할 수 없습니다.\r\n프로그램을
             종료합니다.", "실패", MB_ICONERROR);
   else
     CloseHandle(hServerThread);
  }
break;
```

```
case IDM_CAM_SERVER :
  uState = GetMenuState(hMenu, IDM_CAM_SERVER, MF_BYCOMMAND);
  if(uState & MF_CHECKED)
  {
    SendMessage(hWnd,WM_COMMAND,LOWORD(ID_CAM_STOP),NULL);
    net_mode = 0;
    CheckMenuItem(hMenu, IDM_CAM_SERVER, MF_BYCOMMAND | MF_UNCHECKED);
    EnableMenuItem(hMenu, IDM_ENCODING_SERVER, MF_BYCOMMAND | MF_ENABLED);
    TerminateThread(hServerThread, TRUE);
    closesocket(sock);
    WSACleanup();
  }
  else
  {
    SendMessage(hWnd,WM_COMMAND,LOWORD(ID_CAM),NULL);
    net_mode =1;
    SendMessage(hWnd,WM_COMMAND,LOWORD(ID_ENCODE),NULL);
    CheckMenuItem(hMenu, IDM_CAM_SERVER, MF_BYCOMMAND |MF_CHECKED);
    EnableMenuItem(hMenu, IDM_ENCODING_SERVER, MF_BYCOMMAND | MF_GRAYED);
    hServerThread = CreateThread(NULL, 0, Server, NULL, 0, &ThreadId);
    if(hServerThread == NULL)
      MessageBox(hWnd, "서버를 시작할 수  없습니다.\r\n프로그램을종료합니다.",
              "실패",MB_ICONERROR);
    else
      CloseHandle(hServerThread);
   }
   break;
 }
 return 0;
case WM_PAINT:
```

```
 hdc = BeginPaint(hWnd,&ps);
 if(isCamera != 1)
 {
   SetDIBitsToDevice(hdc,0,0,nx,ny,0,0,0,nx,rgb,pbmi,DIB_RGB_COLORS);
   // rgb data output display!!
 }
 else
 {
   SetDIBitsToDevice(hdc,0,0,nx,ny,0,0,0,nx,ghVideoData, &BmInfo
                  ,DIB_RGB_COLORS);
   // rgb data output display!!
 }
 sprintf(c_frames,"Frame: %d   ",c_frame);
 TextOut(hdc,nx-100,ny+2,c_frames,strlen(c_frames)-1);
 EndPaint(hWnd,&ps);
 return 0;
 }
 return(DefWindowProc(hWnd,iMessage,wParam,lparam));
}
```

프로그램에 대한 구체적인 내용은 다음과 같다.

case WM_CREATE :
- 윈도우 창이 처음 실행될 때 실행되는 메시지로 메뉴 상태를 설정한다.

case WM_DESTROY:
- 윈도우 창이 종료될 때 실행되는 메시지.

case ID_OPEN:
- yuv 파일을 열어 인코딩을 해준다.

case ID_FILE_EXIT :
- 윈도우 창을 종료시킨다.

case ID_ABOUT_DLG :

- about 다이얼로그 창을 띄운다.

case ID_ENCODE :

- 옵션 설정 다이얼로그를 띄워 옵션을 설정한 후 인코딩을 한다.

case ID_CAM :

- 카메라가 RGB모드인지 I420모드인지 점검 후 카메라를 동작시킨다.

case ID_CAM_STOP :

- 카메라의 동작을 중지시킨다.

case ID_CHANGE_OPTION :

- 카메라의 해상도와 압축형태를 변경하는 윈도우 창을 띄우고 변경된 상황을 적용한다.

case IDM_ENCODING_SERVER :

- 인코딩 서버로 동작시킨다.
- 동작하면 서버 독립 쓰레드가 실행되며, 클라이언트로부터 패킷이 오기를 기다리는 대기 상태가 된다.

case IDM_CAM_SERVER :

- 인코딩 캠 서버로 동작시킨다.
- 동작하면 서버 독립 쓰레드가 실행되며, 클라이언트로부터 패킷이 오면 캠 인코딩 데이터를 전송한다.

case WM_PAINT :

- 인코딩 수행과정시 영상 데이터를 표시해 주는 역할을 한다.

13.1.6 서버측 공개소스 수정

rtp.c 파일내 ComposeRTPPacket 함수를 수정한다.

int ComposeRTPPacket (RTPpacket_t *p)

- ComposeRTPPacket() 함수는 표준 인코더에 기존에 존재하는 함수로써 인코딩 된 데이터를 RTP 패킷으로 생성해주며 아래쪽p->packlen = p->paylen+12; 부분까지 프로그램이 진행되면 하나의 패킷이 생성된 상태이다.
- 패킷이 생성되자 마자 전송을 해주기 위해 바로 아래 부분에 네트워크 모드가 1일 경우에만 send_packet()함수를 호출하여 막 생성된 패킷의 크기와 패킷을 전송 해주도록 한다.

리스트 13-7

```
int ComposeRTPPacket (RTPpacket_t *p)
{
    // Consistency checks through assert, only used for debug purposes
    assert (p->v== 2);
    assert (p->p== 0);
    assert (p->x== 0);
    assert (p->cc== 0);    // mixer designers need to change this one
    assert (p->m== 0 || p->m == 1);
    assert (p->pt< 128);
    assert (p->seq< 65536);
    assert (p->payload!= NULL);
    assert (p->paylen< 65536 - 40);  // 2**16 -40 for IP/UDP/RTP header
    assert (p->packet!= NULL);
    // Compose RTP header, little endian
    p->packet[0] = (   (p->v) |  (p->p << 2) |  (p->x << 3) |  (p->cc << 4) );
    p->packet[1] = (   (p->m) |  (p->pt << 1) );
    p->packet[2] = p->seq & 0xff;
    p->packet[3] = (p->seq >> 8) & 0xff;
   memcpy (&p->packet[4], &p->timestamp, 4);
   memcpy (&p->packet[8], &p->ssrc, 4);
   // Copy payload
   memcpy (&p->packet[12], p->payload, p->paylen);
   p->packlen = p->paylen+12;
```

```
    if(net_mode == 1)
    send_packet(&p->packlen, p->packet);
    return 0;
 }
```

if(net_mode == 1)

send_packet(&p->packlen, p->packet);

- 패킷 전송은 반드시 네트워크 모드(net_mode 변수가 1인 경우)인 경우에만 가능하며, 패킷이 생성되자마자 전송을 해주게 된다.
- 파라미터로 패킷의 크기와 패킷을 가리키는 포인터를 넘겨준다.

또한, rtp.c 파일내 WriteRTPNALU 함수를 수정한다.
int WriteRTPNALU (NALU_t *n)

- 인코딩 되어 생성된 NAL Unit을 파라미터로 받아서 RTP 패킷을 생성하고, 네트워크 모드인 경우, 네트워크로 패킷을 전송하고, 아닌 경우에는 .264파일을 생성한다.
- 네트워크로 모드로 패킷을 전송할 경우에는 .264파일을 생성할 필요가 없기 때문에 아래쪽 WriteRTPPacket (p, f) 함수를 호출하지 않도록 해 주었다.

리스트 13-8

```
int WriteRTPNALU (NALU_t *n)
{
   RTPpacket_t *p;
   if(net_mode == 0)
      assert (f != NULL);
  assert (n != NULL);
   assert (n->len< 65000);
   n->buf[0] = n->forbidden_bit << 7 | n->nal_reference_idc << 5  |
                                                     n->nal_unit_type;
   // Set RTP structure elements and alloca() memory foor the buffers
```

```
  if ((p = (RTPpacket_t *) malloc (sizeof (RTPpacket_t))) == NULL)
    no_mem_exit ("RTPWriteNALU-1");
  if ((p->packet = malloc (MAXRTPPACKETSIZE)) == NULL)
    no_mem_exit ("RTPWriteNALU-2");
  if ((p->payload = malloc (MAXRTPPACKETSIZE)) == NULL)
     no_mem_exit ("RTPWriteNALU-3");

  p->v=2;
  p->p=0;
  p->x=0;
  p->cc=0;
  p->m=(n->startcodeprefix_len==4)&1;// a long startcode of Annex B sets
                                                  marker bit of RTP
                    // Not exactly according to the RTP paylaod spec, but
                    // good enough for now (hopefully).
                    //! For error resilience work, we need the correct
                    //! marker bit.  Introduce a nalu->marker and set it in
                    //! terminate_slice()?
 p->pt=H26LPAYLOADTYPE;
 p->seq=CurrentRTPSequenceNumber++;
 p->timestamp=CurrentRTPTimestamp
 p->ssrc=H26LSSRC
 p->paylen = n->len
 memcpy (p->payload, n->buf, n->len);
 // Generate complete RTP packet
 if (ComposeRTPPacket (p) < 0)
 {
   printf ("Cannot compose RTP packet, exit₩n");
   exit (-1);
  }
  if(net_mode == 0)
  {
```

```
        if (WriteRTPPacket (p, f) < 0)
        {
            printf ("Cannot write %d bytes of RTP packet to outfile, exit₩n",
                                                                p->packlen);
          exit (-1);
        }
    }
    free (p->packet);
    free (p->payload);
    free (p);
    return (n->len * 8);
  }
  if(net_mode == 0)
    assert (f != NULL);
```

프로그램에 대한 구체적인 내용은 다음과 같다.

- f는 인코딩 결과 파일인 .264파일을 가리키는 파일 포인터인데, 네트워크 모드일 경우에는 인코딩 결과 파일인 .264파일을 생성할 필요가 없기 때문에, 네트워크 모드인 경우에는 이 구문을 실행하지 않도록 한다.

if (ComposeRTPPacket (p) < 0)

- RTP 패킷의 헤더 정보를 입력하다가 이 함수를 실행함으로써 완전한 RTP 패킷이 생성된다.

if(net_mode == 0)

 if (WriteRTPPacket (p, f) < 0)

- WriteRTPPacket() 함수는 RTP패킷 데이터를 파일에 써서 결과 파일인 .264 파일을 생성해주는 함수로써 네트워크 모드일 경우에는 파일 생성이 필요 없으며, 위의

ComposeRTPPacket()함수에서 이미 데이터를 디코더 쪽에 보내준 상태이므로, 네트워크 모드가 아닌 경우에만 실행되도록 한다.

또한, filehandle.c 파일내 start_sequence 함수를 수정한다.
int start_sequence()

- ANNEXB, RTP 모드에 따라 다른 방식의 파일을 열게 되며, 함수 포인터인 WriteNALU를 설정해주는 함수이다.
- RTP모드인 경우, 동시에 네트워크 모드가 아니면 파일을 열어 파일을 생성하도록 하며, 네트워크 모드이면 파일을 열지 않도록 한다.

리스트 13-9

```
int start_sequence()
{
  int len=0;
  NALU_t *nalu

  switch(input->of_mode)
  {
    case PAR_OF_ANNEXB:
        if(isCamera == 0)
          OpenAnnexbFile (input->outfile);
        WriteNALU = WriteAnnexbNALU;
        break;
    case PAR_OF_RTP:
        if(net_mode == 0)
          OpenRTPFile (input->outfile);
        WriteNALU = WriteRTPNALU;
        break;
    default:
        snprintf(errortext, ET_SIZE, "Output File Mode %d not supported",
                                                        input->of_mode);
```

```
            error(errortext,1);
            return 1;
    }
     case PAR_OF_RTP:
           if(net_mode == 0)
              OpenRTPFile (input->outfile);
```

- RTP 모드인 경우 OpenRTPFile() 함수를 호출하여 파일을 열게 되는데, 네트워크 모드인 경우에는 처음부터 파일을 열지 않도록 한다.

13.1.7 서버측 전역변수 선언

〈global.h〉에 다음의 전역변수를 선언한다.

int net_mode;

- 네트워크 모드인지 아닌지 여부를 저장
- 1이면 네트워크 모드이고, 0이면 네트워크 모드가 아니다.

int send_packet(unsigned int *packetlen, byte *packet);

- 패킷 전송 함수

void send_packet_end();

- 종료 패킷 전송 함수

또한, StartMain.c에 다음의 전역변수를 선언한다.

static SOCKET sock;

- 소켓변수를 전역으로 선언한다.

static SOCKADDR_IN clientaddr;

- 클라이언트 주소 구조체를 전역으로 선언한다.

13.2 네트워크 연결 H.264 복호화기

구현된 화면은 다음과 같다.

그림 13-2. 복호화기 구현

13.2.1 클라이언트측 Client 함수 구현

DWORD WINAPI Client(LPVOID arg) 함수를 추가한다.

- 네트웍 통신을 위한 소켓을 생성 한 후 서버측에 통신을 알리는 패킷을 보낸다.
- 디코더 시작

리스트 13-10

```
DWORD WINAPI Client(LPVOID arg)
{
    int retval;
    char *start = "S";
    WSADATA wsa;
    if(WSAStartup(MAKEWORD(2,2), &wsa) != 0)
          return -1;
    sock = socket(AF_INET, SOCK_DGRAM, 0);
   if(sock == INVALID_SOCKET)
      err_quit("socket()");
   serveraddr.sin_family = AF_INET
   serveraddr.sin_port = htons(m_nPort);
   serveraddr.sin_addr.s_addr = inet_addr(m_strIP);
   while(1)
   {
     retval = sendto(sock, (char*)start, sizeof(start),
              (SOCKADDR*)&serveraddr,sizeof(serveraddr));
      if(retval == SOCKET_ERROR)
         continue;
      else
         break;
    }
    mains("packet.264");
    f_count = 0;
    net_mode = 0;
    NAL_mode = 0;
    closesocket(sock);
    WSACleanup();
    return 0;
 }
```

프로그램에 대한 구체적인 내용은 다음과 같다.

retval은 네트워크 전송이 시작하는 Start 패킷의 바이트수 또는 소켓 에러를 나타낸다.

char *start = "S" 는 시작을 알리는 패킷

```
if(WSAStartup(MAKEWORD(2,2), &wsa) != 0)
                return -1;
```

- 윈속 초기화 : WSAStartup()을 호출하여 윈속 2.2버전을 요청함으로써 ws2_32.DLL을 초기화 한다.

```
sock = socket(AF_INET, SOCK_DGRAM, 0);
        if(sock == INVALID_SOCKET)
                err_quit("socket()");
```

- 소켓을 생성 : IPv4 프로토콜의 주소 체계(AF_INET)를 이용하여, UDP 소켓을생성 한다.
- 리턴 값이 INVALID_SOCKET의 값과 같다면 err_quit("sock()")을 호출하여 에러를 알린다.

```
serveraddr.sin_family = AF_INET
serveraddr.sin_port = htons(m_nPort);
serveraddr.sin_addr.s_addr = inet_addr(m_strIP);
```

- 소켓 주소 구조체를 초기화 한다
- IPv4 프로토콜 주소 체계(AF_INET)를 사용한다.
- 다이얼로그 창에서 입력 받은 IP주소 및 포트 번호로 소켓 주소 구조체를 초기화 한다.

```
while(1)
{
    retval = sendto(sock, (char*)start, sizeof(start),
             (SOCKADDR*)&serveraddr, 0,sizeof(serveraddr));
     if(retval == SOCKET_ERROR)
         continue;
     else
         break;
}
```

- 서버에 네트워크 전송을 시작을 알리는 패킷 전송
- sendto()함수는 UDP 프로토콜을 이용하여 서버 어플리케이션에 데이터를 송신한다.
- sendto() 함수의 리턴값, retval이 소켓 에러를 알리는 SOCKET_ERROR와 값이 같다면 패킷이 전송 될 때 까지 재전송을 한다.

```
mains("packet.264");
```

- 클라이언트의 디코더가 시작된다.
- 서버측으로부터 전송 받은 데이터를 저장 할 경우 packet.264파일에 저장하게 된다.

```
f_count = 0;
net_mode = 0;
NAL_mode = 0;
```

- 디코딩 종료 후 화면에 출력되는 프레임수를 0으로 변경 한다.
- 네트워크 전송모드(net_mode)와 NAL_mode를0으로 변경 한다.

```
closesocket(sock);
WSACleanup();
```

- 네트워크 전송이 끝나면 소켓을 닫고, 윈속을 종료한다.

13.2.2 클라이언트측 recv_packet 함수 구현

int recv_packet(RTPpacket_t *p) 함수를 추가한다.

- 송신자(서버측)로부터 패킷을 받는다.
- 전송의 끝을 알리는 패킷을 받는다면 종료한다.

리스트 13-11

```
int recv_packet(RTPpacket_t *p)
{
   int retval;
   int addrlen;
   addrlen = sizeof(serveraddr);
   while(1)
   {
      retval = recvfrom(sock, (char*)&p->packlen, sizeof(p->packlen), 0,
                                          (SOCKADDR*)&serveraddr, &addrlen);
      if(retval== SOCKET_ERROR)
      {
           err_quit("recvfrom()");
              continue;
         }
         else
             break;
         }

         while(1)
         {
            retval = recvfrom(sock, (char*)p->packet, p->packlen, 0,
                                   (SOCKADDR*)&serveraddr, &addrlen);
            if(retval == SOCKET_ERROR)
            {
               err_quit("recvfrom()");
```

```
                continue;
            }
            else if((retval == 4) && strcmp(p->packet,"END") == 0)
                return 0;
            else
                break;
        }
        return 1;
}
```

프로그램에 대한 구체적인 내용은 다음과 같다.

int retval은 서버에서 전송 받은 패킷의 바이트 수를 나타낸다.
int addrlen은 주소정보 구조체의 크기를 나타낸다.
addrlen = sizeof(serveraddr);

- 소켓 주소 구조체의 크기로 초기화

```
while(1)
{
   retval = recvfrom(sock, (char*)&p->packlen, sizeof(p->packlen), 0,
                                        SOCKADDR*)&serveraddr, &addrlen);

  if(retval== SOCKET_ERROR)
  {
     err_quit("recvfrom()");
     continue;
   }
   else
      break;
```

```
}
```

- 인코딩 된 패킷의 길이를 수신한다.
- 송신측(서버)로부터 데이터를 수신하여 &p->packlen이 가리키는 곳에 저장한다.
- 소켓 에러로 데이터 수신에 실패 했을 경우 데이터를 수신할 때 까지 루프를 돈다.

```
while(1)
{
   retval = recvfrom(sock, (char*)&p->packlen, sizeof(p->packlen), 0,
                                             SOCKADDR*)&serveraddr, &addrlen);
  if(retval== SOCKET_ERROR)
  {
      err_quit("recvfrom()");
      continue;
  }
  else if((retval == 4) && strcmp(p->packet,"END") == 0)
       return 0;
  else
       break;
}
```

- 서버로부터 인코딩된 패킷을 수신한다.
- 수신한 패킷을 p->packet이 가리키는 곳에 저장한다.
- 소켓 에러로 패킷 수신에 실패할 경우 데이터를 수신할 때 까지 루프를 돈다.
- 패킷 전송의 끝을 알리는 패킷을 받는다면 함수 수행을 종료한다.

13.2.3 클라이언트측 공개소스 수정

rtp.c내 GetRTPNALU함수에서 코드를 추가하고 수정한다.

리스트 13-12

```
int GetRTPNALU (NALU_t *nalu)
{
   RTPpacket_t *p;
   int ret;
   if ((p=malloc (sizeof (RTPpacket_t)))== NULL)
      no_mem_exit ("GetRTPNALU-1");
   if ((p->packet=malloc (MAXRTPPACKETSIZE))== NULL)
       no_mem_exit ("GetRTPNALU-2");
   if ((p->payload=malloc (MAXRTPPACKETSIZE))== NULL)
       no_mem_exit ("GetRTPNALU-3");
   if(net_mode == 0)
       ret = RTPReadPacket (p, bits);
   else
       ret = RTPReadPacket (p, NULL);
   nalu->forbidden_bit = 1;
   nalu->len = 0;
   if (ret < 0)
      return -1;
   if (ret == 0)
      return 0;
   assert (p->paylen < nalu->max_size);
   nalu->len = p->paylen;
   memcpy (nalu->buf, p->payload, p->paylen);
   nalu->forbidden_bit = (nalu->buf[0]>>7) & 1;
   nalu->nal_reference_idc = (nalu->buf[0]>>5) & 3;
   nalu->nal_unit_type = (nalu->buf[0]) & 0x1f;
   free (p->payload);
   free (p->packet);
   free (p);
   return nalu->len;
}
```

수정된 부분 : 네트워크 모드 일 경우 RTPReadPacket()을 호출한다.

```
if(net_mode == 0)
        ret = RTPReadPacket (p, bits);
  else
        ret = RTPReadPacket (p, NULL);
```

- net_mode가 1일 경우는 전송 받은 패킷을 파일로 저장하지 않으므로 RTPReadPacket()의 두번째 파라미터를 NULL을 전달.
- net_mode가 1일 경우에는 파일을 생성하지 않기 위함.

또한, RTPReadPacket 함수에서 수정한다.

int RTPReadPacket (RTPpacket_t *p, FILE *bits)

- 네트워크 모드가 아닐경우 파일에서 RTP패킷을 읽어 들이고 네트워크 모드의 경우 recv_packet()을 호출하여 패킷을 수신한다.
- RTP패킷의 해더와 데이터를 분리하는 DecomposeRTPpacket()을 호출한다.

리스트 13-13

```
int RTPReadPacket (RTPpacket_t *p, FILE *bits)
{
   int Filepos, intime;
   assert (p != NULL);
   assert (p->packet != NULL);
   assert (p->payload != NULL);
   if(net_mode == 1)
   {
      if(recv_packet(p) == 0)
         return 0;
   }
   else
   {
```

```
        Filepos = ftell (bits);
       if (4 != fread (&p->packlen,1, 4, bits))
          return 0;
      if(4 != fread (&intime, 1, 4, bits))
      {
          fseek (bits, Filepos, SEEK_SET);
          printf ("RTPReadPacket: File corruption, could not read Timestamp,
                                                                  exit₩n");
          exit (-1);
      }
   assert (p->packlen < MAXRTPPACKETSIZE);
   if (p->packlen != fread (p->packet, 1, p->packlen, bits))
    {
       printf ("RTPReadPacket: File corruption, could not read %d bytes₩n",
                                                               p->packlen);
       exit (-1);    // EOF inidication
     }
  }
  if (DecomposeRTPpacket (p) < 0)
  {
      // this should never happen, hence exit() is ok.  We probably do not
                                                           want to attempt
      // to decode a packet that obviously wasn't generated by RTP
    printf ("Errors reported by DecomposePacket(), exit₩n");
    exit (-700);
   }
   assert (p->pt == H26LPAYLOADTYPE);
   assert (p->ssrc == 0x12345678);
   return p->packlen
}
```

수정된 부분 : 네트워크 모드일 경우 recv_packet()을 호출한다.

```
if(net_mode == 1)
{
   if(recv_packet(p) == 0)
      return 0;
}
```

- net_mode가 1일 경우 recv_packet() 함수가 리턴하는 값이 0이면 return 0
- recv_packet() 함수는 종료 패킷을 수신하였을 경우 0을 리턴한다.

또한, ldecod.c 파일내 mains 함수에 대해 코드를 추가하고 수정한다.

리스트 13-14

```
int mains(char *argv)
{
   // allocate memory for the structures
   if ((input =  (struct inp_par *)calloc(1, sizeof(struct inp_par)))==NULL)
      no_mem_exit("main: input");
   if ((snr=  (struct snr_par *)calloc(1, sizeof(struct snr_par)))==NULL)
      no_mem_exit("main: snr");
   // allocate memory for the structures
   if ((img =  (struct img_par *)calloc(1, sizeof(struct img_par)))==NULL)
      no_mem_exit("main: img");
 // Read Configuration File
   init_conf(input, argv);
 init_old_slice();
 switch (input->FileFormat)
 {
    case 0:
       OpenBitstreamFile (input->infile);
       break;
   case 1:
```

```
        if(net_mode == 0)
           OpenRTPFile (input->infile);
        break ;
   default:
     return 1;
 }
     :
     :
 report(input, img, snr);
 free_slice(input,img);
 FmoFinit();
 free_global_buffers();
 flush_dpb();
 #ifdef PAIR_FIELDS_IN_OUTPUT
   flush_pending_output(p_out);
 #endif
 if(net_mode == 0)
    CloseBitstreamFile();
 fclose(p_out);
 //  fclose(p_out2);
 if (p_ref)
    fclose(p_ref);
 #if TRACE
   fclose(p_trace);
 #endif
```

수정된 부분 : 네트워크 모드 일 경우 OpenRTPFile () 함수와 CloseBitstreamFile() 함수를 호출하지 않는다.

```
if(net_mode == 0)
        OpenRTPFile (input->infile);
```

- net_mode가 1일 경우에는 패킷을 전송 받으므로 OpenRTPFile()을 호출하지 않는다.

```
if(net_mode == 0)
        CloseBitstreamFile();
```

- net_mode가 0일 경우에만 파일 스트림을 열기 때문에 파일 스트림을 닫는 CloseBitstreamFile()을 호출하지 않는다

또한, ldecod.c 파일내 report 함수에 대해 코드를 추가하고 수정한다.

void report(struct inp_par *inp, struct img_par *img, struct snr_par *snr)

- 디코딩 정보를 화면에 출력하는 함수.
- 네트워크 모드가 아닐 경우만 파일을 사용한다.
-

리스트 13-15

```
void report(struct inp_par *inp, struct img_par *img, struct snr_par *snr)
{
   #define OUTSTRING_SIZE 255
   char string[OUTSTRING_SIZE];
   FILE *p_log
   #ifndef WIN32
      time_t  now
      struct tm *l_time
  #else
     char timebuf[128];
  #endif
                                        :
                                        :
 #else
    now = time ((time_t *) NULL); // Get the system time and put it into 'now'
   as 'calender time'
   time (&now);
   l_time = localtime (&now);
   strftime (string, sizeof string, "%d-%b-%Y", l_time);
   fprintf(p_log,"| %1.5s |",string );
```

```
    strftime (string, sizeof string, "%H:%M:%S", l_time);
    fprintf(p_log,"| %1.5s |",string );
  #endif
  if(net_mode == 0)
    fprintf(p_log,"%20.20s|",inp->infile);
    fprintf(p_log,"%3d |",img->number);
                                  :
                                  :
}
```

수정된 부분 :

if(net_mode == 0)

fprintf(p_log,"%20.20s|",inp->infile);

- net_mode가 1일 경우는 파일을 사용하지 않고 패킷을 전송 받으므로 실행하지 않는다.

또한, Image.c 파일내 decode_one_frame 함수에 대해 코드를 추가하고 수정한다.
int decode_one_frame(struct img_par *img,struct inp_par *inp, struct snr_par *snr)

- 한 프레임을 디코딩하는 함수

리스트 13-16

```
int decode_one_frame(struct img_par *img,struct inp_par *inp, struct snr_par
*snr)
{
   RECT rect,rect2
   char str[50];
   HDC hdc;
  int current_header;
  Slice *currSlice = img->currentSlice;
  int rgb_x=0,rgb_y=0;
```

```
int i,j;
double r,g,b;
img->current_slice_nr = 0;
img->current_mb_nr = -4711;
currSlice->next_header = -8888
img->num_dec_mb = 0;
img->newframe = 1;
   :
   :
rewind(p_ref);
if(net_mode ==0)
{
  for (i=0; i<frame_no i++)
  {
      status = fseek (p_ref, (long) p->size_y* (long) (p->size_x*3/2),
                                                            SEEK_CUR);
      if (status != 0)
     {
          snprintf(errortext, ET_SIZE, "Error in seeking frame number: %d",
                                                            frame_no);
          fprintf(stderr, "%s", errortext);
                return
       }
    }
 }
 for (j=0; j < p->size_y j++)
 for (i=0; i < p->size_x i++)
 imgY_ref[j][i]=fgetc(p_ref);
   :
```

수정된 부분 : 네트워크 모드가 아닐 경우만 파일을 사용한다.

```
if(net_mode ==0)
{
   for (i=0; i<frame_no i++)
   {
      status = fseek (p_ref, (long) p->size_y* (long) (p->size_x*3/2),
                                                            SEEK_CUR);
      if (status != 0)
      {
         snprintf(errortext, ET_SIZE, "Error in seeking frame number: %d",
                                                            frame_no);
         fprintf(stderr, "%s", errortext);
         return;
         }
     }
}
```

- net_mode가 0일 경우에만 파일에서 데이터를 읽어서 사용하므로 net_mode가 0일 경우에만 실행한다.

또한, Image.c 파일내 read_new_slice 함수에 대해 코드를 추가하고 수정한다.

int read_new_slice()

- 새로운 슬라이스를 읽어 들이는 함수

리스트 13-17

```
int read_new_slice()
{
   NALU_t *nalu = AllocNALU(MAX_CODED_FRAME_SIZE);
   int current_header;
   int ret;
   int BitsUsedByHeader;
```

```
    Slice *currSlice = img->currentSlice;
    Bitstream *currStream;int slice_id_a, slice_id_b, slice_id_c;
    int redundant_pic_cnt_b, redundant_pic_cnt_c;
    long ftell_position, expected_slice_type;
    expected_slice_type = NALU_TYPE_DPA;
    while (1)
    {
       if(net_mode == 0)
          ftell_position = ftell(bits);
       if (input->FileFormat == PAR_OF_ANNEXB)
          ret=GetAnnexbNALU (nalu);
       else
          ret=GetRTPNALU (nalu);
                                          :
                                          :
}
```

수정된 부분 : 네트워크가 아닐 경우에만 파일에서 읽어 들인다.

if(net_mode == 0)

    ftell_position = ftell(bits);

- net_mode가 0일 경우에만 파일을 사용하므로 net_mode가 1일경우 실행하지 않는다.

영상부호화프로그래밍

2010년 2월 25일 초판 인쇄

2010년 3월 1일 인쇄 발행

저 자 권순각

발 행 인 송기수

발 행 처 도서출판 **GS인터비전**

편 집 처 도서출판 **GS인터비전**

인 쇄 처 삼성문화사

등록번호 제 2008 - 27호

I S B N 978-89-93668-43-8 (92560)

주 소 서울 중랑구 묵동 신도브래뉴 1차 102동 1301호

전 화 **02-976-7898, 0707-720-7898**

팩 스 02-6468-7898

E-Mail gsinter7@chol.com

정 가 18,000원